U0671062

不要问公司给了你什么

要问你为公司做了什么

[周锡冰 编著]

中国物资出版社

图书在版编目（CIP）数据

不要问公司给了你什么，要问你为公司做了什么/周锡冰编著. —北京：中国物资出版社，2012. 1

ISBN 978 - 7 - 5047 - 4059 - 5

Ⅰ. ①不… Ⅱ. ①周… Ⅲ. ①企业-职工-修养 Ⅳ. ①F272. 92

中国版本图书馆 CIP 数据核字（2011）第 238849 号

策划编辑 黄 华　　**责任印制** 方朋远

责任编辑 卢海坤　　**责任校对** 孙会香 杨小静

出版发行 中国物资出版社

社　址 北京市丰台区南四环西路 188 号 5 区 20 楼　**邮政编码** 100070

电　话 010 - 52227568（发行部）　010 - 52227588 转 307（总编室）

010 - 68589540（读者服务部）　010 - 52227588 转 305（质检部）

网　址 http：//www. clph. cn

经　销 新华书店

印　刷 三河市西华印务有限公司

书　号 ISBN 978 - 7 - 5047 - 4059 - 5/F · 1638

开　本 710mm × 1000mm 1/16　**版　次** 2012 年 1 月第 1 版

印　张 16. 5　**印　次** 2012 年 1 月第 1 次印刷

字　数 253 千字　**定　价** 29. 80 元

版权所有 · 侵权必究 · 印装差错 · 负责调换

自序

在一次《中外家族企业成功之道》的公开课中，一家大型民营企业的老板很纳闷地询问笔者这样一个问题："你说现在的员工真是不好管，要票子我给票子，要房子我给房子，要车子我给车子，就差要老婆没有把老婆给他了。凭良心说，我真的待他们不薄，可为什么他们就是不领我的情，不好好工作呢?"

其实，这个民营企业老板说出了中国企业员工目前存在的问题，那就是"只问公司能给他什么，而从不问自己能为公司做些什么"。说到这里，我想起了美国第35任总统约翰·肯尼迪的就职演说，他说："在世界的悠久历史中，只有很少几个世代的人赋有这种在自由遭遇最大危机时保卫自由的任务。我绝不在这责任之前退缩；我欢迎它。我不相信我们中间会有人愿意跟别人及别的世代交换地位。我们在这场努力中所献出的精力、信念与虔诚，将照亮我们的国家以及所有为国家服务的人，而从这一火焰所聚出的光辉必能照耀全世界。

所以，同胞们，不要问你们的国家能为你们做些什么，而要问你们能为国家做些什么。

全世界的公民：不要问美国愿为你们做些什么，而应问我们在一起能为人类的自由做些什么。最后，不管你是美国的公民或世界他国的公民，请将我们所要求于你们的有关力量与牺牲的高标准拿来要求我们。我们唯一可靠的报酬是问心无愧，我们行为的最后裁判者是历史，让我们向前引导我们所挚爱的国土，企求上帝的保佑与扶携，但我们知道，在这个世界上，上帝的任务肯定就是我们自己所应肩负的任务。”

不得不承认，肯尼迪总统的这些话准确地说出了中国大多数企业员工无法获得老板提拔的真正原因，在中国经济一体化深入的今天，有的员工凭着一知半解，在何时何地都强调美国式“金钱至上”，对于他们来说，在做任何工作之时都更关心自己的利益，比如月薪、年假、加班费等。

当我们对目前企业员工“只问公司能给他什么，而从不问员工能为公司做些什么”的研究后发现，他们存在着“公司不是自己的，我就不好好地工作”的意识，采取老板给多少薪水就干多少活的态度，正是因为这部分员工的“精明”，才导致了商场和职场的工作变得举步维艰。如果你在大街上问100个人：“你在为谁工作?”大概有95人以上都会认为是为老板工作，即自己是一名不折不扣的打工者。其实，这是典型的打工思维。

当然，正是这种打工思维禁锢了成千上万的职场人士，从某种意义上来说，长期的打工心态不仅固化了人的思维，淡化了人的责任感，而且还扼杀了人的创新思维，没有成本观念和质量意识，缺乏长远规划。最为严重的是，打工越久，看问题的视角就越悲观，总是站在受害人的角度思考问题，结果自己也就越自卑。

可能有人认为，在美国这样的国度，老板给多少薪水就干多少活似乎是天经地义的，这或许是我们误读了美国的文化，因为约翰·肯尼迪总统的演说不仅证明了这一点，也改变了“老板给多少薪水就干多少活”的思维模式。

确实，从美国第35任总统约翰·肯尼迪的就职演说上可以看出，肯尼迪生活在一个崇尚自由的国度，说出的话却带有如此浓厚的集体主义和国家主义色彩，特别是“不要问你的国家能为你做些什么，而要问你能为你的国家做些什么”。

试想一下连美国都把每个人为国家作贡献提到一个战略的高度，那么今天中国的企业员工凭什么就吊儿郎当，动不动就向老板索要高额的薪水和优质的办公环境呢？因此，只有我们转变观念，才能真正地摆正自己的位置。在职场，要站在公司、老板的立场来看“我能为他们做什么”。这不仅能将工作激情传递给每一个同事，甚至还能传递给自己的老板，在这样的工作氛围下，更高的工作效率也就理所当然了。

在这里，笔者告诫那些自以为比别人聪明的“聪明人”，正是你们自以为是的聪明，才导致了你们今天的平庸，如果想改变你们的平庸，不妨真正地理解那句“不要问你的国家能为你做些什么，而要问你能为你的国家做些什么”的经典名言，并将其作为自己的行为准则。

其实，约翰·肯尼迪总统40多年前的教诲还是值得每个企业员工学习和参考的。对于任何一个员工来说，没有一个员工在公司的地位是不可以被他人替代的，就连微软公司的创始人比尔·盖茨也同样可以被代替，更何况是一个工作在一线的工人。如果你还认为你在公司的岗位无人替代，那么这显然是痴人说梦。

事实证明，奉行“我能为公司做什么”的员工不仅能够赢得老板的提拔，而且能够在这个平台上发挥其重要的作用，根本就不用担心自己会失去这个岗位。因为他们想老板之所想，急老板之所急。而那些整天考虑“公司能给我什么？能为我做什么”的员工，无论其资历有多老，实力有多强，如果不改变这种态度，那么肯定会被老板辞退。不妨换位思考一下，如果你是老板，你会提拔一个整天想着“公司能给我什么？能为我做什么”的员工吗？答案定然是否定的。

在很多次的培训中，有的学员问笔者：“在职场有没有秘诀？”其实，并没有什么秘诀可言，如果非要说在职场有什么秘诀的话，笔者推荐给这些员工的秘诀就是：“不要问你的公司能为你做什么，而应该问你能为公司做什么。”

第一部分 不要只问公司给了你什么

第一章 不要只问公司每月给你多少薪水 /3

一、只关心公司每月发多少薪水是最愚蠢的举动 /3

二、为薪水而工作的人永远都只是小角色 /6

三、任何一个人都不能单单为薪水而工作 /12

四、只关心薪水将把自己困在装薪水的信封里 /15

五、只为薪水而工作的行为无疑是短视的 /20

六、过分关注薪酬而失去工作机会 /23

第二章 不要只要求公司给你提供舒适的工作环境 /29

一、给了你总统的工作环境，你确保能干好工作吗 /29

二、你是在为公司创造财富，而不是选择环境 /31

三、工作环境并不是决定成绩的唯一 /32

第三章 不要只要求公司给你提供升迁的机会 /36

一、不要只问老板为什么没有给你升迁的机会 /36

二、机会都是员工自己争取的 /40

三、升迁机会就在细节中 /46

四、做好本职工作是升职的万能法宝 /49
五、升迁机会是留给全心全意为公司发展的人 /55
附录一：把握自己职场升迁的机会 /58
附录二：你能抓住升迁的机会吗 /60

第四章 不要只问公司为什么不可以让你抱怨 /63

一、抱怨无处不在 /63
二、抱怨是影响做好本职工作的恶瘤 /67
三、抱怨是最普遍的一种情绪 /70
四、抱怨使得你变得更“近视” /73
五、习惯性抱怨很可能会自毁前程 /76

第五章 不要只问公司为什么不允许你寻找借口 /80

一、借口成了员工们推卸责任的一种理由 /80
二、看似合理的借口也仍然是借口 /83
三、拒绝借口应成为所有企业奉行的最重要行为准则 /87
四、绝不找任何借口 /92

第六章 不要只问公司为什么不可以把问题留给老板 /97

一、把问题留给老板就是失职 /97
二、老板不是所有问题的解决者，而是问题的给予者 /100
三、把问题留给老板往往是在逃避责任 /104
四、尽可能将问题留给自己，把业绩呈给老板 /108

第七章 不要只问公司为什么总是让你加班 /111

一、抱怨加班等于在抱怨老板 /111
二、被提升的员工大都不拿下班了说事 /114
三、无论在上班时和下班后都没有分外的工作 /117

四、加班不是为别人，而是为自己 /121

第二部分 要问你为公司做了什么

第八章 你百分百地忠诚于公司吗 /127

一、忠诚本身就是一种能力 /127
二、忠诚是世界500强选人的第一标准 /131
三、忠诚已经成为人才的第一竞争力 /134
四、忠诚在很大程度上比能力更重要 /136
五、忠诚是职场最为重要的品质 /139

第九章 你每时每刻都想着为公司创造业绩吗 /141

一、把为公司创造财富当做神圣的天职 /141
二、良好的业绩是一名优秀员工的具体体现 /145
三、优秀的业绩才是最重要的 /148
四、以企业的兴衰成败为己任 /150

第十章 你在犯错误后都敢于承担责任吗 /154

一、任何一份工作都意味着责任 /154
二、任何一个员工都必须意识到责任的重要性 /157
三、责任不会因为职位渺小而变得无足轻重 /160
四、责任心是每一名合格员工的硬素质 /163
五、责任心不仅是义务，更是一种素质 /167

第十一章 你在工作时候都注意细节了吗 /171

一、1% 的错误会带来 100% 的失败 /171
二、永远不要忽视任何可怕的细节 /174
三、细节决定成败 /178

第十二章　你在何时何地都维护公司形象了吗　/181

一、时刻维护企业形象　/181
二、维护公司形象体现在员工的方方面面　/184
三、员工的形象代表着公司的形象　/186
四、将维护企业形象落实到行动上　/189

第十三章　在工作遇到困难时，你为成功想办法了吗　/193

一、上帝每制造一个困难，就会同时制造三个解决它的方法　/193
二、只要努力想办法，一定能有好方法　/198
三、现实中的困难远比不上想象中的那么可怕　/202
四、遇到问题就自己主动寻找解决的方法　/206

第十四章　你在何时何地都坚持公司利益至上了吗　/212

一、何时何地都要坚持企业利益高于一切　/212
二、像维护自己的利益一样时刻维护公司的利益　/216
三、把公司利益至上作为一切工作的出发点和落脚点　/221

第十五章　在公司遇到困难时，你主动为老板排忧解难了吗　/225

一、主动站出来为老板排忧解难　/225
二、能替老板排忧解难的下属才是老板需要的　/227
三、员工应当在老板需要的时刻挺身而出　/230

第十六章　你每天都比同事多做一点点了吗　/233

一、优秀的员工总是坚持比别人多做一点点　/233
二、成功往往就在于你比别人多做了一点点　/239
三、“每天多做一点”不仅仅是工作态度　/244

参考文献　/248

后　记　/250

第一部分

DI YI BU FEN

不要只问公司给了你什么

第一章
不要只问公司每月给你多少薪水

一、只关心公司每月发多少薪水是最愚蠢的举动

在中国一些公司中，特别是一些中小企业中，一个值得关注的现象就是，一部分员工只关注老板每月付给自己多少薪水，其他的事情从来不管不问。

在这些员工的眼里，薪水就是他们的全部工作目的。在很多时候，这些员工在对待工作的态度上大多数采取“给我多少工资，就干多少活”、“不是自己分内事情一律不干”、“公司的事情能推就推，做多错多”等的态度。

从这些员工的表现来看，他们不仅没有吃亏，而且还在一两次的侥幸中得到了好处。那么，这些员工的行为到底是对是错呢?

当然，这些员工的行为肯定是错误的。从长远来看，这些员工不但得不到应有的发展，甚至可能被任何一家企业的老板辞退，这样的代价相信应该是惨重的。在这里，我们来看看下面这个真实的案例，相信能给正在为薪水工作的员工们诸多思考和借鉴。

王梅大学毕业后进入一家公司做财务工作。

老板告诉王梅："试用期半年。如果干得好，半年后涨工资。"

初到公司的王梅，干劲十足，比起那些老员工来每天干的活一点也不少。

但两个月过后，王梅感觉自己已经具备了很高的水准，可以在公司独当一面，应该得到比现在高的工资，老板不必到半年后再给加工资，应该是现在。

王梅自从有了这个想法后，工作态度有了很大的转变，不再像以前那样细心、认真地去完成上级交给她的各项任务了。

在月末，单位赶制财务报表需要加班的时候，王梅对其他的同事说："你们加班是应该的，我白天已经把我的工作做完了。"

这话中的意思分明是在说：我的工资少，为何要与你们这些拿高工资的人一样加班。并半真半假地说："也许在半年之后，咱们就能一起并肩作战了。"

王梅的这些做法，老板当然都看在眼中。

时间过得很快，一晃半年了，但老板并没有提出要给王梅加工资，这让王梅感到很不平衡，十分生气地辞职离开了。

后来，王梅偶然在街头遇到一个先前的同事，谈到她当初的离开，王梅的同事说："太可惜了，一个加薪晋升的机会就这样让你给失去了。那时，老板看你工作扎实，有很强的业务能力，本打算在第三个月就给你加工资的，财务总监的职务也准备让你在半年后担任。可惜后来你变了，这让老板对你很不满。这些都是老板说的。"

在本案例中，王梅的故事给予我们很多启示，原本顺畅的职场，却因为自己的短视而葬送了。当然，争取合理的薪酬是应该的，但是王梅却认为薪酬太少而不好好工作，结果丧失了晋升的机会。

其实，王梅是中国上千万家企业中的一个，正是王梅具有典型的代表意义，所以才能够警示那些正在为薪水而工作的人们。王梅的教训告诫为薪水而工作的人，不要为了一时的高薪水而失去事业，这是得不偿失的。因此，对于那些刚工作的年轻人来说，不应该过分考虑薪水的多少，而应该注意工作本身带来的机会，比如能力的提升、社会经验的增加等。与你在工作中获得的技能与经验相比，微薄的工资就显得微不足道了。老板支付给你的是金钱，你赋予自己的是可以令你终生受益的无价之宝。

在接受美国有线电视新闻网采访时，一位拥有亿万资产的名叫伯纳德·巴鲁克的富翁在回顾自己的成功之路时感慨万千。

当年，伯纳德·巴鲁克在纽约的一家小经纪行中干些打杂的活儿，周薪3美元。伯纳德·巴鲁克通过不断努力，后来一下子就涨到了每年1万美元，而这之间竟然没有任何的过渡。没过多久，伯纳德·巴鲁克成为该公司的合伙人。

伯纳德·巴鲁克被迅速提升为公司的合伙人后，他倾其所有，购得纽约证券交易所的一个席位，不出30岁便成了百万富翁。此后的几年里巴鲁克几度濒临破产却东山再起，到了1910年，已经和摩根等一道成为华尔街屈指可数的大亨。

伯纳德·巴鲁克是一位白手起家的百万富翁，一位颇具传奇色彩的股票交易商，一位大众瞩目的投资家，一位通晓商业风险的资本家，一位曾经征服了华尔街的最著名、最受人敬慕的人物。20世纪上半叶，这位德国人的后裔是美国股市和政坛上叱咤风云的人物：提起烟草大王杜克，不能不提到他；说到古根海姆、摩根，更不由得想到他。他既钟情股市，又热衷政治，被人们冠以“总统顾问”、“公园长椅政治家”等美名，然而人们更愿意称他为“在股市大崩溃前抛出的人”。他一生性格多变，行为不定，个人观点如同云谲波诡的股市，随时都会改变，故其名声总带有传奇色彩。

在本案例中，伯纳德·巴鲁克之所以能够成为美国为数不多的亿万富翁之一，不仅是美国给伯纳德·巴鲁克提供了一个投资赚钱的环境，更重要的是伯纳德·巴鲁克在开始的工作中没有像目前很多游弋在职场这个大海上的那些为了薪水工作的人们一样，而是勤勤恳恳地努力工作。

从伯纳德·巴鲁克的成功可以看出，在一个人的职业生涯中，个人的成长有时比较高的薪水要重要得多。假如案例中这位富翁伯纳德·巴鲁克当时对自己说：“既然我只领着每周3美元，那么我何必去考虑30美元之外的业绩呢！”如果那样，恐怕伯纳德·巴鲁克也就成不了亿万富翁了。

笔者多次强调，盲目追求较高的薪水可能对职场人士的发展带来极大的危害，但遗憾的是，当下仍然有许许多多的年轻人持有盲目追逐较高薪水的想法，尽管他们知道自己的想法非常不明智，但是依然在这个误区中越走越远，因为对薪水不满意就敷衍自己的工作，正是由于这种想法和做法，令成千上万的年轻人与成功绝缘。对此，嘉信理财创建人、董事长、CEO查尔斯·施瓦布这样说：“如果一个人对工作缺乏正确的认识，只是为了薪水而工作，很可能既赚不到钱，也得不到成长。”

从查尔斯·施瓦布的话中可以看出，薪水仅仅是公司对个人回报的一部分，而且是很少的一部分。因此，对于任何一个员工来说，个人的成长机会比高额的薪水更加重要，这一点对于刚参加工作的年轻人来说尤其重要。所以，不要只为薪水而工作，这样你会得到更多。如果人们将工作视为积累经验，那么，每一项工作中都包含了个人成长的机遇。与其只想着工作可以为你带来多少钱，还不如想着自己的工作多么有成就感。在工作中，只有当你看淡薪水时，才更容易获得更多的薪水。

二、为薪水而工作的人永远都只是小角色

事实证明，如果一个员工仅仅能从自己的工作中获得薪水，而其他却一无所得，那么这个员工的前途无疑是渺茫的。因为他主动放弃了比薪水更重要的东西——在工作中充分发掘自己的潜能，把握工作中的每一次机遇，在工作中不断体现自己的价值。不信，我们来看看一个真实的案例。

北京迪亚时代科技有限公司有一个叫王宏的老员工，从创业初期开始，王宏就跟着创始人李向阳一起打拼，尽管王宏已经工作了5年，其薪水却始终不涨。

一天，王宏终于忍无可忍，当面向老板李向阳诉说不满。李向阳说："你虽然在公司待了5年，干的时间长，但你的工作经验却不到1年，能力也只是相当于新手的水平。"

王宏在他最宝贵的5年青春中，除了得到5年的新员工工资外，其他一无所获。

或许李向阳对王宏的判断有失公允，但是不难相信，在当今这个日益开放的年代，王宏能够忍受5年的低薪和长期的内心郁闷而没有跳槽到其他公司，足以说明他的能力的确有限，还没有得到其公司的认可。换句话说，李向阳对王宏的评价基本上是客观的。

从上述这个案例可以看到，为薪水而工作的人永远都只是小角色。其实，这就是只为薪水而工作的最糟糕的结果！

当然，盲目的为薪水工作必定将失去一些本应该得到的东西，也许有的读者不认可这样的观点，因为公司给了你这样的一个舞台，员工完全可以发挥自己的能力，特别是那些刚走出大学校门的毕业生们。因此，在实际的工作中，特别是在每个员工事业发展的路途中，有时候舞台比高额的薪水更为重要，因为员工离开公司就什么也不是。

在江苏省昆山市的一次公开课中，笔者重点介绍了中国员工缺乏责任心的根本原因就是为薪水而工作。

一个市值上亿元的公司CEO李雪康非常认同笔者的观点，李雪康在介绍自己的工作经历时谈道："当年我在一家电子公司的薪水，最初只有月薪600元，后来一下子就涨到了每年30万元。"刚开始去公司报到，李雪康和公司签订了5年的口头工作合约，约定这五年内薪水保持不变。但李雪康暗下决心："绝不满足于这月薪600元的微薄薪水，绝不能就此不思进取。我一定要让老板知道，我绝不比公司中的任何一个人逊色，我是最优秀的人。”李雪康的认真负责很快引起了公司老板的注意。

3年之后，李雪康对自己负责的工作如鱼得水，游刃有余，以至于另一家公司愿意以30万元的年薪聘请李雪康为该电子公司副总经理。但李雪康并没有向老板提及此事，在5年的期限结束之前，李雪康甚至从未向他们暗示过要终止工作协定，虽然那只是一个口头的约定。

也许有很多人会说，不接受其他公司优厚的条件，李雪康实在是太傻了。但在5年的合同到期之后，李雪康所在的公司给予了他30万元的年薪，后来李雪康还成为了该公司的股东。

老板很清楚，这5年来李雪康所创造的价值要比他所领的薪水高出好几十倍，理所当然，老板成为一个获利者。如果李雪康当时对自己说：“既然我只领每月600元的工资，那我就做600元的工作。”并且那样做了，结局必定迥然不同。实际上，这也是很多员工的真实想法，他们一边以玩世不恭的态度对待工作，对所在公司不是抱怨给的待遇低，就是抱怨条件太差，不是蔑视敬业精神、消极怠工，就是抱怨自己怀才不遇、生不逢时。因为老板所付薪水不多就对自己的工作敷衍了事，正是这种想法和做法，令成千上万的公司员工错过了被老板提拔的机会，从而与晋升失之交臂。在很多场合，一些公司员工，特别是非常年轻的员工，他们对薪水的认识非常片面，常常缺乏更深入的理解。往往错误的认为，他们刚从大学这个象牙塔中走出来，受到过高等教育，认为自己一开始工作就应该得到重用，获得相当丰厚的薪水，把工资待遇作为衡量一切的标准。

事实上，刚进入社会的年轻人由于缺乏工作经验，根本无法委以重任，薪水自然不会太高。于是他们就满腹牢骚，认为老板“有眼不识千里马”。之所以会如此，是因为他们对工作缺乏更深入的认识，认为薪水就是他们工作的唯一报酬。但是，他们往往忽视了在工作中比薪水更重要的东西，真是捡了芝麻丢了西瓜。

当然，他们搞错的根本原因就是不了解薪水的全部含义，因为薪水只是工作的一种回报方式，每一份工作除了带给他们薪水之外，还为他们带来了很多发展的机遇。譬如，艰难的任务能够锻炼他们的意志，新的工作能拓展他们的才能，与同事的合作能培养他们的协调能力，与客户的交流能训练他们的思维。

其实，公司是他们成长中的另一所学校，工作能够丰富他们的经验，提升他们的工作能力和智慧。如果搞懂了这些，相信他们也不再为薪水而工作。

20世纪90年代，邓小平南巡讲话以后，一大批知识分子辞掉公职奔赴深圳特区，其中，博士张大民也来到深圳特区求职。当时，很多用人单位都想聘用他。一家私营企业老板心最诚，开价也最高，张大民非常满意就开赴岗位了。

这个私营企业老板文化程度虽低，但十分尊重人才，对张大民博士总是笑脸相迎。张大民深受感动，决心尽心尽力，为企业贡献自己的才学。但不久以后张大民发现，老板虽尊敬他，却从不安排自己做实际的工作，而是常常带张大民去赴商界朋友们的宴席，打高尔夫、洗芬兰浴什么的。

张大民渐渐感觉到，老板是把他当成一件“活首饰”，自己成为老板赖以赚取虚荣的工具，因为每每在社交场合，老板都不忘把张大民介绍给商友：“这是我聘请的某名牌大学的经济学博士。”

为了扭转局面，张大民决定主动出击。张大民花费数月时间，对这家企业进行全面考察研究，呕心沥血写出一份厚厚的《企业未来发展规划》。本以为老板会欣喜若狂，开始委他以重任，但事与愿违，老板对此毫无兴趣，还是一如既往，整天拉着他应酬、炫耀。张大民终于忍无可忍，向老板递交了辞呈。老板很惊讶：“我给你的报酬还不够高吗?”

张大民博士摇摇头，给老板讲了个故事：“英国大科学家法拉第，为了更好地进行自己的研究，要进皇家科学院。知情人告诉他，那里工作十分劳累不说，报酬也相当少。法拉第毫不在意地说：‘我不是为了高薪的报酬，工作本身就是一种报酬。’”

其实，这样的案例举不胜举，不信，我们再来看看下面这个真实的案例。

在一次《中外家族企业成功之道》的公开课中，一家大型民营企业的企业领导者很纳闷地询问笔者这样一个问题："你说要票子我给票子，要房子我给房子，要车子我给车子，就差要老婆没有把老婆给他了。凭良心说我真的待他们不薄，可为啥他们就是不领我的情，还是要辞职呢?"

在后来的公开课中，笔者见到了那位民营企业领导者所说的那个辞职的员工——王正坤，这是一位毕业于北京某大学的高才生，在企业里摸爬滚打了十几年，具有丰富的管理经验。谈及离开那个民营企业，王正坤深深地叹道："其实企业领导者待我也不错，但是我离开绝对不是因为这些，在那里我总是觉得很空虚、很压抑……"

笔者将那个民营企业领导者的话转达给他之后，王正坤说出了自己的心里话："我总不能为他打工一辈子！他只是一个穷得只剩下钱的暴发户罢了。其实现在金钱对于我来说没有绝对的诱惑力，我只想干出一番业绩，证实我的能力，而在那里我总是不能全力施展自我的才能，我的离开是因为在那里觉得是对我的价值的最大否定!"

以上这两个案例足以说明，薪水虽然是工作的一种回报，但绝不是唯一的一种。一个人如果只为薪水而工作，没有更高远的自我提升和发展的意识，工作起来也就没有了主动参与的积极性，所有的事情都是被动接受，就难以获得快乐和自我满足。谈到这里，笔者觉得必须加深了解马斯洛需求理论。马斯洛需求理论分五个层次：生理需求、安全需求、社交需求、尊重需求和自我实现需求，依次由较低层次到较高层次，见图1-1。

为此，根据马斯洛需求理论，按照职场生涯中核心员工的不同层次以及他们不同的需要，把员工做如下划分："灰领"、"蓝领"、"粉领"、"白领"、"金领"。确实，在企业里，"灰领"、"蓝领"是企业最底层的劳动者，他们主要满足生理和安全需求，也需求社交、尊重、自我价值实现，

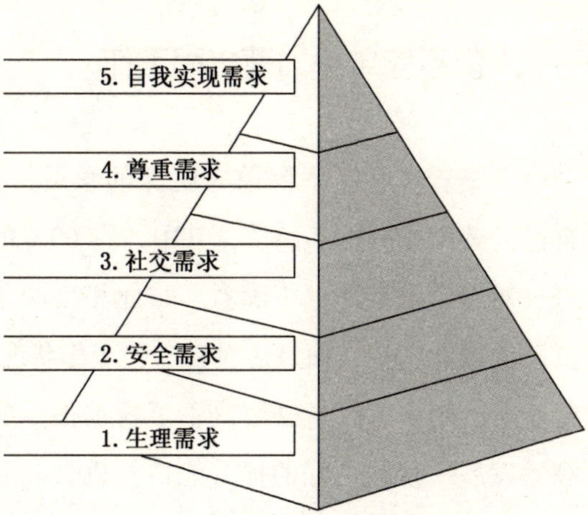

图 1-1　马斯洛需求层次理论

但不是最迫切的需求；而企业的“粉领”和“白领”主要的需求是社交和尊重，他们已经有了生理和安全的基本保障，所以对于“粉领”和“白领”来说，更高层次的满足才能激发其工作积极性；位于企业的高层“金领”来说，非常需要自我价值的实现，“金领”对于其他几个层次的需求已经达到了，也不再成为其人生追求的目标。

从马斯洛需求理论得知，很多员工为薪水而工作看起来目的十分明确，但是往往被短期利益蒙蔽了心智，使他们看不清未来发展的道路，结果使得他们即使日后奋起直追，振作努力，也无法超越。因此，那些不满于薪水低而敷衍了事的员工，固然对老板是一种损害，但是长此以往，无异于使自己的生命枯萎，将自己的希望断送，一生只能做一个庸庸碌碌、心胸狭隘的懦夫。他们埋没了自己的才能，湮灭了自己的创造力。所以，面对微薄的薪水，这些员工应当懂得，老板支付的工作报酬固然是金钱，但这些员工在工作中给予自己的报酬乃是珍贵的经验、良好的训练、才能的表现和品格的建立。这些东西与金钱相比，其价值要高出千万倍。

三、任何一个人都不能单单为薪水而工作

在很多公开课中，笔者经常私下问前来听课的学员，在询问薪水时，大多数学员都对自己的薪酬十分的不满意，其中，有60%的被访问学员认为自己的收入太低，对自己的工作也不满意。与此相反的是，这些被访问的学员不仅夸大自己的敬业精神，而且还对自己的工作状况十分满意。

事实上，这些学员的消极态度丝毫解决不了薪水很少的问题，相反还会让自己失去更高的发展平台和更好的提升能力的机会。研究发现，由于薪水带来的问题主要有以下4种表现，见图1-2。

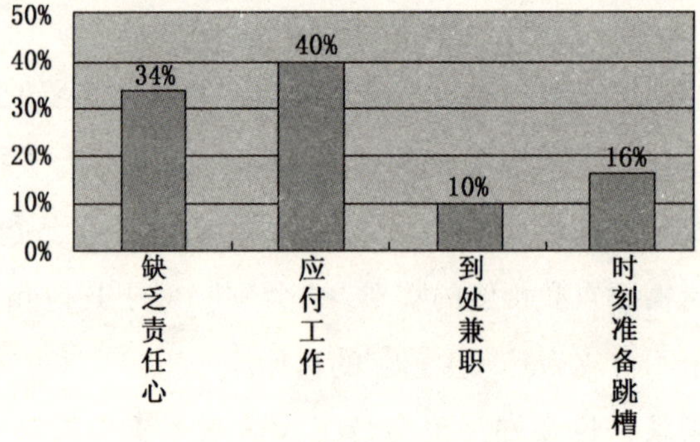

图1-2　员工薪水低的4种消极工作表现

第一，缺乏责任心。很多学员因为公司给的薪水较低，对很多工作细节都不做好，只是为了完成公司的任务而工作。

第二，应付工作。很多学员认为公司付给他们的薪水太少，只要对得起这份工资就行了。工作时缺乏激情，以敷衍了事的态度应付工作，能偷懒就偷懒，能逃避就逃避，以此来表示对老板的不满。

第三，到处兼职。有的学员表示，由于薪水太低，他们大都采用兼职的手段来达到赚取更好薪水的目的。然而，他们却忽略了经常多处兼职，长期处于疲劳状态，最终职业道路只会越走越窄。

第四，时刻准备跳槽。有的学员抱有这样的想法：现在的工作只是跳

板，时刻准备着跳到薪水更好的公司去。但事实上，由于盲目跳槽，他们中的绝大部分都没有达到跳槽的目的，只是在频繁地换工作，因为他们的能力并没有得到大的提升。试想，这样的员工，企业敢委以重任吗？

从图 1-2 可以看出，一部分员工往往因为薪水较低而对工作敷衍了事，此种做法固然对老板是一种损害，但长此以往，无异于使自己的事业之花渐渐枯萎，将自己未来的事业希望断送。

在很多时候，可能有员工认为，老板实在太抠了，但是，笔者告诫这部分员工，不论老板有多吝啬、多苛刻，你都不能以此为由放弃敬业工作。因为我们不是为老板工作，而是在为自己工作；我们不仅是为目前的薪水而工作，更是为未来的薪水而工作；我们不仅是在为自己工作，更是在为自己未来的事业而工作。

其实，世界上大多数人都在为薪水而工作，如果你仅仅为薪水而工作，你就很难超越如今竞争日趋激烈的同事和上司，更谈不上成为标杆式的打工皇帝，迈出成功的第一步也就成为无稽之谈。因此，对于任何一个员工而言，刚开始工作时，其薪水的多与少永远不是工作的终极目标，它只是一个获取事业发展的入口。所以，我们更应该看重的是，通过工作可以获得大量的知识和经验以及踏进成功者行列的机会，这才是最有价值的“薪水”。

众所周知，大多数人因为不满足于自己目前的薪水，而将比薪水更重要的东西也放弃了，到头来连本应得到的薪水都没有得到，这就是只为薪水而工作的可悲之处。我们来看一个真实的案例。

2009 年 10 月，笔者给一个商场做过一个“工作就是责任”的培训，在培训后，商场总经理邀请笔者去看看商场的员工面貌。

由于是暗访，笔者走进商场，在这个商场的数码专柜前，和受雇于这家商店的一名叫罗霄的年轻员工聊天。

罗霄告诉笔者说：“我在这家商店已经工作了 7 年，但由于这家公司的老板目光短浅、经常任人唯亲，我的工作业绩并未得到赏识，所以薪水特别少。我都不想再干下去了。”

对此，罗霄非常郁闷，但同时，罗霄似乎对自己很有信心："像我这样一个学历不低、年轻有为的青年才俊，不愁找不到一个体面而又薪水较高的、有前途的工作。"

正说着，有位顾客走到罗霄面前，要求看看台式电脑。

罗霄对这名顾客的请求不理不睬，仍在继续和笔者发牢骚，虽然这位顾客已经显出不耐烦的神情，但罗霄还是不理。最后，等罗霄把话说完了，才转身对那位顾客说："这儿不是台式电脑专柜。"

那位顾客又问，购买台式电脑在什么地方。

罗霄回答说："你问总服务台好了，他会告诉你怎样买到台式电脑的。"

7年多来，这个内心抑郁的可怜的年轻人一直不知道自己为什么没有遇到"伯乐"，没有得到升迁和加薪的机会。

2009年12月，当我再次给这家商场进行员工培训时，没有再看见满腹牢骚的罗霄。商场的另一名店员告诉我："上个月，公司人员调整时，罗霄被解雇了。当时，罗霄非常震惊，也非常激动和气愤……"

几个月后，一次偶然的机会，笔者在一条繁华的商业街上进行连锁店的研究时，又碰见了罗霄，此刻，罗霄心情有些沉重，一改往日的"意气风发"。罗霄说，时下由于经济不景气，找了几个月都没有找到满意的、薪水较高的工作。

说完后，罗霄匆匆离去，说是要去参加一个面试，虽然工作性质与原来的没有什么不同，薪水也不比原来的高多少，但罗霄还是很珍惜这个面试机会，一定不能迟到。

在本案例中，罗霄绝不是中国企业中唯一不满自己薪水的员工，他只是中国企业员工中为了薪水而工作的一个缩影。的确，在实际的工作中，绝大多数员工都非常看重薪水，但是却只有一部分员工愿意把学习技术、提升自己能力摆在第一位。对此，美国钢铁大王安德鲁·卡内基在接受《华尔街日报》采访时就回答过记者戴维·肯尼迪关于"薪水过低是否会影响员工成功”的问题时说：“总有人抱怨公司支付他的薪水不够高，但是他从来没有想过，支付他工资的并不是公司，而是他自己的业务能力与工作表现。”

从美国钢铁大王安德鲁·卡内基的话中可以看出，要求高额的薪水当然是人之常情，但是薪水的高低不由公司决定而由员工自己的能力决定。公司是根据你的业绩来支付工资的，如果你对待遇不满意，那只能说明你的实力还不够。实力到了，工资自然也就上去了；实力不到，抱怨也是枉然的！

四、只关心薪水将把自己困在装薪水的信封里

的确，在我们刚参加工作时，老板曾三番五次地提醒我们：“薪水的高低无须考虑太多，要考虑的是这个工作本身给你带来的隐性回报，比如增强你的能力、提高你的社会经验、升华你的管理才能和人格魅力。”

把薪水放在第一位的人，往往不会有什么大出息。事情就是这样，当一个人不为薪水而工作的时候，他的薪水就会得到提高。

在很多场合，大家都在扪心自问，你在为谁工作？有人很坦白地说：“我是为薪水工作的，我为老板打工，老板付我报酬，等价交换而已。”存在这样想法的人的确很多，当他们走出校园时，对自己的期望过高，认为自己应该得到相当丰厚的报酬，似乎工资成了他们衡量一切的标准。

事实上，刚刚踏入社会的年轻人缺乏工作经验，老板是不可能把重要的任务交给他的，当然，薪水自然也不可能很高，于是他们就有了许多怨言。

很遗憾的是，除了工资以外，他们看不到工资以外的东西，曾经过高的期望也逐渐破灭了。他们于是没有了热情，工作时总是采取一种应付的态度，能少做就少做，能躲避就躲避，敷衍了事。他们只想对得起自己挣的工资，从未想过是否对得起自己的前途。之所以出现这种状况，是因为人们对于薪水缺乏更深入的认识和理解。大多数人因为自己目前所得的

薪水太微薄，而将比薪水更重要的东西也放弃了，这不得不让人为之惋惜。

盛夏的一天，一群人正在铁路的路基上工作。这时，一列缓缓开来的火车打断了他们的工作。火车停了下来，一节特制的并且带有空调的车厢的窗户打开了，一个低沉的、友好的声音传出来："大卫，是你吗？"

大卫·安德森——这群工人的主管回答说："是我，吉姆，见到你真高兴。"

于是，大卫·安德森和吉姆·墨菲——铁路公司的总裁，进行了愉快的交谈。在长达一个多小时的愉快交谈之后，两人热情地握手道别。

大卫·安德森的同事立刻包围了他，他们对于他是墨菲铁路公司总裁的朋友这一点感到非常震惊。

大卫解释说，20多年以前他和吉姆·墨菲是在同一天开始为这条铁路工作的。其中一个同事半认真半开玩笑地问大卫："为什么你现在仍在骄阳下工作，而吉姆·墨菲却成了总裁？"

大卫无限惆怅地回答说："20多年前我为1小时175美元的薪水而工作，而吉姆·墨菲却是为这条铁路而工作。"

在本案例中，同样在一家公司工作的两个人差别为什么那么大呢？就像大卫回答的那样："20多年前我为1小时175美元的薪水而工作，而吉姆·墨菲却是为这条铁路而工作。"从大卫的话中可知，出现这种差别的根本原因就是只为薪水而工作的结果！

的确，在现代社会，高薪往往成为年轻人追求的最主要目标。但不幸的是，正是这个错误目标的指引，致使他们很容易被短期利益蒙蔽心智，看不清未来事业发展的潜在机会，最终因为盲目追逐高薪从而丧失了许多发展事业的大好机会。

不要为薪水而工作，因为薪水只是工作的一种报偿方式，虽然是最直接的一种，但也是最短视的。一个人如果只为薪水而工作，没有更高尚的目标，并不是一种好的人生选择，受害最深的不是别人，而是自己。大家都知道，钢铁大王安德鲁·卡内基在33岁时就建立了美国最大的钢铁公司。他在自己的备忘录中写道："人生必须有目标，而赚钱是最坏的目标，没有一种偶像崇拜比崇拜财富更坏的了。"

从安德鲁·卡内基的话中可以得知，如果员工工作单纯只是为了能更多地挣一些工资，当做解决自己生计问题的一种手段，那可真的是大错特错了。工作固然是为了生计，但也不完全是为了生计，有比生计更重要、更可贵、更值钱的东西。要看到，在长期工作中积累的才干和经验，比金钱重要万倍，因为工作赋予你的才能是可以令你终生受益的。我们应该看到，薪水背后的这个"成长机会"和它对未来的影响，不能把自己困在高额的薪水里。与大卫相似的员工，需要端正自己的工作态度，不要因小失大。否则，无论你在何处工作，都不能成为老板赏识的员工。因此，薪水只是员工工作最直接的一种工作报酬，但它只是短期的利益。员工在工作中所学到的东西也可以说是工作本身给予你的回报，例如宝贵的经验、技术的提高和管理才能等方面，这些才是无价宝，是花多少金钱也买不到的，怎能与薪金相提并论呢?

其实，工作给予的报酬，大大超过了员工的付出。假如每个员工都能视工作为自己学习、进步的机会的话，那每一种工作都能让很多人迅速成长起来。对于那些刚进入社会的年轻人而言，薪水的高低无须考虑太多，要考虑的是这个工作本身带来的隐性回报。

在美国加利福尼亚州，斯坦福大学一位非常著名的教授弗雷德·特曼有两个特别优秀的学生，他们天资聪颖，才能出众，有着相近的兴趣和爱好。对他们而言，找个有发展潜力的工作肯定是件非常容易的事。

当时，弗雷德·特曼教授的一个朋友正在创办一家小型公司，委托弗雷德·特曼教授为他物色一个合适的人选。因此，弗雷德·特曼教授建议他这两个学生前去试一试。

学生理查德先去应聘。应聘回来几天后，理查德打电话对教授说：

"您的朋友只给5000美元的月薪，真是太吝啬了，我才不去他那儿工作呢！我现在已经在另一家月薪10000美元的公司开始上班了。"

学生兰帕是后去应聘的，虽然同样是5000美元的月薪，尽管兰帕也同样有能赚更多钱的工作，可是，这份工作兰帕却欣然接受了。

当弗雷德·特曼教授得知他的决定时，弗雷德·特曼教授问他："工资这么低，你不觉得太吃亏了吗?"

兰帕是这样回答弗雷德·特曼教授的："当然了，我当然也想赚更多的钱，但您的朋友给我的印象非常深刻，我感觉在他那里肯定能学到一些本领，虽然薪水低点，但也是值得的。我觉得，我在那里工作肯定能更有前途。"

几年的时光眨眼间就过去了。理查德的月薪由当初的10000美元涨到了12000美元，可兰帕的月薪却由当初的5000美元上升到了年薪100万美元，外加期权和红利。

在本案例中，兰帕的成功警示我们每一个员工，不要刻意考虑薪酬的多少，而应珍视工作本身给我们带来的价值。要知道，只有我们自己才能赋予自己受益无穷的黄金，而老板给的永远都是屈指可数的金钱。

在上述案例中，几年的时间，两人的差别却如此之大，原因何在呢?非常明显的是，当初，理查德是被高薪蒙蔽了眼睛，而兰帕对工作的选择却是从多学习东西的角度出发。如果我们不仅仅是为薪酬而工作，那么我们从工作中得到的将比我们为它付出的更多。用心工作，力求进步，我们会在企业甚至整个行业中赢得良好的声誉。

当然，可能有部分员工误读了"不为薪水而工作"的真正含义，不为薪水而工作并不是不在乎薪水，而是在刚开始工作时偏重于公司给予的发展事业的平台，只要得到这个发展的平台，高额的薪水自然也会得到。因此，对于任何一个员工而言，真的不必担心自己的努力会被老板所忽视，当你全心全意工作时，你的老板一定会注意到。在你寻思该如何多赚一些钱之前，先考虑一下如何把工作做得更好，这样一来，你就根本不需要为高额的薪水而担忧了。不要费尽心思去说服你的老板接受你加薪的理由，好好地奉献自己的时间和精力，只要在每一份工作中竭尽全力，你的薪水自然会提高。不信，我们从下面这个案例谈起。

一个名叫詹姆斯的普通银行职员，在受聘于一家汽车公司六个月后，试着向老板琼斯毛遂自荐，看是否有提升的机会。

琼斯的答复是："从现在开始，监督新厂机器设备的安装工作就由你负责，但不一定加薪。"

詹姆斯去了，但糟糕的是，他从未受过任何工程方面的培训，根本看不懂图纸。然而，他认为这是个难得的机会。因此，詹姆斯发挥自己的管理才能和领导特长，专门花钱找来一些专业技术人员完成了安装工作，结果提前一个星期完成任务。

最后，詹姆斯得到了提升，工资也增加了十倍。

"我当然明白你看不懂图纸。"后来老板这样对詹姆斯说，"假如你随便找个原因把这项工作推掉，我可能立即就把你辞掉。"

在本案例中，詹姆斯之所以能够取得成功，是因为詹姆斯并没有像其他人那样为薪水而工作。如果那些职位低下、薪水微薄的人，忽然间被提升到一个重要的位置上，看起来似乎不可思议，常常遭受人们的质疑，但人们也许不知道，他们之前拿着低薪，但始终对工作满腔热忱，始终保持一种尽善尽美的工作态度，矢志不渝地朝着自己的目标努力，从而积累了丰富的工作经验，而这些正是他们晋升的真正原因。事实证明，如果你不计报酬、任劳任怨、努力工作，付出远比你获得的报酬更多、更好，那么，你不仅表现了你乐于提供服务的美德，还因此发展了一种不同寻常的技巧和能力，这将使你摆脱任何不利的环境，无往而不利。

五、只为薪水而工作的行为无疑是短视的

研究发现，员工之所以不满意较低的工资，是因为很多员工缺乏对薪水更高层面的了解，甚至更加缺乏对社会责任的领悟。

当然，工作固然是为了生计，但是比生计更可贵的，就是在工作中充分提升自己的工作能力。如果工作仅仅是为了生计，那么人的人生价值也就失去应有的尊严。假设一个员工单单为了生存而工作，那么恐怕他一生都将为生存而奔波了。事实证明，生计当然是工作的一部分目标，但在工作中充分发挥自己的潜力，使自己的能力得到最大的发挥，这比生计更重要。生命的价值不能仅仅是为了面包，还应该有更高的需求和动力。不为薪水而工作，那我们应该为什么而工作呢？工作会给我们带来什么呢？其实除了薪水外，工作所给我们的要比我们为之付出的更多。如果你将工作作为一种学习过程，那么你会发现，每一项工作中都包含着许多个人成长的机会。

"我每天拼命工作，是因为我有自己的价值观。我为自己当前的工作倾注了大量时间，甚至不在乎领不领工资。我刚发现我是全州工资最低的院长，可我不在乎。我是说，我干这活不是为了钱。"这是美国某学院院长拉腊·玛林伍德对工作与薪水之间关系的观点。不要放松自己，时刻告诫自己，人要有比工资更高远的目标。我们看一个人们熟知的小故事。

一天，美国《纽约时报》的一位女记者朱迪丝·约翰逊到纽约曼哈顿的总部大楼附近的建筑工地采访，她想知道这些辛勤的建筑工人对自己工作的真实看法。

朱迪丝·约翰逊从工地上随意选取了三个采访对象，并问了他们相同的问题："请问你在做什么？"

朱迪丝·约翰逊问第一个建筑工人在做什么，那个建筑工人头也不抬地回答："我正在砌一堵墙，可以拿到5美元。"

朱迪丝·约翰逊问第二个建筑工人同样的问题，第二个建筑工人回答："我正在盖房子。"

朱迪丝·约翰逊又问第三个工人，这次她得到的回答是："我在为人们建造漂亮的家园。"

朱迪丝·约翰逊觉得三个建筑工人的回答很有趣，就将其写进了自己的报道。

1999年8月，朱迪丝·约翰逊在整理过去的采访记录时，突然看到了这三个回答，三个不同的回答让她产生了强烈的欲望，想去看看这三个工人现在的生活怎么样。

等朱迪丝·约翰逊找到这三个工人的时候，结果令她大吃一惊：当年的第一个建筑工人现在还是一个建筑工人，仍然像从前一样砌着他的墙。

而在施工现场拿着图纸的设计师竟然是当年的第二个工人。

至于第三个工人，朱迪丝·约翰逊没费多少工夫就找到了，他现在成了一家房地产公司的老板，他就是纽约地产大亨唐纳德·特朗普，前两个工人正在为他工作。

事实上，在实际的工作中，有许多员工因为不满足于自己目前的薪水，而将比薪水更重要的东西也丢弃了，到头来连本应得到的薪水都没有得到。这就是只为薪水而工作的可悲之处。因此，如果一个员工只为薪水工作，将直接决定这个员工的前途。同样的工作，同样的环境，但是不同的心态却让三个人对工作有不同的感受和认知。如果仅用世俗的标准来衡量我们的工作，工作或许是毫无生气、单调乏味的，仿佛没有任何意义，没有任何吸引力和价值可言。但是当我们以快乐的心态去对待工作时，即使是单调地重复同一个动作，工作也会变得有趣，承担工作责任也就不会是负担了。

其实，唐纳德·特朗普不仅是一位地产大亨，而且还是一位文笔非常娴熟的作家。他的第一本自传《做生意的艺术》是每个生意人的"圣经"，卖出了300多万本，被《纽约时报》评为最畅销的书籍，并连续在排行榜上维持了32个星期的冠军地位。《结局，巅峰生存》和他的第三本书《回归的艺术》一样，也是《纽约时报》评出的最佳书籍和最畅销书籍的第一名。当我们反观特朗普的成长历程，就很容易知道责任心对于事业的巨大作用。特朗普生于1946年6月14日，在纽约市出世，排行老二，上有一个姐姐，下有两个弟弟、一个妹妹。由于祖父英年早逝，父亲为帮助家计，甚早即决意创业，发现房地产生意颇具“钱”途，遂创设“特朗普公司”，专门在纽约市皇后区及邻近地区兴建并经营中型公寓，供一般民众租赁或购买。在父母亲友的爱心呵护下，特朗普自幼即满腹自信，活力四射，无法静下来用功读书。13岁那年，父母只好送他去“纽约军事学校”求学，冀望军校的严格训练能帮助他力争上游。在军校就读期间，特朗普人缘甚佳，不仅学业成绩优异，而且是运动健将，1964年自军校毕业时，领袖气质已隐然成形。离开军校后，特朗普获准进入宾夕法尼亚大学华顿商学院就读。大学时代，特朗普孜孜不倦地汲取商业领域新知，培养机敏生意眼光，加上父亲耳提面命的经营秘诀，大四时已蠢蠢欲动，欲在商界闯出一片天，他不时去国外考察最新与未来的经济走向。大学一毕业，特朗普即进入父亲创建的房地产公司任职，从底层开始干起。

从美国地产大王唐纳德·特朗普的成功事例中我们可以看到，一个员工的工作除了获得薪水，还有很多种看不见但能感受得到的东西存在。因此，如果只为薪水而工作，那么不仅会让你在工作上失去很多，而且也会让你的生命失去很多。但是，我们在当今的企业中，还是经常会听到这样的声音：“我只拿这点儿钱，凭什么去做那么多工作？我的活儿对得起这些钱就行了。”“我们那个老板太抠门了，只给我们开这点儿工资。还有，经理干的活儿也不比我多多少啊，可他的薪水比我高出一大块。他拿得多，就该干得多嘛，我只要对得起这份薪水就行了，多一点儿我都不干。”可见，要消除“为薪水而工作”的影响是很不容易的。对于正工作在一线的员工们而言，不要只为薪水而工作，因为薪水只是工作的一种报偿方式，虽然是最直接的，但也是最短视的。

六、过分关注薪酬而失去工作机会

很多刚毕业的学生或者一些涉世不深的应聘者，在招聘方问到薪酬期望时，很多人会直截了当地回答出8000元或者10000元，还有更高的，殊不知，他们这样做的结果往往会让公司招聘者认为，他们是为了薪水而工作的。

当然，由于很多刚毕业的学生或者一些涉世不深的应聘者对社会工作不了解，或者了解不多，当他们走出校园时，总对自己抱有很高的期望，认为一开始工作就应该得到重用，就应该得到相当丰厚的报酬。他们在工资上喜欢相互攀比，似乎工资成了他们衡量一切的标准。然而，他们却忽略了公司给员工工资是建立在员工为公司创造价值的基础上的。因此，过分较真为薪水工作将得不偿失，还不如踏实工作，在公司给予的这个舞台上充分挖掘自己的潜能，发挥自己的才干。否则，将因过分关注薪酬而失去工作的机会。不信，我们来看则媒体的报道。

王洋（化名）是法律专业的学生，已经通过了国有大型外经企业中国港湾工程有限责任公司的笔试和面试。但毕业前在该公司实习时，由于过分关注薪酬而丧失了工作机会。

事情的起因是因业务需要，公司员工需要加班，王洋依法提出要加班费。对此，中国港湾总经理胡建华在中国对外承包工程商会主办的“全球建筑峰会”上接受媒体专访时介绍，王洋这样做本来是件好事，说明员工已经懂得依法维护自身权益，但此举却引起了周围同事的反感。一些人怀疑他对企业的忠诚度——万一在海外代表企业开展业务时，到了关键时候企业没满足他的个人条件，他不干了怎么办？

“这是一个典型的因过分关注收入而丢失工作的案例。”胡建华认为，大学生应聘过程中应表现出一种责任感和事业心，只有企业做好了，个人才会好，否则个人连发展的机会都没有。在本案例中，王洋在实习时因为加班费而与公司交涉，给公司带来不好的影响。

当然，王洋的做法也不能说错了，因为按照法律是必须付给员工加班费用的，哪怕是实习生。但是王洋采用的方式欠妥，因为在实习阶段，一方面是公司在考察员工的综合能力，另一方面是考察其忠诚度，就像中国港湾总经理胡建华接受媒体采访时强调的那样，万一在开展业务的过程中，公司不能满足其条件，王洋还会不会工作，如果王洋拒绝工作，与公司依然讨价还价，那么公司将遭受巨大的损失，有时可能为之付出惨重的代价。因此，过分地关注薪酬，往往会失去较好的工作机会。所以，较高的薪水固然是员工工作获得的认可和回报，但比较高薪水更可贵的，就是公司给予员工的发展平台。

事实上，年轻人对于薪水常常缺乏更深入的认识和理解。其实，薪水只是工作的一种报偿方式，刚刚踏入社会的年轻人更应该珍惜工作本身带给自己的报酬。事实上，公司是很多员工在事业发展中的另一所学校，工作能够丰富我们的思想，增长我们的智慧。与在工作中获得的技能与经验相比，微薄的薪水对于年轻人来说不应该被看得过分重要。所以，一个人若只是专为薪水而工作，把工作当成解决面包问题的一种手段，而缺乏更高远的目光，最终受欺骗的可能就是你自己，在斤斤计较薪水的同时，失去宝贵经验、难得的训练、能力的提高。这一切较之金钱更有价值。而且相信谁都清楚，在公司提升员工的标准中，员工的能力及其所做出的努力占很大的比例。没有一个老板不愿意得到一个能干的员工。只要你是一位努力尽职的员工，总会有提升的一日。

提起杨丽，大家无不惊叹她创造的升迁神话。高职毕业之后，在本科生云集、研究生成群的大公司从前台接待做起，然后就以火箭般的速度，在三年内登上了部门经理的宝座。是突来的神力练就了过人的聪慧，还是侥幸的好运，大家众说纷纭。但我知道，从前台到经理，她一直是公司里“最傻”的员工。

杨丽毕业那年，就业形势已经严峻到连大学生都人人自危的程度。在撒下了几十份求职信后，好不容易有一家公司有了回应，可是当杨丽兴冲冲地去面试的时候，却发现已经有40多人揣着本科学历和各种证书聚集在公司门前，竞争几乎激烈到了短兵相接的地步。闯过了初试和面试，杨丽进入了最后一轮考察：在人力资源部实习三天。部长留给了杨丽一个任务，将公司去年的部分文件整理归类并在微机里建档保存。

然而，就在杨丽忙碌了一天之后，下班前传来了坏消息，总公司紧急通知暂停招聘新员工。“这不是耍我们吗！”参加实习的其他学生纷纷跑到部长办公室表示不满。直到下班前，焦头烂额的部长才送走了最后一个愤愤不平的学生，回到办公室，却发现杨丽还在成堆的文件里忙碌着。

部长很客气地说：“真不好意思，白让你忙活了一天。没办法，这是总公司临时的决定……下班了，快回家吧，你明天就不用来了。”

杨丽站起身来，说：“没什么，只是这些文件我都整理一半了，如果换成别人又要从头开始。活儿没干完心里不踏实，我明天再来，一个上午就足够了。”

同学们都说杨丽傻，与其给人家白白出力，还不如抓紧时间找别的工作。杨丽只是微微一笑，第二天中午离开的时候，留下的是一排排装订好的文件夹和一间整洁的档案室。

两个月后，求职屡屡碰壁，只能在小店打零工的杨丽接到了一个电话，是那位部长打来的，说现在公司有职位邀请她前去应聘。原来，部长在向公司经理汇报招聘情况的时候，特别提到了杨丽的表现。经理对这个“最傻的求职者”印象很深，指示部长留下了她的联系方式。当公司完成调整、重新招聘员工的时候，部长第一个电话就打给了杨丽。就这样，在同学羡慕的目光里，杨丽重新迈入了这家公司的大门。

初入公司，学历最低又没有经验的杨丽被安排去做前台接待。在大家眼里，这是公司里最“垃圾”的岗位，平时接听电话，做个来客登记，从来没人干到两年以上，选择这样的职位，毫无前途可言。

杨丽毫无怨言，微笑着去迎接自己的第一份工作，用她的话说：“前途不是选出来的，而是做出来的。”上班第一天，她就换掉了那本破破烂烂的登记簿，扯下了脏兮兮的部门电话联系表，取而代之的是16开的大本，封面是自己打印的公司简介，至于联系电话，她连续几个晚上熬到11点也就熟记在心了。有人不理解，说花上10秒钟查查通讯录不就知道了，何必犯傻去死记硬背。杨丽说自己的工作就要“问不倒，答得快”，不光是电话和房间号，有关公司的一切都要心中有数。

一次，几个新加坡客户来洽谈合作，杨丽安排他们在大厅稍等。客户们坐在一起，谈到对这个新合作伙伴的业绩不太了解，杨丽主动走上前去很有礼貌地说：“如果可以的话，占用各位一点时间，我可以简单介绍一下。”

在众人惊讶的目光中，杨丽把公司近几年的销售业绩、市场份额、运行情况说得有条有理。等到销售经理来迎接的时候，客户们赞不绝口：“你们公司了不得，一个普通员工对自己公司的业绩都能脱口而出，这是多么强烈的责任心和自豪感啊！我们对这样的企业很有信心……”

事后，经理问杨丽怎么记住那一长串数字的，杨丽回答：“公司年会和每次的例会，我把各个部门的情况作了详细的记录。”经理不由得对她刮目相看。

很快，这个热情而细心的前台成了公司一道亮丽的风景。其实，杨丽的做法当初被很多同事嘲笑为傻帽。比如为了保证电话铃响三声就接通，杨丽从来不带杯子到公司，最大限度减少上厕所的次数，大家说公司不是上甘岭，而杨丽相信，每一个未知的来电都可能是一个潜在的客户，也许百万元生意就开始于一次及时而热情的接听。再比如，午餐之后杨丽总要把大厅打扫一遍。有人说别傻了，公司付钱给物业公司了。杨丽说：“物业公司的清扫时间比公司下午上班晚半个小时，中午时间进出的员工很多，地板上满是脚印，如果来了客户，肯定会影响他们对公司的第一印象。”

老天不负有心人，一年之后，优秀员工的称号和额外奖金破天荒第一次落在了杨丽这个“最傻”的前台接待员头上。

公司规定，每到年末，员工们都要写一份年终述职报告，将自己全年的工作形成书面总结，既要总结经验，也要制定目标，提出建议。公司里近千名员工都把这个举动讽刺为最大的形式主义。所以，当杨丽开始一个字一个字地敲键盘的时候，老员工们说："别傻了，从网上下个改改就得了。上千份报告摞起来比老总的个子还高，老总会看？笑话，肯定最后卖了废纸。"

杨丽没有理会，因为她工作了一年，确实有很多感受，也想借此机会提出建议和设想。以前杨丽的建议最多走到部门主管那里就石沉大海了，而以她的职位和身份，想要见到老总当面陈述，只能是一种奢望。杨丽有一种冲动，一定要借这次机会把自己对公司现状的看法和今后发展的建议详细而完整地表达出来，她认为没有什么比一份图文并茂的报告更好的了。

于是，杨丽每天晚上回到家，饭后第一件事就是冲到电脑前准备材料，绘制图表。一周之后，一本像时尚杂志般的年终总结送到了公司办公室。彩色封面上是公司的标志和宗旨，扉页上有目录和提要。正文分为三个部分，分别是我的工作、我的看法和我的建议。每一部分都有详细的数据和直观的图表，还用漫画形式展示了公司存在的不良作风和浪费现象，最后是态度诚恳的建议和充满激情的设想。

接下来的几天里，公司的每个员工都在谈论这份不可思议的年终总结，都说真没想到年终总结也能这样写，杨丽一下子成了公司的热门话题。又过了三天，老总把杨丽喊到办公室，说："无论是你第一次来应聘，还是这次写总结，都给我留下了深刻的印象。报告我看了四遍，你看问题很准，思路也很清晰，设想很有创意，但我更欣赏你对公司、对工作的那份责任感，你也许需要一个更合适的岗位，好好干吧。"

就这样，这个公司里最傻的员工，走上了职业生涯的高速公路。

事实证明，一个以薪水为个人奋斗目标的员工是无法走出平庸的生活模式的，也从来不会有真正的成就感。虽然工资应该成为工作目的之一，但是从工作中能真正获得的更多的东西却不是高额的薪水。一些心理学家发现，金钱在达到某种程度之后就不再诱人了。即使你还没有达到那种境界，但如果你忠于自我的话，就会发现金钱只不过是许多种报酬中的一种。试着请教那些事业成功的人士，他们在没有优厚的金钱回报下，是否还继续从事自己的工作？大部分人的回答都是："绝对是！我不会有丝毫改变，因为我热爱自己的工作。"

想要得到提拔，最明智的方法就是选择一个即使酬劳不多也愿意做下去的工作。当你热爱自己所从事的工作时，金钱就会尾随而至。你也将成为人们竞相聘请的对象，并且获得更丰厚的酬劳。

事实上，在世界500强企业里，他们倡导的企业理念就是让职员能够拿到更高的薪水、更加优厚的福利以及期权、股票。但是要达到这个目标当时是很不容易的，因为很多职员不满足于自己目前的薪水，而将比薪水更重要的东西也放弃了。薪水是企业对员工所做贡献的相应回报，也是大部分应聘者最关心的东西。因此，很多人在工作中总是忽视薪水之外更重要的东西。他们一心把目光对准薪水，高薪的职位就留，低薪的职位就换，很少考虑自己的兴趣爱好以及什么样的工作才适合自己。其结果是，这样的人到头来以失败告终，因为他们对职业的理解是肤浅的，所以成功很难与其结缘。

第二章
不要只要求公司给你提供舒适的工作环境

一、给了你总统的工作环境，你确保能干好工作吗

在很多企业中，有些员工总是抱怨公司不给自己提供洋房般的办公环境，要是那样的话，我一定很敬业。

试想一下，如果真的给这类员工总统的工作环境，他们真的就敬业了吗？我看不见得。当然，我们不否认要给员工一个良好的工作环境，但是，作为员工来说，重要的不是只关心工作环境，而是怎样给公司带来财富。

其实，这样的道理很容易明白，因为企业存在的价值就是创造利润，如果员工只关注工作环境而忽略自己作为员工存在的意义，那么这样的企业将会倒闭。不信，我们来看看下面这个经典的历史故事。

古罗马帝国第一任皇帝奥古斯都（公元前63年—公元14年）手下有一位名叫维比乌斯·尤利乌斯·蒂图斯的士兵，跟随奥古斯都皇帝长年征战。

在一次庆功会上，维比乌斯·尤利乌斯·蒂图斯自以为得到封赏，特别觉得自己应该得到提升，便在庆功会上提到这件事。

维比乌斯·尤利乌斯·蒂图斯向奥古斯都皇帝说道：“我伟大的皇帝陛下，我应当提到大将军的位置，因为，我经验丰富，参加过10多次重要战役。”

奥古斯都是一个唯才至上的皇帝，对人才的利用更是有着战略眼光，他并不认为这位名叫维比乌斯·尤利乌斯·蒂图斯的士兵有能力担任将军的职务，于是他随意指着拴在周围的驴子说：“我最亲爱的士兵，好好看看这些驴子，它们至少参加过30次战役，可它们仍然是驴子。”

在本案例中，士兵维比乌斯·尤利乌斯·蒂图斯就像创业初期的很多企业员工一样，取得一点成绩就沾沾自喜，就开始向公司索取职位，或者好的工作环境。

其实，工作也一样，假设员工们不好好工作，只关心自己的工作环境，这样的员工是没有什么发展前途的。在实际的工作中，有的员工自认为有工作经验，同时也有着极深的资历，就自以为可以跟公司讨价还价，这样的心态是错误的。

事实上，在现实的工作中，经验与资历固然重要，但这并不是衡量能力的标准，也不是员工只关心工作环境的一个关键因素。有一些人10年的经验，只不过是1年经验的重复10次而已，更可怕的是，有些人的重复，非但不会有更大的进步，反而会阻碍心灵，扼杀想象力和创造力。如果只讲资历不看能力，就会出现论资排辈的现象。

上述案例中警示中国企业，尽管在倡导人性化管理的今天，对于一些只关心工作环境的员工，在利用情感管理的同时，也该强调制度的力量，这样才能有效地提升员工的单位生产力。

二、你是在为公司创造财富，而不是选择环境

在很多招聘会上，我们经常听到很多求职者向招聘单位提要求：“我要求贵公司要有五星级的工作环境，月薪在8000元以上。”如果抱着这样的工作态度，员工似乎不是在为公司创造财富，而不是选择环境。

当然，在面试中，提出自己的条件并不是不可以，而是应该要求一些对自己未来有帮助的平台。其实，在很多时候，员工要求公司提供良好的工作环境还不如提升自己的能力，或者提升自己的责任心，从而得到老板的提拔，这样比关心工作环境得到的好处要大得多。

在一次慈善晚会上，一位慷慨的富翁乔治·奥斯顿发表了一场精彩的演说。乔治·奥斯顿回忆说：“我和好朋友吉米刚来纽约的时候，在一家商店替人扫地，一个星期挣6美元。吉米嫌这里的工作环境不好不久就跳槽了，而我还是坚持在这家商店工作。到了年底，老板给我一个星期14美元，但我依然努力工作。很巧的是，我遇到了纽约哈尔曼公司的老板托马斯·鲁朗。当时，我正在清理垃圾，把不同的垃圾分类，而且分得非常科学。”

托马斯·鲁朗望着我笑了笑说：“伙计，有兴趣到我们公司来工作吗?”

当时，乔治·奥斯顿以为他是开玩笑的，并说：“我现在的周薪是14美元，要是到您公司上班的话，至少周薪30美元。”

令人意外的是，托马斯·鲁朗却答应了，他还说：“我给你的周薪是250美元。”

之后，乔治·奥斯顿进了纽约哈尔曼公司，在那里他当上了商务代表，在一个大厅里办公，周薪250美元。那个时候，乔治·奥斯顿依然努力地工作，为公司赢得了一个价值2亿美元的合同。

过了不久，乔治·奥斯顿被董事长叫进了办公室，桌上摆着一份新的

合同。这是一份长达10页的合同，通过这份合同，公司给予乔治·奥斯顿的待遇是月薪1万美元，并升职为该公司的副总裁，而吉米依然还在不停地换工作。

在本案例中，乔治·奥斯顿的月薪从24美元上升到1万美元，其职位从一个扫地的普通工人到纽约一家大公司的副总裁，其办公室也从一个普通大厅到自己拥有一间特大的办公室。

乔治·奥斯顿的成功源于自己的价值判断，乔治·奥斯顿还告诉人们，当他开始工作时，周围的许多朋友劝告他说："乔治，你是真傻不是假傻啊，这份工作如此之累而且收入还很低。你每天都得加班到深夜，那你什么时候才会有出头之日啊?"但是乔治最终还是用他的行动证明给大家看，他成功了。

工作环境对我们来说不是最重要的，重要的是我们必须对自己负责，树立工作是为自己做事的观念。在做事的过程中要有极大的热忱，同时要专心、用心，更要认真，还要对结果负责，这样才能赢得老板的认可。

三、工作环境并不是决定成绩的唯一

当然，作为员工而言，良好的工作环境是必要的，但是，良好的工作环境并不是决定自己创造业绩的唯一要件。因为创造业绩不仅需要一个良好的工作环境，更需要员工的勤奋努力和责任心。

在公司中，很多员工总是认为，公司没有给他们提供满意的工作环境，而是在极度恶劣的条件下工作，当然也就不能取得好的成绩。要是按照他们的这种想法，那么中国的原子弹根本不可能被造出来，甚至连想都别想。然而，中国的科学家却在那个艰苦的、工作条件极其恶劣环境下造出来了。不信，我们来看看媒体的报道。

位于青藏高原东北部的青海省，地势高峻，空气稀薄，海拔在3000米以上。在青海省会西宁市西北方向有一个海晏县，40 年前那里极其的贫穷落后，人烟稀少，几乎没有工业生产，没有工业品，长年吃的是青稞面、蚕豆面、土豆。

1959 年年初开始，在海晏县一片大草原上，极其保密地从全国各地先后调集了一大批人员，在那里悄然建起一座核武器科研基地（始称 221 厂，后称九院即第九研究院）。在不到 6 年的时间里，发扬自力更生、一不怕苦、二不怕死、不计名利、艰苦奋斗的精神，于 1964 年 10 月 16 日做出了让世界震惊的事业——中国第一颗原子弹爆炸！

开始几年，基地主要是靠小电厂（1500kW）发电，但小电厂经常发生故障，部件坏了没有备件，循环水管一冻就无法发电，一停就是一个冬天、一个春天。草原高寒缺氧，食堂没有鼓风机就无法做饭，所以经常把面发给职工自己做饭。没有家属随行，大家都是单身，没有锅灶，又买不到，只好用洗脸洗脚的瓷盆当锅，用石头架起来，拣点柴草自己做饭；冬天没有水，自己用镐头到河里去敲冰块，用铁桶把冰块挑回后用柴火烧，把冰融化后洗脸做饭；没有菜，有时拔点灰菜、捡点蘑菇清水煮着吃，有时到草地里去找点儿野韭菜，切碎后用盐一拌就是菜。尽管基地已发出通知，不准吃旱獭，有些职工还是冒着得鼠疫的危险去打旱獭煮着吃。食堂里吃一次清水煮鳇鱼，就是改善生活了。

由于生活艰苦，缺乏营养，有 90% 以上的人都浮肿，指甲盖中心凹进去。虽然生活这样艰苦，但干部还要参加义务劳动，如挖 2 米多深的自来水管沟、修路，步行到团宝山上去割荆条，割好后每人背几十斤到各自的驻地盖土房用，当时把这叫做就地取材。

记得 1962 年 3 月，“五一”节那天下着雨夹雪，我们由 14 号楼搬到了二厂区 204 工号住宿、办公，当时二厂区的 201、202、203、204 工号刚建起房屋架子，内外都没有装修粉刷，砖墙和水泥都没有干，非常潮湿，所有的门窗都没有安装，到处漏风，只得捡些油毡纸把门窗钉上，地上还到处在挖管沟，高低不平，放一张床都没有一块平地，吃饭是在三工区一队食堂搭伙，主食是蚕豆面窝窝头和青稞面馒头，没有副食。这里离总厂有

4公里路，到总厂办事来回都是步行，没有汽车，电话也还没有安装。

1962年10月，北戴河会议要求原子能事业加快发展速度，为原子能事业开绿灯。当时要求221厂早日投入科研生产，主要是化工厂和六厂实验场地，要求化工厂早日提供药柱，六厂实验场地早日进行炸轰试验。在1962年11月底，201车间和203车间的安装工程全部完成，锅炉房已向车间供上了蒸汽，科研生产条件已基本具备。

在1962年12月15日晚上8点多钟，北京工业学院毕业的几个技术员在201车间内用手提的不锈钢溶化桶溶化炸药，一会儿溶化好了，达到温度要求，就拿到钢平台上朝放好的模具内浇铸了三块药柱，那时候的科研生产设备也很简陋。过了两天，六厂派汽车到化工厂把炸药药柱取去了。1962年12月20日上午10点多钟，在608工号实验场地打响了第一炮。

这虽然是象征性的一发小炮，但却有重大的历史意义，它开创了221厂新局面，揭开了中国核武器科研生产的序幕。（本案例来源：《生活时报》，作者：胡金）

是什么因素让中国科学家创造了奇迹呢？究其原因还是源于中国科学家为国家奋斗的精神。正像林丹说的那样——环境并不是决定成绩的唯一。

当然，作为员工来说，在实际的工作中，关心的重点不是工作环境，而是自己的未来。因为工作环境是随着自己能力的提升而变得越来越好。如果只关心工作环境，永远也只能是一个平庸的人，天天为找工作发愁。在这里，我们来看则来自媒体的报道。

北京时间2007年10月10日，“好运北京”2007年国际羽毛球邀请赛拉开了战幕。男单头号选手林丹毫无悬念地以2：0战胜另一名中国选手赖超。获胜后的林丹表示比赛场馆“非常不错”。

和张宁一样，林丹在比赛结束后对本次的比赛场馆作了评价：“这个场馆无论从灯光、风速还有总体感觉来说，都非常不错，都是高水平的。”

羽毛球比赛对风速的要求很高，因为国际羽联的要求为恒温26℃，送风量不能超过0.2米/秒。而这个风速，几乎就是“一丝风也没有”。北工大采用观众席下送风的空调设计，把一个出风口分解成了9100多个出风口，还避免了空调风向对场上运动员的影响。

不过林丹认为，场馆条件的好坏，并不是决定自己成绩的唯一：“今天比赛的对手实力也比较弱。对于比赛，场馆条件只是起辅助作用，决定因素还是在我个人。”今天的比赛，两局的比分分别为21：12和21：7，林丹的对手基本没给他造成任何阻挠。在今天的比赛中，细心的观众都会发现，林丹连续好几次都会不自觉地抬头看馆顶的灯光。为此，他解释：“没什么异样的。比赛开始总有一个适应期，我在慢慢调节。”明天，林丹将迎来自己的下一个对手刘雨辰。后者在之前结束的比赛中以2：0战胜于小渝。（本案例来源：央视网）

迄今为止，林丹成为了世界羽毛球历史上唯一的全满贯选手。林丹是世界羽坛历史上首位包揽奥运会（2008）、世锦赛（2006、2007、2009）、全英赛（2004、2006、2007、2009）、世界杯（2005、2006）、汤姆斯杯（2004、2006、2008、2010）、苏迪曼杯（2005、2007、2009）、亚运会（2010）、亚锦赛（2010、2011）全部男子单打冠军的运动员。林丹能取得如此好的成绩，肯定与其努力分不开，正像上述报道中所说：“今天比赛的对手实力也比较弱。对于比赛，场馆条件只是起辅助作用，决定因素还是在我个人。”

第三章
不要只要求公司给你提供升迁的机会

一、不要只问老板为什么没有给你升迁的机会

在很多时候，经常看到一些好高骛远的员工在老板背后发牢骚，说自己辛苦工作却始终得不到老板的赏识，他们总是抱怨老板，为何升迁的不是自己，而是自己的同事，甚至是自己的下属。

其实，只要自己反思一下就完全明白老板提拔同事的决定是正确的。因为老板知道，提拔谁来管理对公司最有利。不信，我们从一个真实的案例说起。

在“动什么都别动老板底线”的培训课中，一个叫卢雅俊的学员谈到他在工作中的不如意。

卢雅俊说，他是一个自认为能力很强的部门经理，所在的公司是世界500强之一，同时，卢雅俊也坦陈自己是该公司的后备大区经理人选之一。本来这次卢雅俊所在的部门已经考察他升任大区经理，但最后，这件在卢雅俊看来已经是板上钉钉的事，结果却出乎自己的意料，升职的却成了同事刘晓云。

据卢雅俊称，刘晓云原本是个普通员工，而自己则是一个堂堂的部门经理。卢雅俊有一百个理由都无法相信从部门经理到大区经理是由刘晓云接替他的位置。

然而最后的任命结果却让卢雅俊恼火不说，也让卢雅俊无法理解，一个连部门经理都不是的员工，直接升任大区经理。卢雅俊怀疑，刘晓云是不是有这个能力。卢雅俊还怀疑，是不是刘晓云背后通融了上司，要不然的话，刘晓云怎么会升职这么快，连跳两级呢？

对此，业内专家和卢雅俊做了如下坦诚交流，让卢雅俊分析一下自己和刘晓云的优缺点，对比一下。

最后卢雅俊说："我之所以败给刘晓云，是因为缺少容忍他人超过我的心胸，我在工作中处处为自己着想，只做对自己有利的事情，至于员工的需要都在我的利益之后，在这一点上，我的确不如刘晓云。刘晓云还是我手下的员工时，可以放弃自己的利益，为客户着想，为此，公司收到很多客户写给总裁的电子邮件，为能遇到这样负责的员工而向总裁表示敬意和感谢。"

最后，卢雅俊说："我会向刘晓云虚心学习，是刘晓云用实际行动唤醒了我改正错误的机会，我不会在工作中为难刘晓云，会积极配合刘晓云的工作，向刘晓云学习。"

在本案例中，卢雅俊就是中国诸多员工的一个代表，在很多时候，部分员工只想着自己尽量少做事情，尽可能对自己有利，试想一下，如果你是该公司的老板，这样的员工你会让他们晋升吗？

我想，答案肯定是否定的。因此，反观上述案例，如果不是刘晓云放弃自己的利益，处处为客户着想，作为一个普通员工怎么可能被总裁提拔为大区经理呢？另外，大区经理的考察对象资格都不是，是什么原因导致了这样的结果呢？究其原因还是源于刘晓云优秀，让老板发现了她，也是刘晓云维护公司的利益而赢得了老板认可。可以说，90% 的员工，在自己的利益与客户的利益发生冲突时，首先想到的是自己，而不是客户，然而这样会使公司失去一个甚至多个客户。但是，刘晓云却是那 10% 的员工，让公司无形之中巩固了很多客户不说，也巩固公司的品牌形象。因此，笔者告诫那些投机取巧的员工们，当老板提拔同事时，更应该问自己的是，为什么每次升职的都不是自己？我们来看看下面这个真实的案例。

陈莉大学毕业之后，应聘到一家服装外贸公司上班，公司除了老板之外，还有十来个同事，有财务，也有文员，所以陈莉想，作为一个外贸员，做好自己的业务开发工作就行了，于是，陈莉主动地划分了自己的工作职责。

遗憾的是，办公室的职责并不是那么泾渭分明的，上班不到一个月，陈莉就发现问题接踵而至。

有一天，陈莉不小心把喝水杯倒翻了，在擦自己的桌子，并拿拖把拖地时，被老板看到了。老板以为陈莉是打扫卫生，先笑眯眯地表扬她："小陈就是勤快！"接着吩咐："待会儿顺便也帮我整理一下办公桌吧。"

陈莉愣了一下，考虑到当着那么多同事的面，不好拒绝老板的要求，就乖乖地应承了。结果，隔三差五，这差事就落到了她的头上。幸好，频率并不是太高。

接着是有一天，陈莉看同事做报价表时，Excel 操作得不太熟练，于是好心上去教了一下；另一个同事收到的客户文件打不开，陈莉又好心帮同事下载了个软件……

于是，大家都开始认为陈莉是个电脑高手，有了电脑方面的问题就叫"陈莉……"

后来，单位的电脑坏了，需要重装系统，老板把陈莉叫去："快快快，给我修一下。"

陈莉想，这样下去还了得，为难地说："这个，我以前也没做过，不知道怎么弄。"

结果，老板立马说："没事的，我相信你一定能行的！你这么聪明，就算不会，看看说明书。"

以前，单位里接到不明电话找老板，有的同事随口就报出老板的电话，结果老板被一些推销人员弄得烦不胜烦；而有的同事则一概回绝说不知道，结果也因之丢掉了一些潜在的客户或资源。

陈莉接到此类电话后，会用技巧基本过滤一下，把有用的信息转告给老板。时间长了，老板索性吩咐其他同事，遇到这种情况就把陈莉的电话报给对方，就说陈莉是他的秘书！

于是，陈莉发现，尽管自己的大部分时间花在了跟这些人周旋上，但是自己的工作同样做得有条不紊。

大半年下来，老板一直看在心里，于是决定提拔陈莉当公司行政部经理。

本案例中，陈莉被提拔源于她做一些分外工作。对于那些分外的工作，如果你去做了，就等于播下了成功的种子，总有一天会发芽、开花、结果的。这也是那些优秀员工成功的秘诀之一。对此，浙江天马轴承股份有限公司外贸公司经理郁明撰文指出："在现实工作中，当老板给下属尝试的机会时，很多人却因为怕承担责任而放弃或拒绝了，最后依然没有经验。而其实，看不见的经验，比看得见的薪水更重要。现在岗位的分工越来越细，专业壁垒也越来越高，很多人可能一辈子都干着某一个局部的工作，永远只有那个局部的工作经验。要想让自己的就业路子更多更宽，就应该积累多方面的经验。不要把分内之事和分外之事分得那么清晰，当老板安排你做工作时，即使是分外的事，你也要主动承担起来，因为老板不仅仅是在给你一项任务，更是在给你一次经历的机会，让你积累更多的经验。很多自以为聪明的人认为多做事出错的可能也就多，被追究责任的可能也就大，结果见事就躲，虽然求得一时的清闲，却失去了发展的机会。"

从郁明的话中可以知道，其实，对于任何一个想要赢得晋升机会的员工来说，主动做分外的工作才有可能是拿到这个机会的有效途径，因为在企业中，做好本职工作是你拿工资的条件。你在本职工作上做得再好，最多证明你是一个称职的员工。若想证明自己还能做得更好，获得老板的器重，就必须明白："在公司里，永远没有分外的事！因为当你从事超过你报酬价值的工作时，你的行动将会促使与你的工作有关的所有人对你做出良好的评价。否则你会过得很惨。"

二、机会都是员工自己争取的

在很多场合下，笔者见到许多员工总是在抱怨自己的怀才不遇，似乎中国4000万个老板没有一个是伯乐，可真实的状况果真如此吗？

答案当然是否定的。对此，在业内专家陈凯看来，很多时候可能问题就出在那些爱抱怨的员工自己身上，而他们却往往没有意识到。在大多数情况下，以下两个原因很容易被人们所忽视，从而导致了员工的抱怨。

第一，员工所谓的"能干"和更高职位需要的"能干"不匹配。譬如从基层领导晋升为中层领导，需要的就不仅仅是专业能力。对此，陈凯和一位《财富》世界500强欧美银行的行长交流时，请这位世界500强欧美银行行长对中国职场人士的发展提一些建议。这位世界500强欧美银行行长说，在职场要做到中高层，专业能力太差肯定是不行的，但光有专业能力往往也是不够的，像人际交往能力、沟通能力、表达能力等都对职业生涯的晋升发展起着非常重要的作用，不要忽略这些能力的培养。所以，当员工在抱怨其他不如自己能干、只会拍马屁的员工得到了提升时，或许应该知道，搞好人际关系也是一种能力。对此，职业规划专家卡茨的研究也印证了该外资银行行长的观点，随着职务的晋升，专业能力的重要性往往是逐渐下降的，人际交往能力等软性技能会发挥越来越大的作用。从中层领导晋升为高层领导时，观念与判断力的重要性明显增加。

第二，"能干"的员工在职业生涯的初期，面临的诱惑太多，常常为了更高一些的收入盲目地跳槽，又由于职业目标不明确，导致职业经历不连贯，最终在每个领域的知识和技能积累都不够，这样的员工也很难提升到较高的位置。当然，能干的员工得不到提升也会有些客观原因了。有时适合一个职位的不止一个人，但职位只有一个，所以，可能往往是老板看谁顺眼、与谁投缘就提升谁，尤其是一些很难量化业绩的工作。譬如人力资源、行政等职位，这种情况更为普遍。

从以上两个方面可以看出，当能干的你没有得到提升时，最好尽量少一些抱怨，因为这件事情已经发生，不管如何抱怨都于事无补。最好的解决办法就是多从自己身上寻找一些可以改进的原因。如果确信不是自身的原因，那就坦然些，毕竟职业生涯中也有“谋事在人，成事在天”的时候。

面对这样的情况，你应该做的就是继续努力地工作，从而赢得老板的信任，在下一次提拔的时候，升迁的就是你而不是别人，如果你只知道抱怨，那么下一次提拔的依然是别人。看看下面的小故事，或许你会有所启发。

汪文正与尹大鹏差不多同时来到北京望山贸易公司。在该公司里，两个人一直都是踏实肯干的。

值得一提的是，汪文正与尹大鹏两个人在同一个部门，能力也不相上下。但是有一天，尹大鹏得知汪文正升职了，尹大鹏心里愤愤不平，经常埋怨不止。

于是，尹大鹏去找老板谈，老板没多说，交给他一份英文合同，让他回去翻译。尹大鹏不太明白老板的用意，心想：这是在考验我吗？

尹大鹏回去翻开文件时，他发现这确实不是一件简单的事情，对上学时没好好上专业课而懊悔不已。

当尹大鹏还在一筹莫展的时候，却看见一堆人簇拥着几个美国人走过来，原来是美国客户来参观公司总部。他们越走越近，尹大鹏发现正在和美国人交谈的竟是汪文正！尹大鹏不敢相信自己的眼睛，汪文正什么时候会说英语了？当尹大鹏用惊诧的眼神看着汪文正时，老板瞥了尹大鹏一眼，尹大鹏赶紧把眼光移向别处。

后来大家私底下议论，说汪文正这次是抓到表现的机会了，怪不得加薪升职了。

事后，尹大鹏才了解到，原来汪文正一直在一家英语培训机构业余学习英语，每天下班之后，汪文正就到该英语培训机构去上课，利用晚上和周末的时间坚持学习英语，而且已经坚持半年了。

有同事说："这也太厉害了吧！半年时间就可以说一口流利的英语，我之前还是英语专业的呢，大学学了四年，也就差不多这个水平。"但是事实摆在面前：汪文正确实能说一口流利的英语，并且为公司带来了巨额的订单。

面对晋升机会，很多人却屡屡得不到，在实际的工作中，许多像尹大鹏这样的员工经常抱怨"为什么升职的不是我"。在这些员工的眼里，升职的就应该是他们，但是他们却不反省一下，自己是不是在岗位上持续进步、是不是为组织带来足够的效益了呢？就像上述案例中的尹大鹏，在大学学习了四年英语，而且还是英语专业，在接待美国客户时应该是能胜任的，可实际上连翻译一份英文合同都很费劲，让他接待美国客户无疑是难上加难，没有提拔他也是情理之中的事情，还有什么可报怨的呢？

当然，对于任何一个员工而言，晋升机会都是对等的，区别就在于能否抓住。从上述案例可以看出，对职场中的个人而言，近年来竞争越来越激烈。整体上供过于求的人才市场使得每一个个体，尤其是尚无经验的新人，在进入职场的关口就会遭遇到激烈的竞争。好不容易过五关斩六将进入了某个企业，又发现企业中的资源、机会、可晋升的职位等都是有限的，而期盼着得到这些机会的人却为数众多。这种情况下，不管愿不愿意，职场中人都会身不由己地加入到竞争中。

毫不客气地说，竞争是职场永恒的基调。面对同事和其他人的竞争，必须跟上公司的发展步伐，该学习时就得学习，这样才能为公司创造更大的价值，就像上述案例中的汪文正一样。我们常说："学习如逆水行舟，不进则退。"同样，对于很多像尹大鹏那样的员工来说，昨天可能还是望山贸易公司有着巨大价值的员工，但是由于故步自封，安于现状，尹大鹏的能力已经贬值了，被其他善于学习并且不断进步的汪文正超越。从汪文正被提拔这个事情中我们可以看出，在这个竞争激烈的年代，如果不主动地增值就意味着不断地贬值，那么等待你的不是升职，而是被公司淘汰。如果只是躺在自己过去的“功劳簿”上，沉浸在过去的成功中，不思进取，“晋升”将注定与你无缘，甚至是越来越远。

与此相反，也许你今天正在做着看似卑微的工作，人们对你不屑一顾，而明天，你可能通过知识的不断丰富和能力的不断提升，让人刮目相看。在时代发展一日千里的今天，只有时刻努力，永远站在时代的最前列，不断提升自己，才能为自己的“升职”赢得筹码。工作中每一步台阶都需要相应的能力相匹配，要想实现升职，首先需要提升自己的能力，给老板一个提升你的理由。

从上述案例可以得知，像尹大鹏那样一味抱怨的做法是极其不明智的行为。对此，在这里笔者告诫那些跟尹大鹏一样抱怨自己的员工，当老板提拔的是你的同事而不是你自己时，最佳的解决方法不应该是将目光放在“自己没有升职”上，而应该将注意力集中在“为什么自己没有升职”上，这样才能找到问题的所在，根据存在的问题制订解决问题的方案。当我们不再对现状一味抱怨，而是为将来的“提升”做好准备工作时，相信老板下一次提拔的就是你了。我们来看看下面这个案例，相信能给那些抱怨没有被提拔的员工们以思考和借鉴。

50年前，德怀特·珀金斯开始踏入社会谋生，在一家五金店找到了一份工作，每年才挣50美元。

有一天，一位顾客买了一大批货物，有铲子、钳子、马鞍、盘子、水桶、箩筐等。这位顾客过几天就要结婚了，提前购买一些生活和劳动用具是当地的一种习俗。货物堆放在独轮车上，装了满满一车，骡子拉起来也有些吃力。送货并非德怀特·珀金斯的职责，而完全是出于自愿——他为自己能运送如此沉重的货物而感到自豪。

一开始一切都很顺利，但是，车轮一不小心陷进了一个不深不浅的泥潭里，使尽吃奶的劲都推不动。一位心地善良的商人驾着马车路过，用他的马拖起德怀特·珀金斯的独轮车和货物，并且帮德怀特·珀金斯将货物送到顾客家里。在向顾客交付货物时，德怀特·珀金斯仔细清点货物的数目，一直到很晚才推着空车艰难地返回商店。德怀特·珀金斯为自己的所作所为感到高兴，但是，老板却并没有因德怀特·珀金斯的额外工作而称赞他。

第二天，那位商人将德怀特·珀金斯叫去，告诉他说，他发现德怀特·珀金斯工作十分努力，热情很高，尤其注意到德怀特·珀金斯卸货时清点物品数目的细心和专注。因此，他愿意为德怀特·珀金斯提供一个年薪1000美元的职位。

德怀特·珀金斯接受了这份工作，并且从此走上了致富之路。

在本案例中，许多人可能都觉得德怀特·珀金斯运气太好，只不过是送一车货物就得到一个大老板的赏识，年薪翻了200倍。他们总是长叹自己工作了那么久，可总是得不到晋升的机会。事实上，要获得晋升机会并不难，关键是你能否做到以下八点，见下表。

赢得晋升的八个方法

（1）上班不要发牢骚	当你有艰巨的工作任务时，应尽力地去做好。如果牢骚满腹，那么就会让老板觉得你没有能力胜任这项工作，或觉得你根本不知从何做起。因为任何一家公司都只留住并晋升那些不嫌工作量太多的人
（2）别让上司等待	在办公室中，任何人都不要忘记上司的时间比你的宝贵，当上司给你一项工作任务时，这项工作比你手头上的更重要。当上司走近你的办公桌，若你正在与别人通话，让上司等待，哪怕是短短的十数秒，也是欠尊重的表现。若电话中是你的客户，当然不能即时终止对话。但你需要让上司知道你已知道他在等你，例如给他使个眼色，用口形说出“客户”或写张小便条给他

续 表

(3) 助上司一臂之力	当公司要考虑发展大计的时候，正是你显示才华的机会，如果你能花时间认真思考，提出一些颇有建设性的意见，上司自然会对你另眼相看，你被提升也是预料中的事
(4) 处变不惊	处事冷静的人很多时候会有好处，并得到称赞，上司、客户甚至其他同事会对处变不惊的人另眼相看。若时常保持镇定，可随时对付难题，自信心也会增强，晋升的机会自然大增
(5) 要有后备计划	不要以为所有事都如你想的那般顺利，无论何时都应做最坏打算。准备一个随时可以实施的后备计划，届时就不会手忙脚乱。此外，当上司要你跟随他出差办公事，替他想想是否有遗漏的物件或材料，而你自己也可考虑一下主攻的目标是什么，他的实施方案是什么。多考虑一些应变的方案，供他参考，这种未雨绸缪的做法可以赢得上司对你的赞赏和信任
(6) 学会亡羊补牢	当一个重要的报告给客户后，你突然发现出了错误，这时你应当快速地了解情况，查明问题所在，并设法补救。若采取鸵鸟政策，期望问题消失，只会令你更加狼狈
(7) 面带阳光	没有人喜欢满腹牢骚的人，这样的上司也只会令士气低落，员工只会转投到令人振奋和积极的人的麾下。要让别人觉得自己重要，展示灿烂的一面，即使在自己情绪低落的时候也不要无精打采
(8) 在会议中表现自己	若情况允许的话，选择会议室接近中央的位置，因坐于两旁位置很容易被忽略。不要等待发言机会，因为这机会未必存在，在适当的时机争取发言。只说有事实根据的重点，省略不必要的枝节。避免说一些抽象或不切实际的话，例如“我希望”、“我觉得”等

三、升迁机会就在细节中

在很多公司中，部分员工总是抱怨自己的时运不好，每次晋升的机会都与自己无缘。真的像他们所说的那样吗?

笔者走访了一些老板后发现，事实上，他们的老板曾在提拔主管经理时就曾关注过，并给了一定的升迁空间，只是被部分粗心的没有判断能力的员工疏忽掉了。因此，在实际的工作中，并不是老板不给员工机会，而是那部分员工在为薪水工作中错过了。

当然，失去一次职场迁升机会，估计要浪费上一两年的时间。每个员工都希望自己得到更多的晋升机会，那么，如何才能得到这个机会呢？对此，富海人才资深顾问陈胤君在接受媒体采访时重点谈道：一个人是否得到想要的晋升机会，需要从以下三个方面来分析。

第一，要总结检讨自我的优劣势。限制一个人晋升的因素很多，既有企业体制的因素，也有自身的因素。如果本人能力强，单单是企业体制的因素制约晋升，那就应该选择离开；如果身边的同事都得到了晋升的机会，而你却脚踏原地，那你应该好好反省个人的因素。

第二，要得到晋升还需要具备一定的职业“习惯”。例如，从走向职场开始，要有一定的表现欲望，要经常向你的上司和老板提出企业或岗位上的有利想法，并进行分析，让他们意识到你的重要性和你所承受的责任。这样，你的上司和老板将明白你的工作表现和能力在企业发展中起到举足轻重的作用。

第三，要取得企业对你的信任。企业对你的信任才是最重要的，有时甚至远远大于你的个人能力。这就是有能力的人没有得到晋升，备受企业信任并能同企业共命运但能力稍逊的人反而能得到企业晋升的缘故。另外，要有团体协作精神。从来不因小失大，以公司利益为出发点，以主人翁的心态面对公司的发展，具有超强的团队协作意识。

的确，以上三点是员工赢得老板提拔的重要因素。因此，对于员工来说，一定要敬业工作，在很多场合下，一个小小的细节就会改变一个人的命运，让你一举成名。我们从下面的小故事开始讲起。

公元1574年，丰臣秀吉为长滨城主的时候，石田三成才15岁。

当时石田三成为观音寺的童子。一天，丰臣秀吉外出打猎，口渴至该寺喝茶，石田三成端上一大碗凉茶，丰臣秀吉一饮而尽。

石田三成后又捧上半碗微热的茶，丰臣秀吉也喝了。

接着石田三成又献上一小碗更热的茶，丰臣秀吉大喜，又喝了。

丰臣秀吉不解其意，石田三成解释说：第一碗大碗凉茶是为解渴的，所以温度要适当，量也要大；第二碗中碗的微热茶，是因为已经喝了一大碗不会太渴了，稍带有品茗之意，所以温度要稍热，量也要少一些；第三碗，则不为解渴，纯粹是为了品茗，所以要奉上小碗的热茶。

丰臣秀吉被石田三成的体贴入微深深打动，从此深得丰臣秀吉的信任，于是将其选在自己幕下，使得石田三成成为一代名将。

这个故事说明石田三成自幼就有明敏的才智，能机敏地察知丰臣秀吉的意向，言行合乎丰臣秀吉的心意。假设石田三成没有注重细节，那么他不可能成为一代名将，最多也就是一个默默无闻的观音寺住持。因此，在职场，哪怕一个再小的平台都是可以供自己发挥才能的平台。抓住职场的平台，机遇得当，锻炼自己能力的同时，升迁机会更是接踵而至。

在北京望而商贸公司，老板李皑召集主管部门的副总王雯雯，商讨一个部门的负责人选。讨论来讨论去，锁定了一位做事任劳任怨，但创新能力却不足的名叫罗晓军的年轻人。

大凡企业用人，多是人到用时方恨少。商量的结果是，对罗晓军只好先“将就”使用。

过了两天，李皑带罗晓军去这个部门开会，本打算宣布由罗晓军代理这个部门的工作。王雯雯主持会议时，用提醒的方式批评了这位部门负责候选人罗晓军几句。

王雯雯平时与罗晓军有些嫌隙。王雯雯的发言被罗晓军解读为在李皑面前使他难堪，给李皑造成不良印象，甚至认为王雯雯在趁此机会打压他。

当即涨红了脸，在李皑面前顶撞王雯雯。李皑满脸失望，淡淡阻止了下，罗晓军尽管很快识趣地住嘴，但是晋升机会却从罗晓军身边悄然滑落。

本来是一个任命的会议，李皑却谈了一些其他工作，便匆忙收场而去。

事后，李皑与王雯雯再也不曾商议过罗晓军的任命，似乎达成了一种职场的默契。

不久后，这个部门的管理工作由其他部门派人来负责。等到罗晓军升迁时，已经是两年以后了。罗晓军也许到现在也无法想象他顶撞上司的后果。

罗晓军不知道，王雯雯主持会议，对罗晓军采取的方法是先抑后扬，潜台词是今后罗晓军主持这个部门的注意事项。因李皑在座，王雯雯的发言其实是代表最高领导的意见。可惜，被罗晓军误读了。

在本案例中，像罗晓军这样的人比比皆是，本来可以晋升的，却等到了两年后。两年，或许对一些员工来说不足为奇，但是对于那些重视事业的人来说，是比黄金还珍贵的时光。

其实，在职场上，老板要提拔某个员工，其职场升迁大多数都会有先兆的，一般地，精明冷静的员工往往能从中找到一些蛛丝马迹，使其更加信心十足地上任。

在很多时候，老板在提拔某个员工时，一般会突然加大他的工作量，或者许多平常与他工作不太相干的事也要让他来参与。如果这时该员工认为是领导与其为难，薪水不涨工作反而加重了，别人在磨洋工，该员工被逼着干，甚至认为自己应该是“不在其位不谋其政”的君子。如此，该员工的升迁机遇必被他亲手中断。

当然，如果是精明的员工，必定从一些蛛丝马迹中看到另一层，该员工准能顺利完成这次升迁。一般地，该员工感到工作量加大的同时，挨老板批评的次数在最近也多了起来，甚至老板对该员工达到吹毛求疵的程度。有时，老板会在该员工这个部门制造一些事端，使该员工陷入被动的局面中。此时该员工就得好好考量一下了。老板是不是在考查自己的心理承受能力？或者观察自己处理事情的能力？

领导用人，老板对该员工的能力一时评估不足，要以此法来试用该员工。加大该员工的工作量的同时，紧盯该员工的缺点，帮该员工改正错误，使该员工更好地在这个平台上发挥作用。作为领导者，他亦是一步步地打拼上来的，有着许多教训和经验，对下属的优缺点往往能做出判断。他就像花匠，剪掉该员工一些旁枝，使主干更加粗壮笔直。如果该员工判定，领导没事找碴儿，故意刁难人。该员工做的工作越多，挨批评的次数也就相应越多。责怪领导者只会鞭打快牛，心理大大地不平衡起来，和领导者阳奉阴违地要小聪明，多一事不如少一事。如此，一次升迁的机会就被该员工葬送了。正如《老子·五十八章》所说："祸兮福之所倚，福兮祸之所伏。"因此，行走在职场，许多事情表面看起来对你极不利，其实机遇是紧随其后的。

四、做好本职工作是升职的万能法宝

在很多公司中，不少员工得不到晋升，往往认为是自己没有搞好与同事和老板的关系。其实，这个观点是不科学的。对于任何一个老板来说，雇用的目的就是使其创造的价值最大化，怎么可能去提拔一个只会溜须拍马的人去管理一个部门，特别是业务能力很强的部门。

研究发现，员工没有得到晋升机会往往是自己没有做好，或者把工作不当一回事。这才是导致没有得到提拔的根本所在。对此，云南省昆明峰业广告有限公司总经理、80 后职场人士韩晋晶在接受媒体采访时谈道：

“搞好办公室人际关系，多在领导者面前表现，善于抓住机会，很多专家大概会传授给你这样的一些技巧。其实，以上这些都只能算锦上添花，而非升职的关键。想要真正获取晋升之机，努力提升自己、做好本职工作才是万能的法宝。”

从韩晋晶的话中可以看出，要想得到晋升，就必须努力提升自己、做好本职工作。下面就看看韩晋晶的职场经历。

2000 年，18 岁的韩晋晶从云南财经商贸学院旅游管理专业毕业。其后，韩晋晶进入云南省国旅成为了一名普通业务员，每天与形形色色的客户打交道。

2002 年，云南省国旅一位老的计划调度员离职，韩晋晶被领导临危受命，升任公司里这一最核心的职务。

2004 年，韩晋晶前往北京进修。

2005 年，韩晋晶转战广告界，并在几年之内坐上了峰业广告公司的“第一把交椅”。目前，峰业广告几乎抢占了昆明各大停车场这一户外广告的所有市场。

其实，韩晋晶一直对所谓的“办公室人际关系”、“领导面前多表现”等颇有些不屑。任何领导都不是傻的，你做了什么他一定会知道。如果只想着在领导面前表现反倒会有些作秀的嫌疑。人际关系这门学问，对于服务行业来说，其实更应该运用的地方是你的客户，以此来尽量提升你的服务水平，最终获得客户的认可。

“对工作的热情认真，对客户的细心”是领导、同事及客户对韩晋晶的一致评价。

做旅游这个东西是分秒不能差的，吃住行全部都要联系好，每一个环节都不能落下。所以韩晋晶往往每晚 11 点下班回家还随身抱着个联络本，随时进行联系查阅。比如哪个团队的客人走到哪里，都需要打电话去慰问，不能有一点出错。

另外，每一个经过韩晋晶带的团队，都会把其中跟自己联系的人以及里面的团员的名字记下来，然后通过他们的身份证号码，记住每个人的生日。如果在旅途中有人恰好过生日，韩晋晶就会告诉导游，让导游在路上给游客买个蛋糕。

如果遇到回族团队呢？有一些回族人是坚决不吃沿海的餐厅的。于是，韩晋晶就会要求导游，从昆明出发的时候就买一个新的电饭煲随身带着，然后沿途自己买蔬菜、鸡蛋之类的给他们做饭吃。

正是因为这些细节，才使得韩晋晶获得了客户的广泛赞誉，并为公司创造了良好的业绩，这才有了韩晋晶的第一次升职。

在本案例中，韩晋晶只是中国企业员工的一个代表，韩晋晶的成功说明，只要做好本职工作，真心为顾客着想，那么晋升的机会就会属于你。

相反，员工如果连自己的本职工作都做不好，怎么可能赢得老板的认可，晋升机会又从何而来？因此，做好本职工作不仅是一个员工最基本的职业道德，也是对工作的一个最起码的标准。但是，有许多员工连这个最起码的标准也达不到，晋升的机会与之无缘也就在情理之中。

很多大学生毕业后即进入企业一线，工作环境较差，且月薪一般在2500元左右。但江西环境工程职业学院机电一体化专业学生郭涛却是其中的特例，他2010年6月毕业当月，即成为一家大型企业的中层干部。

郭涛是江西环境工程职业学院2007级机电一体化专业学生，在校期间进入江西金力永磁科技有限公司顶岗实习，并在实习期间锻炼了良好的实践操作能力。2010年6月毕业时，他成为该公司模具车间主任。期间，因突出的工作业绩，被湖南稀土金属材料研究院相中，该公司总经理张霖亲自到赣州，聘请郭涛加盟。

2009年12月，刚到金力永磁公司的郭涛由于之前较少接触机器，在操作车床时因疏忽将工件飞出操作台，差点造成重大安全事故，被车间主任大骂一顿并责令写检讨书，当众检讨。

“那时候并没有因此觉得沮丧就不干了，而是觉得自己真的很多都不懂，非常想学习。”郭涛聊起这段经历时，反而一脸轻松，因为从那以后他知道，只有不断学习、小心翼翼才能不出错，他坚持了下来，情况发生了转机。

从那以后，郭涛格外努力，早上 8 点上班，他早上 7 点就到了，下午 5 点下班，而他到晚上 10 点还在车间。

“反正我是来学习的，待在宿舍也没事做。”抱着这样谦虚的心态，郭涛白天格外注意师傅们的操作，默记在心，晚上别人走了，他就一个人在车床上反复操作白天师傅们的技术。这样还不够，他向主任主动申请上别人都不愿意上的晚班，为自己反复的学习和实验争取了充裕的时间。

恰巧当时公司设置了“合理化建议箱”，鼓励每位员工对公司提建议，郭涛凭借着自己对机器的领悟，对工艺流程提出了修改建议，意外地被公司副总经理胡永看到。在胡永的支持下，他半个月完成了修改方案，原来线切割完成一道工序需要40 小时，现在用铣床只需要 10 小时，大大提高了工作效率。

仅仅一个月，郭涛被破格提升为小组长，要知道，之前所有人都至少需要三个月。

就在郭涛成为小组长后，一位欧洲客户的订单（33EH 型磁铁）给郭涛带来了机遇。

“当时客户晚上 9 点下的订单，要求我们 10 点出图纸，第二天下午 4 点要出成品。”郭涛说起让他起人生转折的机遇记忆犹新。当晚，郭涛带领自己的组员通宵赶制，当他们团队第二天下午准时将样品交给客户的时候，客户说：“这太不可思议了，我们就选择你们公司了。”因为团队的努力，郭涛为公司一年直接创造经济价值达 2000 万元。

凭借着谦虚好学和团结助人的口碑，郭涛在学徒的第六个月即晋升为模具车间主任。

当主任之后的 6 个月里，郭涛频繁地和其他的企业开展业务往来。“湖南稀土金属材料研究院想让我去他们那儿工作，我陷入了犹豫，机会太难得了。”郭涛知道研究院在业内鼎鼎大名，并且还是国企。对于自考生的郭涛，机会很难得。

经过几周的考虑，郭涛决定去湖南。郭涛下定决心离开时，胡永副总经理对他说："如果觉得那边压力太大还可以回来，这边的岗位和工龄都给你留着。"

2011年3月，毕业还不到一年的郭涛担任大型国企湖南稀土金属材料研究院模具车间主任兼机加工车间主任，负责管理100多名员工，其中本科、硕士10人。现月基本工资5000元，外加绩效工资等，年薪可达10万元。(本案例来源：网易财经，作者：胡啸、邹宁、沈林、曾珍)

"郭涛的成功，绝妙就在于职业规划。"江西环境工程职业学院机电学院院长梁泉生总是很乐意谈起郭涛，"毕业不到一年就有如此的成绩，靠的不是关系，不是学历文凭，而是认真的钻研精神、良好的学习态度、负责的工作态度、亲切的为人处世方法。"

毋庸置疑，对于员工来说，晋升是一个绕不开的永恒话题。当然，要想将晋升变成现实就必须做好本职工作。因此，无论你是一线员工还是部门经理，无论你是大区经理还是世界500强企业的副总裁，只有做好自己的本职工作你才算是称职的员工，否则你就是一颗松动的螺丝钉。一颗松动的螺丝钉可能导致车辆刹车失灵，可能导致飞机失事，后果是不堪设想的。如果中国企业员工都在努力地做好自己的本职工作，那么世界500强企业中绝大部分都是中国企业，而不是美国、德国、日本等国的企业了。所以，做好本职工作，不仅可以得到老板的提拔，还可以为国家赢得尊重。我们来看下面这个小故事。

1891年11月，在美国加利福尼亚州南部的圣加布里埃尔，一个满天大雪的午后，乔治·班奈特上尉正在匆匆忙忙地赶路。

当乔治·班奈特上尉经过一个公园的时候，一个中年妇女拦住了他。"对不起，打扰了先生，您是位军人吗?"

看起来，这个中年妇女很焦急。乔治·班奈特不知道发生了什么：

“噢，当然，能够为您做些什么吗？”

“是这样的，刚才我经过公园的时候，看到一个孩子在哭，我问他为什么不回家，他说，他是士兵，他在站岗，没有命令他不能离开这里。谁知道和他一起玩的那些孩子都跑到哪里去了，大概都回家了。雪这么大。”这个中年妇女说，“我说，你也回家吧。他说不，他必须得到命令，站岗是他的责任。我怎么劝他回去，他也不听，只好请先生帮忙了。”

乔治·班奈特和这个中年妇女一起来到公园，在那个不显眼的地方，有一个小男孩儿在那里哭，但却一动不动的。乔治·班奈特走过去，敬了一个军礼，然后说：“下士先生，我是上尉乔治·班奈特，你为什么站在这里？”

“报告上尉先生，我在站岗。”小男孩儿停止了哭泣，回答说。

“雪这么大，为什么不回家？”乔治·班奈特问。

“报告上尉先生，这是我的责任，我不能离开这里，因为我还没有得到命令。”小男孩儿回答。

“那好，我是上尉，我命令你回家，立刻。”乔治·班奈特向这个男孩命令道。

“是，上尉先生。”小男孩儿高兴地说，然后向乔治·班奈特敬了一个不太标准的军礼，撒腿就跑了。

后来，这个男孩成为美国家喻户晓的四星上将小乔治·史密斯·巴顿（George Smith Patton Jr.，1885 年 11 月 11 日—1945 年 12 月 21 日）。

巴顿成为四星上将当然与自己的做事风格有关，在巴顿还是孩子的时候，就体现出非常重视责任以及做好本职工作的精神。儿时的巴顿，他的倔犟和坚持看起来似乎有些幼稚，但在这个孩子身上体现的对于责任的这种坚守是很多成年人无法做到的，我们不仅要对自己负有责任，还要对别人负有责任。正是责任把所有的人联结在一起，任何一个人对责任的懈怠都会导致整个社会链的不平衡。我们这个世界就像一个大机器，每一个人都是机器上的一个齿轮，每个齿轮的松动都会引起其他齿轮的非正常运转，进而影响整个机器。对于这个社会如此，对于社会的一个单元或企业亦是如此。

五、升迁机会是留给全心全意为公司发展的人

曾几何时，薪水如一潭死水，多年不见提高；曾几何时，职场如同战场，硝烟屡见不鲜。因此，从某种意义上看，职场生涯其实就是一个充满不确定的旅途，有的人幸运地得到了提升，不但赚得千万年薪，而且实现了个人理想。而更多的人，职场坎坷，不遂人愿，也就留下了诸多人生遗憾。在这里，我们从一个真实的故事谈起。

史湘宇，女，25岁，在地王大厦一家欧洲企业驻中国办事处工作了三年。当初大学毕业来公司应聘的职位是人事文员，这是公司招聘的职位中唯一只需要大专学历的。与史湘宇同来公司的其他员工都有本科学历，随着公司业务的发展，他们陆续都升了职。当时史湘宇并没有在意，因为史湘宇始终认为自己和他们起点并不相同，不过，这几年史湘宇从来没有放弃过努力。三年下来，史湘宇拿回了两个本科文凭。

今年6月，部门主管随丈夫移民加拿大，史湘宇满心欢喜地等着升职。因为人事部只有三个人，部门主管走了，另外一个是新来的档案员，史湘宇想，部门主管应该是她了，可是没想到，公司最近又打出了招聘人事主管的广告。史湘宇怎么也想不明白，自己已经拿到两个本科学历了，工作经验也有三年，而且干得也很出色，人际关系也好，怎么就轮不到自己的升迁呢？

当史湘宇还没有来得及想清楚事情的来龙去脉时，部门的新主管前几天已经到位了。史湘宇心里实在难以接受这个现实，于是就去人才市场做了人才测试，根据测试分析，史湘宇的实力已经足够了，可是等待公司升职又如此渺茫。史湘宇真的没有信心再待下去了，最好最快让自己升职的办法，就是换一家公司，于是，在一个月色朦胧的夜晚，史湘宇写了辞

职书。

当然，要想顺利升迁，就必须主动做分外工作，这样更能赢得老板的认可。在本案例中，史湘宇没有得到提拔，源于她安于本职工作，从不积极主动。正如史湘宇公司的副总经理谭先生所说："小史各方面的条件都明显达到了升职的要求，开始也考虑过提升她，但是最终还是没有用她。而没有用她的原因是公司的老总认为她只是达到要求，却不能做到承担风险并把工作做得更好。比如说，她不能上班早一点，下班晚一点。这说明，有些人得不到提升是因为他们只能做好本职工作，而不能主动些。"

从副总经理谭先生的话中可以看出，即使你不想做老总，你也不能安于本职工作。多做额外工作，哪怕是一点小事都有可能带来差别。事实上，工作永远都不分分内分外。如果在做好分内工作的同时，把分外工作做好，肯定能获得老板格外的信任和依赖。对此，许多著名的大公司认为，一个优秀的员工所表现出来的主动性，不仅是能坚持自己的想法，并主动完成它，还应该主动承担自己工作以外的责任。在这里，我们来看看下面这个案例。

公司是规模有限的那种，我们设计部是两男一女的格局。平日里，我们总是能够在繁忙的工作中找到偷闲的机会。老板给我们安排了忙都忙不完的事，而我们总是喜欢开个小差，聊聊韩剧里的车仁表，还有商场最新的打折信息。每个人面前的电脑桌面的右下角，时时刻刻都藏着个隐身的QQ企鹅头像……

一天，我们几个正在悠闲地享受着冬日的好天气，以及令自己满足的白领生活，老板领着个稚气未褪的男孩进来了。老板向我们介绍，男孩叫阑，是刚毕业的大学生，也是我们设计部的新同事。看着阑的意气风发，我在一瞬间想到了自己刚来时也是一样的朝气蓬勃。

阑来到我们办公室，就像每个新人一样默默无闻、勤勤恳恳地工作着。早上，我们还没到，阑就开始打扫办公室。当我们进入一尘不染的办公室时，有一些心旷神怡的感觉，同事们面前的办公桌上，已有了一杯香气四溢的咖啡。而我的面前是一杯麦片，不知道阑是怎么知道我不爱喝咖啡的。我们3个“元老”都相视无语，悄悄享受起这样的生活来。

设计部有很多需要跑腿的活儿，以前我们都不情不愿的，总是以猜拳的方式来选举那个“倒霉蛋”。现在，不用我们言语，阑早就揣起文件，送往了有关部门。当阑跑前跑后的时候，我们又将话题扯到美国占领伊拉克的热点新闻上去了。下班了，我们都迫不及待地奔出公司，阑则毫无怨言地收拾着遍地狼藉的办公室。我们还打趣说，“新人都是活雷锋”。

没多久，老板开会说我们设计部是公司的重心，要适当扩容，还要选出一个设计部部长。涉及各自的前途，平时人浮于事的我们几个老职员，渐渐地收敛了许多，都想在老总面前留个好印象，以赢得升迁的机会。我们的梦还没有焐热，人选已经张贴在办公室外的公布栏了，原来是阑后来居上了。

阑上任致辞时说，你们都以为新人做什么都是应该的，新人仿佛就是活雷锋，你们错了。当今职场就是战场，是没有战友，更没有活雷锋的，升迁的机会是靠自己把握的。

虽然被一个新人训斥，心底很不是滋味，但是他说的句句在理，我们只好虚心接受，也只好在未来的日子里乖乖地做好他的下属了。（本案例来源：《青年参考》，作者：路勇）

要想成为一名优秀的员工，就必须具有积极主动的做事习惯，这种积极主动不能仅仅局限于一时一事，必须把它变成一种思维方式和行为习惯。只有时时处处表现出你的主动性，才能获得机会的眷顾，并最终成就卓越。对此，业内专家告诫任何一个员工：“成功的人永远比一般人做得更多更彻底。”

的确，工作有分内和分外的区别。在实际的工作中，如果你除了做好自己的本职工作之外，还主动做一些分外的事情，那么你会非常容易引起老板的注意，更容易获得成功的机会。如果你只是从事报酬分内的工作，那么你将无法争取到人们对你的有利的评价。

附录一：把握自己职场升迁的机会

越来越多的女孩子渴望着“出人头地”，但职场长期以来都是男人的天下，你能把握未来的升迁机会吗？下面这个测试帮你擦亮眼睛，看清自己的职场未来。

下面每道题都是对你工作情况的一种描述，有“是”和“否”两种选择，请你根据自己的实际情况来做出回答，注意在第一时间做出回答。

1. 你经常为了加班，而取消和男友的约会。（ ）

2. 你和他人聊天的时候，总会讲到自己的上司。（ ）

3. 你曾经换过工作。（ ）

4. 你有兄弟姐妹。（ ）

5. 你会利用年假或者假期，安排长途旅游。（ ）

6. 你经常阅读体育杂志。（ ）

7. 你现在和中小学时期的同学，依然保持着联系。（ ）

8. 你常和同事聚会。（ ）

9. 你出生在工薪阶层的家庭。（ ）

10. 你和初次见面的人会坦诚相待。（ ）

11. 你在语言方面很有天赋，口才好，能说会道。（ ）

12. 你对企业家和政治人物的传记很感兴趣。（ ）

13. 你和朋友在一起的时候，大家总是用你的绰号来称呼你。（ ）

14. 你毕业于第一流的大学。（ ）

15. 你是靠人脉关系的介绍，才得以进入目前的公司。（ ）

16. 你喜欢科幻和神话传说故事。（ ）

17. 你喜欢名牌消费，你上上下下都是品牌，很注意仪表风致。（ ）

18. 你能接受相亲这个方式，你认为相亲也是结婚的很好的方式。（ ）

19. 比起购物，你更喜欢读书。（ ）

20. 你有独立生活的经历。（ ）

21. 如果有机会，你会选择个人创业。（ ）

22. 你能爽朗的大笑。（ ）

23. 你有很好的专业资质证明。（ ）

24. 你很乐观，无论未来怎么样，你都不会过分焦虑，你相信车到山前必有路。（ ）

25. 你曾经想象过自己的未来是什么样子的。（ ）

26. 你在长辈眼里，是个可爱的孩子。（ ）

27. 你最近一周来，工作很疲惫，休息的时候，总是乐意待在家里。（ ）

计分方法

请你计算选择“是”的数量，每个“是”计 1 分，你的总分是（ ）。

测评答案

答案 A：24 分以上　升迁指数　★

你不重名利，对金钱和权力不是太感冒，比起公司里的升迁，你更关注生活质量和家庭和谐。你不喜欢和他人进行竞争，即使你碰到机会，也不愿意对他人有所伤害。你在公司里是个不错的员工，兢兢业业，同时，你更关注自己的爱人和朋友，更愿意有更多的精力去经营好家庭，更快乐地跟朋友们聚会玩乐。你在公司里，勤奋踏实，从不冒进，晋升是好事，不过，你不会放下一切去博取升职。

答案 B：15 ~ 23 分　升迁指数　★★★

你在公司里表现不错，和同事关系处得挺好。你对现在的工作和公司很满意，但是，你要多关注自己职位的未来发展前途，要特别注意和上司的人际交往。在职场里，不仅要注意薪水收入，还要分析自己的工作环境，一个良好的适合你的工作环境，比理想的收入更重要。想获得晋升，你必须把自己的主要精力放在修复人际关系方面，为自己努力营造一个好的工作环境。

答案 C：8 ~ 14 分　升迁指数　★★★★★

你有很强烈的工作抱负，而且特别能吃苦和拼搏，富有强烈的责任心，让老板和上司很放心。你愿意在公司里吃小亏，能够理解他人，在同事中人缘不错，你还注意建立良好的人际关系，能够团结人和凝聚人。你不仅有很强的工作能力，而且有较好的工作环境。你现在或许缺少的仅仅是一个机会而已，你已经做好了准备，把握升迁的机会，就能实现你的职业梦想。

附录二：你能抓住升迁的机会吗

在人生道路上，谁都会碰上几次升迁的机会，能抓住和用好这个机会的人才是高手。你能抓住升迁的机会吗？请拿起笔做下面的测试，只需回答“是”或“否”。

测试开始

1. 我换了更好的工作。(　)
2. 我被指定负责某些事情。(　)
3. 我对自己的身体健康状况非常满意。(　)
4. 我达到了一项个人体能目标（如在规定时间内跑完 3000 米）。(　)
5. 我的同事开始尊重我的判断。(　)
6. 经过我的努力，我的专业能力更受肯定。(　)
7. 我的投资获利可观。(　)
8. 我对我的性生活比以往感到满意。(　)
9. 我戒除了一个坏习惯。(　)
10. 我摆脱了一个事事会拖累我的朋友。(　)
11. 我比以前更能控制遭遇困难时的情绪反应。(　)
12. 我更能保留自己的想法并广纳众议。(　)

13. 我获得了加薪。( )

14. 我在各种社交场合里愈来愈能处之泰然。( )

15. 我买了一部新车。( )

16. 我逐渐接近理想体重。( )

17. 我的感情生活相当稳定，或我的婚姻渐入佳境。( )

18. 我买了从未想过要拥有的东西。( )

19. 我提出意见或看法时更有自信。( )

20. 我比以前更会运用时间。( )

21. 我开始穿着更贵的服装。( )

22. 我重新整修、布置了房子（包括租来的）。( )

23. 我有了新的嗜好。( )

24. 近来老板对我态度越来越好。( )

25. 我买了一部个人电脑。( )

26. 我招徕了一些新客户。( )

27. 我搬到更好的社区了。( )

28. 我的意见和想法越来越受上司的重视。( )

29. 我的老板更依赖我的专业才能。( )

30. 我参加了国外旅游或考察。( )

31. 我比一向被视为榜样的人赢得更多名利。( )

32. 我比过去更会存钱。( )

33. 我在同行之间小有名气。( )

34. 我对我的工作质量更自信。( )

35. 我控制了自己的饮食习惯。( )

36. 我的网球（或其他运动）技术有显著进步。( )

37. 我成功地完成了生平最大的计划。( )

38. 我结交了一些益友。( )

39. 我比以前看了更多书（小说除外）。( )

40. 我比以前更能控制情绪与压力。( )

计分标准

凡是答“是”得1分，答“否”的不得分，计算出总分。

测试结果

0～5分：你得分很低，除非已经登峰造极，无须再有什么晋升，否则，得分低的人有必要提升自己的职场能力。如果你被分在此组，你的职场能力令人担心，或是你缺乏方向或尚无目标，整天毫无目的。你应该努力改变现状，否则，你不可能抓住升迁的机会。

6～10分：你得分较低，存在着与前者大致相同的毛病，但你比前者好一些，你需要的不是升迁的机会，而是在工作中集中精力，设定更明确的目标。

11～17分：你得分中等，就获得晋升的可能性而言，你比前面两者的机会大。你能结合充沛的精力和较明确的目标，而且还有一定的成绩基础。你应该充分利用自己的职场能力，扩展自己的视野，朝既定目标迈进。加油！升迁，就在明天。

18～22分：你得分较高，努力增加自己成功的机会，但力量有必要集中一点。你就像手持霰弹枪，什么目标都想击中。只要不产生焦虑，这样做没什么不好。但最好谨记，成就的质量比成就的数量更重要，如果你能好好确定方向，抓住升迁的机会，获取更大的成功对你来说并非难事。

23分以上：你得分很高，你的能力很强，但你往往很有野心，所以易杂乱无章，各种目标都想达到，这会使你因忙乱而错过成功的机会。你不妨与专家谈谈，或许你的成就动机很强烈，但却欠缺必要的知识和方向。

心理评析

上面的测试是从侧面来看你职场能力的强弱，通过你近期的表现、成就来预测你是否会抓住下次升迁的机会。实力说明一切，要想让自己不被取代，就要靠能力和忠诚赢得老板的青睐。

第四章 不要只问公司为什么不可以让你抱怨

一、抱怨无处不在

不管任何人，包括杰出的 CEO 杰克·韦尔奇也都有职场低谷的时候。因此，在工作中难免会遇到或多或少的种种“不如意”：

有的员工为找不到理想的工作而苦恼；

有的员工为职位不称心而失落；

有的员工为工资太低而耿耿于怀；

有的员工嫌工作太累而满面愁云；

有的员工自恃才高却得不到公司的认可；

有的员工有好想法却得不到老板的认可而流产；

有的员工因为工作环境不佳而“去意已决”；

有的员工为找不到“今后的方向”而犹豫茫然……

其实，员工在工作中有种种的不满意是人之常情，但糟糕的是，很多员工在面对这些问题时都采用了一种最快捷但也最有害的“化解”方式——那就是抱怨。

比如，他们会抱怨工作太枯燥；抱怨公司老板太抠；抱怨市场太难做；抱怨自己受排挤；抱怨老板没眼力。

总之，“不得不抱怨”的事情简直太多了。其实，偶尔抱怨一两句也无可厚非，但一味地怨天尤人的工作态度肯定是要不得的。研究发现，正是很多员工在抱怨的时候，由于缺乏责任心，导致工作中出现了许多问题，从而与成功擦肩而过，渐行渐远。换句话说，抱怨与失败互为因果，一个员工会因种种不顺心而抱怨，也会因习惯于抱怨而使自己寸步难行，晋升之路也越走越窄。

雷蒙德·肯尼迪哈佛大学商学院毕业后，凭着自己在学校的优异成绩，到了华尔街一家实力雄厚的金融公司工作，预计在5年内升为公司部门经理。

雄心勃勃的雷蒙德·肯尼迪进入公司后，准备大干一场。公司的文化提倡基层员工与管理层平等对话和沟通，雷蒙德·肯尼迪对此非常认同，常常向部门领导提一些意见，而部门领导也的确抱着虚心好学的态度，非常耐心的倾听。可是，雷蒙德·肯尼迪却很少得到及时的反馈。对此，雷蒙德·肯尼迪认为，部门领导虽然虚心接受，但坚决不改。

于是，雷蒙德·肯尼迪不再提意见，而是开始发牢骚。时间一长，雷蒙德·肯尼迪的工作满意度开始下降，工作也经常出错，多次遭到领导批评。

不久，领导解雇了雷蒙德·肯尼迪。雷蒙德·肯尼迪自我安慰说，换个工作环境也好，不久雷蒙德·肯尼迪又进入一家金融公司。

可没过多久，雷蒙德·肯尼迪发现这家公司的管理跟以前那家差距很大，日常运作存在很多问题。一时间雷蒙德·肯尼迪爱抱怨的毛病又犯了，为此还跟顶头上司发生了几次争执。这次，雷蒙德·肯尼迪自动提出了辞职。

就这样，雷蒙德·肯尼迪工作的5年期间，换了十几次工作。雷蒙德·肯尼迪每次都会发现新公司的一大堆毛病，抱怨也越来越多，当初的职场晋升计划也就成了一场梦。

是什么扼杀了雷蒙德·肯尼迪的晋升梦？是抱怨。看到公司的问题，第一反应就是抱怨，而不是从自身找原因。试想一下，哪家公司不存在问题，哪个上司身上没有毛病呢？如果见到公司有问题，上司有问题，员工就开始抱怨，那么还能指望他完成高难度的工作任务吗？当然不能。既然不能完成高难度的工作任务，那么他们被提拔的机会无疑大大减少了。

从上述案例可以看出，像雷蒙德·肯尼迪这样爱抱怨的员工随时随地都能找到抱怨的理由，可是像雷蒙德·肯尼迪这样爱抱怨的员工从中得到了什么呢？他们什么都没有得到，还白白赔上了职场晋升的宝贵机会，实在是得不偿失。

从上述案例中的雷蒙德·肯尼迪可以看出，抱怨其实是工作中的通病，同时抱怨也是做好本职工作的大敌。在职场上，抱怨是一种可怕的传染病，甚至可能毁掉一个人的前途。而更为致命的是，很多人还不知道，正是爱抱怨的习惯毁了自己，但他们对此已经麻木，还在继续地、不断地抱怨：“世道太不公平了”、“天下的老板都一样黑，所有的公司都是小人得志”。

这绝不是危言耸听，因为抱怨的害处和破坏力，使得喜欢抱怨的人相当于给自己的思想套上了“枷锁”，让自己被一种负面的态度和思维束缚住，进而被一种强大而无形的消极力量推向了失败的深渊。事实证明，在任何一个管理健全的机构，没有人会因为喋喋不休的抱怨而获得奖励和提升。如果你对公司、对工作有满腹的牢骚无法宣泄，做个选择吧！要么选择离开，到公司之外去宣泄；要么选择留下。既然选择留下，就请你停止抱怨，做到在其位谋其政，全身心地投入到工作中。

索尼公司是世界上最受敬仰的公司之一，创始人盛田昭夫曾经说过这么一个故事：

东京帝国大学的毕业生，在索尼公司一直非常受欢迎。有个叫大贺典雄的帝国大学高才生，是一位很有才华的青年。他加入索尼公司之后，年轻气盛、直言不讳，还曾多次与盛田昭夫争论。但盛田昭夫喜欢这个敢于独立思考的年轻人，非常器重他。

可不久，却出了一件出人意料的事情，盛田昭夫居然把大贺典雄下放到了生产一线，给一位普通工人当学徒。这让很多员工迷惑不解，他们猜测，大贺典雄一定某次说话过于直接得罪了盛田昭夫。还有人为大贺典雄感到不平，但大贺典雄对此只是淡淡一笑，踏踏实实地当他的学徒。

一年后，更让人大跌眼镜的事情发生了，还是学徒工的大贺典雄居然被直接提拔为专业产品总经理，员工们对此更加百思不得其解。

在一次员工大会上，盛田昭夫为大家揭开了谜团："要担任产品总经理，必须要对产品有绝对清楚的了解，这就是我要把大贺典雄下放到基层的原因。让我高兴的是，大贺典雄在他的岗位上干得不错。不过，真正让我坚定提拔念头的还是这件事：整整一年，他在又累又脏又卑微的工作环境下，居然没有任何的牢骚和抱怨，而且兢兢业业，甘之如饴。"

人们终于明白了其中的原因，不由得报以热烈的掌声。5 年后，也就是在 34 岁那年，大贺典雄成为了公司董事会的一员，这在因循守旧的日本企业，简直是前所未闻的奇迹。

在本案例中，究竟是什么力量，促使大贺典雄整整一年处在脏累而卑微的工作环境中，却没有任何抱怨？或者说，像大贺典雄那样，能面对挫折而泰然处之的人，究竟有什么与众不同的地方呢？

其实答案很简单，就是真正地为公司创造价值，把公司当做自己的公司来经营。因此，对于员工而言，对工作、职位、薪水的不满，绝不能采用抱怨的方式来解决问题，这不仅不能解决工作、职位、薪水的不满，而且还会断送你的职场前程。要知道，企业需要的是符合其利益的员工，而不是一个只会发牢骚的员工。与其抱怨，不如直面现实，正视自己的工作，或者以一种对公司负责的精神反问自己为公司做了什么，或者自己能为公司做什么，如果这样想的话，那么相信不到一年，你的工作、职位、薪水等问题都会被老板一一解决。

二、抱怨是影响做好本职工作的恶瘤

在职场上，对于任何一个员工而言，都有或多或少的不如意，但是为了这点不如意就时时刻刻地抱怨，是一种杀鸡取卵式的解决办法，这种可怕的解决办法不仅会让人变得消极、不思进取，还会让人陷入可悲的恶性循环中：越是觉得自己“不幸”，越是觉得环境“不公平”，就越会对一切都无能为力，让更多的“糟糕”和“麻烦”找上门来。

的确，从我们每一个人进入组织那一天起，老板不止一次告诉我们每一个职场人士少抱怨，多干一些实事。然而，很多职场人士却充耳不闻，结果就出现了在职场中，很多人虽然才华横溢，但在组织里长期得不到提升，为什么呢？因为他们总是抱怨不休。他们动辄抱怨被老板盘剥，抱怨自己是替老板的赚钱工具；或者感叹自己才高八斗，却总得不到老板的赏识；抱怨工作乏味，抱怨老板苛刻……他们习惯了抱怨，在抱怨中得到了暂时的快感，但是却关上了晋升的大门，结果形成一个可怕的恶性循环，最终被老板辞退。在这里，我们从一个真实的案例谈起。

在2008年金融危机之后，中国经济率先复苏，深圳正齐公司为了抓住机会，决定招兵买马，在2010年扩大规模。

一天，总经理霍正齐正在组织面试，面试的人中来了一个他当年的大学同学陆文军，由于好久没见面了，彼此都很高兴，免不了一番促膝长谈。

在谈话中，霍正齐了解到，陆文军竟然被深圳某知名公司辞退。霍正齐十分吃惊，实在有些不敢相信这是真的。

事后，霍正齐从深圳某知名公司董事长那里知道了原委。

刚开始，董事长很器重陆文军，上班后不久，提拔陆文军当了研发部经理，一年半后，又提拔陆文军当了董事长助理。陆文军的能力尽管很强，不过，陆文军有一个缺点，就是讲话不太注意，喜欢发牢骚。

这一点董事长早有耳闻，只是觉得人无完人，只要能改正，还是可以重用的。但是，自从做了董事长助理，陆文军不仅没改掉自己的缺点，反而变本加厉，甚至当着董事长的面抱怨不休。

于是，董事长开始渐渐冷落陆文军，先是免去了陆文军董事长助理的职务，后来又免去了陆文军研发部经理的职务。

陆文军不但没有收敛，反而变本加厉，牢骚话就更多了，不但自己消极怠工，还影响其他员工正常工作，董事长再三考虑，还是辞退了陆文军。

陆文军被辞退之后，又应聘了几家单位，都被录用了。刚开始，几家单位老板都很重视他。可是，陆文军爱发牢骚的老毛病改不了，结果同样遭到了冷落，陆文军受不了冷落，一气之下就又不干了。这不，陆文军还是拿着简历到处去面试。

其实，陆文军本来有一个很令人羡慕的未来，却因为自己的抱怨葬送了。

在本案例中，我们不禁要问，抱怨能改变你的命运吗？不能。它只能使你更加颓废，一个只知抱怨的人，只能重复过去的不幸，加重你的负面心情和不满情绪，更重要的是，抱怨只会改变人们的思想意识和价值取向，使人在迷茫中错失机遇，终生无所作为。

由此可见，抱怨不仅是人性的迷茫，更是人性的溃疡。特别是在竞争激烈的企业中，抱怨是最严重的内耗，不仅让抱怨者丧失斗志，也会让同事失去信心。因此，我们要保持良好的心态，学会自我转移焦点的能力，不仅能磨炼我们的意志，也使我们更好地适应生活。

从前，有个爱抱怨的老木匠，他手艺精湛，但就是“嘴巴不好”。总是婆婆妈妈，指责这个，批评那个。今天嫌风大，明天嫌太阳晒。一会儿对着东家抱怨工作不体面，一会儿又在工友们面前诉说老婆不听话。总之，一辈子就没有开心过。

终于有一天，老木匠就要退休了。东家看到老木匠一副愁眉苦脸的样子，突然心生一计。他想："这个老家伙一辈子怨天尤人，闷闷不乐，现在他退休了，我得想办法给他一个惊喜。"

于是，老板挽留老木匠先不要急着退休，再给自己盖最后一座房子。从图纸上看，房子很大，很费工，老木匠不由心生不快，牢骚满腹。

他虽然每天照常干活，但嘴里老是不停地抱怨："我都这么老了，还要当牛做马地干活，真是命苦啊！""咱们整天给别人盖房子，自己却住不上个好房子！"

他越说越生气，尤其看到这房子这么大、这么考究，又不知道将来是谁住在这里，就心里非常不痛快。索性，他根本不把心放在工作上，用的是软料，出的是粗活。心想，只要房子不塌就行了。

房子建好的时候，出乎意料的事情发生了。东家把大门的钥匙递给了他，说道："嘿，老伙计！我想给你一个意外的礼物！你辛辛苦苦工作了这么多年，这是你应得的报酬。让你的老伴和孩子们就在这里安家吧！"

"啊！什么？"老木匠早已震惊得目瞪口呆，一时间悔恨交加，后悔自己居然错失良机。如果他早知道是在给自己建房子，他怎么可能这样呢？现在，一切都晚了，他不得不住在一座粗制滥造的房子里！

在本案例中，老木匠要是不抱怨，而是好好地盖好这座房子，就不会住在粗制滥造的房子里。其实，我们的职业人生，都是自己"建造"的，我们在工作中，总以为自己在为别人打工，实际上，我们也是在建造自己的生活，建造自己的居所。同样对于爱抱怨的员工而言，抱怨就意味着失去机会。如今，很多才华横溢的人在公司得不到晋升，就是因为他们有抱怨的毛病，自恃有才，认为自己被大材小用，不愿意全力以赴，不愿意自我反省，每天都有一肚子的抱怨。对此，有一位企业领导者一针见血地指出："抱怨是失败的借口，是逃避责任的理由。"从该领导者的话中可以看出，抱怨使人思想偏激，心胸狭窄。一个将自己的头脑装满了抱怨的人是无法想象未来的。抱怨使他们与公司的理念格格不入，使个人的发展道路越走越窄，最后一事无成，被迫离开。

三、抱怨是最普遍的一种情绪

研究发现，那些曾经被老板提拔、在事业上取得成功的人，往往不是幸运之神的宠儿，反而只是一些工作在平凡岗位的普通员工。但是和一般人不同的是：他们从不抱怨公司，而是认真干好自己的工作，最终通过努力来证明自己的价值。对此，职场培训专家撰文指出："抱怨是最普遍的一种情绪，但同时也是寻找借口的人最善于利用的。"

从职场培训专家的话中可以看出，那些喜欢抱怨的人，即使才华横溢，也难以得到老板的认可。因为在职场中，最没有价值的行动就是抱怨。

事实证明，抱怨的人很难取得骄人的成绩，而那些取得成绩的人往往都像《把信送给加西亚》一书中的罗文，从来不抱怨。因此，不要抱怨自己没有机会，应该扪心自问，在机会真正来临的时候，你在干什么？你为公司创造了多大的价值？你认真思考过怎样把自己的工作做到最好，成为行业精英吗？你是否把对别人职位和薪水的羡慕，转化成努力工作的动力，而不是抱怨呢？如果你能在工作岗位上兢兢业业、不断进取、全力付出，相信机会降临在你头上的时候，一定不会轻易溜走。在这里，我们来看看笔者给北京一家企业做培训时见过的一个真实案例。

北京A公司招聘了上百名营销人员。两个月后，A公司淘汰掉了其中的2/3。但是，其中一位只有高中学历的、名叫戴琳的女孩子却被留了下来。

在试用期间，A公司安排戴琳做促销。刚开始做产品促销时，戴琳感到困难重重，从早忙到晚也没签订一份订单，有时候戴琳真想不干了。

幸好，往往这时候戴琳就会想到我给他们公司做培训时讲过的一个营销故事——乔治·赫伯特把斧头卖给布什总统。

戴琳细想下来，要说艰难，其他工作也很艰难，何况这个工作还是自己好不容易通过层层面试才争取来的。想到这儿，戴琳就会对自己说，咬紧牙关坚持住，困难很快就会过去的。

就这样，戴琳最终通过了试用期。因为刻苦、诚信，戴琳的客户越来越多。

半年后，戴琳当上了销售主管，管理着15个销售人员。

在上述这个案例中，戴琳的成功就是放弃抱怨、努力工作换回来的。不少的员工总是在想着自己“应该要什么”，抱怨自己“没有得到什么”，却没有问自己：为了从事的职业自己还缺乏什么，可能要付出什么，做得够不够。

我们为什么会抱怨呢？在《不抱怨的世界》一书中谈道：“我们之所以会抱怨，就和我们做任何事情的理由一样：我们觉察到抱怨会给我们带来好处，或至少不觉得这样做会带来什么坏处。”

事实上，抱怨的人希望通过抱怨得到好处的情形大概有四种，见表4－1。

表4－1　　　　抱怨的四种情形

（1）	希望通过抱怨能改变身边的人，一般是针对最亲近的人
（2）	希望通过抱怨获得同情和帮助，一般是针对比自己位置较高的人
（3）	希望通过抱怨表现自己的优秀，一般是针对自己同等地位或下位的人；这种抱怨一般都是我们有意识地说出来的抱怨
（4）	我们无意识地说出来的抱怨，比如抱怨堵车、抱怨天气不好、抱怨电视广告太多，说这些话时很明显我们知道并不能解决问题，天气不会因为我们的抱怨就好起来，电视广告也不会因为我们的抱怨就减少，我们只是说说而已，觉得说说无妨，并不担心抱怨会有什么不好

抱怨不是解决问题的根本所在，只有自己将工作做好了，才是赢得老板提拔的关键，整天抱怨也是无用的。对此，贝因美集团总裁助理兼人力资源总经理文功说："喜欢抱怨的人群一部分是初入职场的新员工，现实和心理落差太大；还有比较特殊的一部分职场老人，他们曾经在以前的工作经历中有过较为成功的经验，因此往往习惯在工作中'摆谱'——'我以前是怎样做……我当时……'我认为，这两种情况都很难让公司喜欢。应该承认任何一家企业都会存在这样或那样的问题，公司招聘员工，不管是新人还是老手，都希望用自己的知识、技能和经验来帮助公司解决问题，而不是抱怨，产生更多的新问题。戒掉这个坏习惯的好办法就是要认同公司、身心融入，并保持空杯心态。千万不能'拿起筷子吃肉，放下筷子骂娘'。"我们拿一个笔者培训过的企业来分析。

2010 年 10 月，我给中关村一家公司做内训，认识了其中的一个员工。该员工叫孙丽，目前在中关村一家计算机公司做高级程序员。她之所以离开以前的公司，主要是因为她在同事跟前抱怨老板的话传到老板的耳朵里后，老板处处排挤她，逼得她不得不辞职走人。

事情是这样的。一次，老板交给孙丽一个难度很大的任务，并跟她事先声明"这件事难度大，你敢不敢承担，敢不敢接受挑战"。尽管孙丽明白自己的实力，她觉得在公司众人中，老板主动找她征求意见，说明老板器重自己，所以孙丽一咬牙就接受了。

由于老板给的期限较短，孙丽的确没能按时完成任务。孙丽遭到了老板批评，并受到了相应处罚。可孙丽感觉自己非常委屈，也很气愤。孙丽认为：既然任务这么艰巨，做不完本是预料中的事。自己当时那么努力，没做完也不该算是工作失误。

"老板真过分，这么短的时间里，让我干那么难的活儿，我都说做不了，可他非让我做，没做完还罚我。"事后，孙丽跟身边同事都这么抱怨。

正当孙丽抱怨时，老板又把一个难度更大的任务交给她，并说："这里我是老板，下属只有服从，不许抱怨。我不养白吃饭的人，适应不了就走人。如果你这次再完不成任务，就要考虑是否该换一份自己力所能及的工作。”

不久，孙丽被老板辞退了。

就像上述案例中的孙丽，与其抱怨别人，不如通过行动来改变自我。当我们学会了检讨自己，心情也会变得开朗，当不抱怨变成一种个性的特质，最好的受益者还是我们自己！

事实证明，通过抱怨改变别人是不现实的。古人讲“上行下效”，“身教者从，言教则讼”，《论语》中说“其身正，不令而行；其身不正，虽令不从”。对此，阿里巴巴创始人马云在接受媒体采访时强调：“不抱怨的态度是人生的第一态度。”

笔者非常赞同马云的说法，讲得非常有道理。我们不能只着眼于眼前的困境，而是要用发展的眼光看到未来，看到漫长的生命历程。

正如《不抱怨的世界》一书中所说：“停止抱怨，你就已经在通往你想要的生活的路上了。”无论如何，始终记住既然做了选择就应该积极地走下去，勇敢地面对前进道路中的各种不确定。

事实上，很多时候我们的态度决定着我们的选择，我们的选择决定着我们的人生。人生哪有一帆风顺，即便生活带给我们的是困苦与艰难，也要学会坚强，多一点赞赏，少一点抱怨，多一点宽容，少一点指责，摆正自己的人生态度，把抱怨变成善意的沟通、合理的建议、积极的行动，同样可以升华自我。

四、抱怨使得你变得更“近视”

你在抱怨工作不好时，知道自己的工作出现了什么问题吗？有时候并不是工作有问题，而是你有问题！与其坐在那里发牢骚，不如想想办法，做点有用的，这比抱怨来得实际得多。那些能够经常主动地找事情干，即使没有吩咐也能不断寻找提升业绩的方法的员工，是企业最喜爱的员工。美国名校哈佛大学曾做过一个很有趣的心理调查。调查的内容其实很简单，就是几个电话测试。

测试时，被调查的对象会接到调查人员打来的电话：“你现在在干吗？”

“上班。”

“上班的感觉怎样？”

“没劲极了，枯燥乏味。”

“那你希望干点儿什么？”

“还有两个小时就下班了，我可以和同事一起去酒吧。”

两个小时后，他又会接到调查人员打来的电话。

“你现在在干吗？”

“和同事在酒吧。”

“感觉该好些了吧？”

“还是没劲，都是些无聊的话题，我正打算去找女朋友。”

又过了一个小时，他再次接到调查人员的电话。

“和女朋友在一起快乐吗？”

“别说了，烦死啦。有个女同事打来电话，询问工作上的事情，女朋友硬是要我交代是不是有外遇了。你说这哪儿能不烦？得了，我还是回家休息吧。”

到了晚上，这个被调查者一看到调查人员打来的电话，刚接通就先开口了：“别问了，很没劲，杂志翻完了，碟看完了，有点儿寂寞。”

“那你想怎样？”

“还是上班好，从明天起我要努力工作，好让薪水增加。”

你是否也曾经有过这位被测试对象那样的生活感受呢？要成为企业最喜欢的职员，真的很有必要让自己更积极主动一些，至少要让自己生活得更有意思一点儿。

事实上，不管在任何一家公司中，总有那么几个人在抱怨。不是抱怨“我的工作真是无聊透顶”，就是抱怨天天加班，都快累死人了；不是抱怨自己“每天面对重复的工作，我简直要疯了”，就是抱怨“我们的老板就喜欢拍马屁的人”；不是抱怨公司苛刻的规章制度，就是抱怨老板的魔鬼管理；不是抱怨干不完的工作，就是抱怨受不完的委屈。

如果当抱怨成了习惯，你的情绪就会变得非常糟糕，看什么东西都不顺眼。此刻，你的抱怨就像决堤的洪水一泻千里，四处泛滥。可是同事们却认为你吹毛求疵，很难相处；上司认为你牢骚满腹，工作效率极低；老板也认为你是一个不折不扣的“刺儿头”。如此下去，升职、加薪的机会永远也不会轮到你。

很多时候，也许有些人可能会说：“我不过是抱怨一下，释放一下内心的不良情绪罢了。另外，口头的抱怨也不会给公司和个人带来直接经济损失。该工作的时候还是会努力工作，又怎么会影响我的晋升呢？”

事实真的如此吗？答案肯定是否定的。毋庸置疑，偶尔的抱怨的确能够赢得一些善良人的宽慰之词，使一部分员工的内心压力暂时得到缓解，但是这种缓解并不能彻底改变员工抱怨的习惯。不仅如此，相反，持续的抱怨可能还会使人的思想摇摆不定，进而在工作上敷衍了事，使得自己的抱怨越发不可收拾。

或许读者不认可我的观点，认为我是在小题大做，那么，先请看看我们周围那些只知抱怨而不认真工作的人吧，他们从不懂得珍惜自己的工作机会，更不懂得，即使薪水微薄，也可以充分利用工作的机会提升自己的工作能力，加重自己被赏识的砝码。他们只是在日复一日的抱怨中徒增年岁，工作能力没有得到提高，也就没有被赏识的资本。更可悲的是，他们没有意识到竞争是残酷的，只知抱怨而不努力工作，却不清楚自己已经被排在了被解雇者名单的最前面。

当然，没有任何一个老板喜欢雇用一个满腹牢骚的人，任何一个老板都愿意同乐观开朗、生活态度积极的员工交流。在我们沮丧时，也要向老板和同事显出快乐的一面。因此，一个人在职场上打拼，要想成就一番事业，除了要有能力外，还要有涵养，不能动不动就发牢骚，要知道，职场不欢迎牢骚者，没有老板喜欢爱发牢骚的“刺儿头”。

其实，生活中有很多机会等着我们去发现。有些时候，机会会垂青那些“有心人”，等着他们用心去寻找机会；还有一些时候，机会垂青那些任劳任怨的人，让他们在踏踏实实的工作中自然而然地碰上了机会。

不仅如此，机会在它刚刚出现时，通常都很隐蔽，甚至看起来还很麻烦。有些人，遇到这种情况就又开始抱怨了，于是，不知不觉中放走了一次次难得的好机会。

你可能不知道，工作上的“瓶颈”可能正是你脱颖而出的机会。如果把握得好，一次职场危机将会转化成晋升的理由。那些由小职员成长为企业家的成功者，一路走来，其实都是负责任地面对本职工作中的所有问题，从不逃避问题，也从不推卸责任，从不抱怨。

抱怨会限制你的思维，让你变得“近视”，把自己局限在抱怨本身上，而不是努力地去适应变化，解决问题。如果你能脚踏实地完成工作任务，从不抱怨，那么你能取得的成就将不可限量。

五、习惯性抱怨很可能会自毁前程

对任何一个员工来说，抱怨对自己没有什么好处。要知道，习惯性抱怨很可能会“毁掉”你的前程！对此，有职业研究机构从大量的职业咨询案例中发现，出现问题的受访者都会习惯性地抱怨，由抱怨而直接被所在单位辞退的占 25%，引发跳槽的占 38%，导致责任心缺乏的占 20%，其他的占 17%，见下图。

第一，被所在单位辞退。抱怨是被裁员的直接诱因。面对爱抱怨的员工，一般的管理者是怎么看待的呢？在现实生活中，面对喜欢抱怨的员

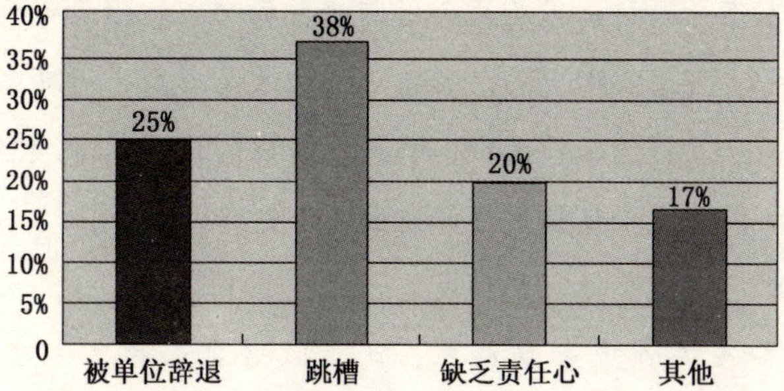

由抱怨产生的结果

工，一旦有人可以替代你，或是不需要你了，裁掉你就是管理者最直接、最常用的手段。

第二，抱怨是被迫跳槽的直接因素。抱怨让有的员工失去动力、心态消极、应付了事，结果业绩出不来，还影响团队的士气。若要问那些卓越的管理者，在他的团队中最不喜欢听到的是什么，他会很爽快地回答是"抱怨"。

第三，报怨使得员工极度缺乏责任心。在很多时候，不管是在现实生活中还是职场上，可以说抱怨无处不在。而近年来，随着职场生存压力的不断加剧，职业人对自我工作要求的不断提高，职场抱怨愈演愈烈。从心理学讲，抱怨是一种情绪发泄，有不满情绪过于压抑不行，需要发泄出来。但是，经常抱怨使得员工极度缺乏责任心，总是抱怨老板用人不公、抱怨公司薪水太低、抱怨同事不好合作、抱怨客户不好对付……总之，工作一无是处。因此，抱怨不仅影响了工作态度，而且还将葬送自己的前程。

事实上，作为一名合格员工来说，从不会抱怨自己的工作现状，而是潜心研究如何解决公司目前最棘手的问题，最终让公司最大化地获取利润。

牛伟和罗勇是北京某大学市场营销专业的同学，两人一起进入北京万奇高科公司工作，从最基础的市场专员做起。

由于北京万奇高科公司是几个海归经营的公司，经营时间很短，开发市场的难度也就可想而知。两个月之后，由于总是打不开市场局面，牛伟就开始抱怨，今天抱怨工作太难，明天抱怨推销IT产品没有前途，后天抱怨待遇太低。因此，牛伟整天懒懒散散，工作敷衍了事。

结果，刚干满3个月，牛伟就被老板辞退了。

而罗勇却在工作中勤勤恳恳，认真做好自己的每一项工作。因为工作积极，业绩出众，一年后，罗勇成了北京万奇高科公司的金牌推销员。

尽管如此，罗勇依然抱着一种积极的态度，在工作中不断进取，认真负责。

两年后，罗勇晋升为北京万奇高科公司的市场总监，主管该公司的营销工作。

由于北京万奇高科公司的产品得到用户的喜爱，于是，老板决定扩大规模，让罗勇去北京国际展览中心招聘会招人，意外地碰见了牛伟，不同的是，牛伟是去找工作的。原来，牛伟从这家企业出去后，因为找不到满意的工作，一直处于“辞职—找工作”的过程中。

其实，这样的案例举不胜举，同样在一家公司，有的员工因为抱怨被老板辞退，有的员工因为踏实肯干，不仅赢得了老板的认可，而且还丰富了自己的职业人生。在本案例中，不知道牛伟看见罗勇后会有何感想？是从自身找原因还是感叹机遇不公呢？如果牛伟懂得珍惜每一个工作机会，脚踏实地地工作，今天就不需要这样辛苦地找工作了。

在上述案例中，罗勇的做法值得广大员工学习和借鉴。如果一个员工对自己目前的环境不满意，唯一的办法是让自己战胜环境、超越环境。对此，奥地利小说家茨威格说过：“机会看见抱怨者就会远远避开。”在很多时候，我们总是抱怨自己没有机会，殊不知，正是爱抱怨的思维方式，使我们错失了大量良机。因此，抱怨，让你厌倦了企业，同时也让企业厌倦了你。对此，专家的建议是做好以下三点，见表4-2。

表 4－2　　　　　　　　拒绝抱怨的三个方法

（1）闭紧爱抱怨的嘴，先从不抱怨做起	抱怨永远解决不了问题，只会把事情弄得更糟
（2）把抱怨化作建设性的意见	抱怨的人其实心中早已有了对某些事情的看法或解决方法，可能是不被重视或自身不够主动，所以只能抱怨。如果把自己的想法从老板的角度加以考虑，并且以老板能够接受的方式主动提出，老板应该是非常欢迎的
（3）寻找自己的原因	对于人际关系紧张、工作疲劳、工作压力大、得不到信任等原因引起的抱怨，可先从自己身上寻找原因。看看自己是不是工作方法上出了问题，或者是沟通能力有待提高等

第五章 不要只问公司为什么不允许你寻找借口

一、借口成了员工们推卸责任的一种理由

一些员工往往喜欢邀功，却不愿对自己的失职承担责任。有时为了逃避责任，甚至编造出种种借口。在工作中，我们经常听到员工各种各样的借口：

- 如果工作中的事情不理想，那肯定是老板的问题；
- 如果家里的事情不完美，那一定是对方的错；
- 如果在考评中得了个“D”，那肯定是因为主管不喜欢自己；
- 那个客户太挑剔了，我无法满足他；
- 我可以早到的，如果不是下雨；
- 我没有在规定的时间里把事做完，是因为……
- 我没学过；
- 我没有足够的时间；
- 现在是休息时间，半小时后你再来电话；
- 我没有那么多精力；

· 我没办法这么做；

……

还经常会听到员工在问："这是谁的错?"即便这种话不是每天都能听到，但我们也会常常听到。当执行不力或者犯错误的时候，为了免受谴责，多数员工都会选择欺骗手段，尤其是当他们明知故犯一个错误时，除了编造一个敷衍他人的借口之外，有时还会给自己找出一个下台阶的理由。下面我们从管理学界大家熟知的一个小故事谈起。

问题源于一个故事，说的是三只老鼠一同去偷油。老鼠们找到一个油瓶，通过协商达成一致意见，轮流上去喝油。于是三只老鼠一只踩着一只的肩膀开始叠罗汉，当最后一只老鼠刚刚爬到另外两只的肩膀上时，不知什么原因，油瓶倒了，并且惊动了人，三只老鼠不得不仓皇逃跑。

回到鼠窝，大家开会讨论行动失败的原因。

最上面的老鼠说，我没有喝到油，而且推倒了油瓶，是因为我下面第二只老鼠抖动了一下；第二只老鼠说，我是抖了一下不错，但那是因为我下面的第三只老鼠抽搐了一下；第三只老鼠说，对，对，我之所以抽搐是因为我好像听见门外有猫的叫声。

"哦，原来如此呀！"大家紧张的心情顿时放松下来。

结论：猫的责任。

故事至此并未结束，它所延伸引出的问题是企业里很多人也同样具有老鼠的心态。请听一次企业的季度会议：

营销部门的经理A说："最近销售做得不好，我们部门有一定责任，但是最主要的责任不在我们，竞争对手纷纷推出新产品，比我们的产品好，所以我们很不好做，研发部门要认真总结。"

研发部门经理B说："确实，我们最近推出的新产品是少，但是我们也有困难呀，我们的预算很少，可就是如此少得可怜的预算，也被财务削减了！”

财务经理C说：“是，我是削减了你们的预算，但是你们要知道，公司的采购成本在上升，我们当然没有多少钱。”

采购经理D忍不住跳起来：“不错，我们的采购成本是上升了10%，可是为什么你们知道吗？俄罗斯的一个生产铬的矿山爆炸了，导致了不锈钢价格的上升。”

A、B、C：“哦，原来如此呀。这样说，我们大家就都没有多少责任了，哈哈哈哈……”

结论：俄罗斯的问题。

上述案例中的情景对于中国企业来说并不陌生，因为大多数中国企业每天都在上演着同样的故事。之所以说这个现象在我们的企业中似乎总在发生，是因为企业的老板和他的那些主管们也似乎总是找不到问题的症结所在，最终只能归咎于中国人的通病：一出事情，大家首先想到的是推卸责任，而不是去思考如何解决问题。

当然这并不排除大家理性的思考与解决方案。而这个问题变得越发有趣的另一个重要原因，就是不同群体站在不同立场、角度上的不同心态与问题认知方法。当然，在管理学界大家都把上述两个故事作为案例来研究，其目的就是提醒员工，一旦遇到困难，不应该寻找借口，因为借口不应该成为员工推卸责任的一种理由，不管这个理由有多么充分，它的解释都是非常牵强附会的，也毫无说服力。

研究发现，在多数公司中，有许多员工不再是想方设法去争取成功，而是把大量的时间和精力放在如何寻找一个更合适的借口上。归纳起来，员工的借口主要有以下五种表现形式：

（1）他们做决定时根本就没有征求过我的意见，所以这不应当是我的责任。许多借口总是把“不”、“不是”、“没有”与“我”紧密联系在一起，其潜台词就是“这事与我无关”，把本应自己承担的责任推给别人。一个团队中，是不应该有“我”与“别人”的区别的。一个没有责任感的员工，不可能获得同事的信任和支持，也不可能获得上司的信赖和尊重。如果人人都寻找借口，无形中就会提高沟通成本，削弱团队协调作战的能力。

(2) 这几个星期我很忙，我尽快做。找借口的一个直接后果就是容易让人养成拖延的坏习惯。如果细心观察，我们就会很容易发现在每个公司里都存在着这样的员工：他们每天看起来忙忙碌碌，似乎是尽职尽责了，但他们把本应一个小时完成的工作用半天的时间甚至更多的时间来完成，寻找各种各样的借口来拖延逃避。这样的员工总是让管理者头痛不已。

(3) 我们以前从没那么做过或这不是我们这里的做事方式。在中国的员工中，没有做过不是不好好工作的借口，笔者认为，没有做过，可以竭尽全力去做，因此，领导者必须鼓励员工大胆地创新，鼓励员工不怕失败，这样才能让员工没有借口。

(4) 我从没受过适当的培训来干这项工作。这其实是为自己的能力或经验不足而造成的失误寻找借口。这样做显然是非常不明智的：借口只能让公司员工逃避一时，却不可能让公司员工如意一世。没有谁天生就能力非凡。正确的做法就是正视现实，以一种积极的心态去努力学习、不断提升自己的能力和经验。

(5) 我们从没想过要赶上竞争对手，他们在许多方面超出我们一大截。这样的理由似乎没有任何可以抨击的地方，笔者觉得，在这个激烈竞争的社会里，必须树立一个成功者的心态，这样就能使看似“不可能”变成可能了。

二、看似合理的借口也仍然是借口

可以断定，没有一个老板喜欢一个总是找借口的员工；老板在培训员工时，不止一次告诫员工，不要寻找借口，哪怕是合理的借口也不行。因此，要想得到升迁，拒绝任何形式的借口就显得尤为重要，因为这关系着你未来的升迁之路。

在西点军校，不管什么时候遇到学长或军官问话，只能有以下几种回答：“报告长官，是”；“报告长官，不是”；“报告长官，我不知道”。除此之外，不能多说一个字。“为什么不把鞋擦亮?”学员说：“哦，鞋脏了，我没时间擦。”这样的回答得到的只能是遭到学长或军官的一顿训斥。因为学长或军官要的只是结果，而不是喋喋不休、长篇大论的辩解！西点军校让学员明白这样的道理：如果你不得不带队出征，那就别找什么借口了，并在当晚给士兵的母亲写信。如果你不得不解雇公司的数千名员工，那也没什么借口，因为你本应预见到要发生的事，并提前寻找对策。

众所周知，“没有任何借口”是西点军校奉行的最重要的行为准则，它强化的是每一位学员想尽办法去完成任何一项任务，而不是为没有完成任务去寻找任何借口，哪怕看似合理的借口，其核心是敬业、责任、服从、诚实。秉承这一理念，体现出的是一种负责敬业的精神，一种服从诚实的态度，一种完美的执行能力。其目的是让学员学会适应压力，培养他们不达目的不罢休的毅力。它让每一个学员懂得：工作中是没有任何借口的，挫败是没有任何借口的，人生也没有任何借口。西点军校之所以能够培养出那么多优秀的人才，就在于它将“没有任何借口”作为学生的行为准则。

同样，在每一个员工的工作中，没有任何借口也同样适用。如果每一个员工都拒绝借口，可以在一次次想办法完成工作任务的过程中积累丰富的经验，并一次次地体会到圆满完成工作任务后的成就感。这些工作的经历和过程，使人变得更加自信和乐观，激发并使自己的内在价值和潜能得以锻炼和提升，还可以得到老板的提拔。

“没有任何借口”所体现出的是一种负责、敬业的精神，一种服从、诚实的态度，一种完美的执行能力。也正是基于这种精神理念，第二次世界大战后，在世界 500 强里，西点军校培养出了 1000 多名董事长，2000 多名副董事长，5000 多名总经理、董事，可口可乐、通用公司、杜邦化工的总裁就是其中杰出的代表。

看看西点的学员，再想想我们的员工，出现问题总会找出各式理由来搪塞。上班迟到了，他会借口说，因为加班太晚，因为堵车；路基塌方，他会借口说是土质特殊，没有考虑周全；死亡事故，他会借口说一时疏忽，只顾倒车而忘记了行人。结果是上班迟到层出不穷，路基塌方时有发生，安全事故屡禁不止，原因何在？借口！事故之后，借口成为他们最好的挡箭牌。找到借口的好处就是能把自己的过失掩盖掉，心理上得到暂时的平衡。但长此以往，因为有各种各样的借口可找，人就会疏于努力，不再想方设法争取成功，而把大量的时间和精力放在如何寻找一个合适的借口上。

许多人的失败，就是由于有了过多的借口。因为大多数公司老板是不愿意听借口的，他注重结果，在乎任务是否完成，而不会管你如何努力去完成这项任务，所以一旦任务未完成，老板是不会静下心来耐心地听你的各种借口的，在老板眼里任何借口都是在推卸责任，只有逮着老鼠的猫才是好猫。一名合格的员工不会为未完成的任务去找各种借口，他也没有机会找，即使找了也没有任何意义。

但凡成功的人或在某一领域有所成就的人都有“不找任何借口”的共同特点，他们会想尽一切办法努力做好手中的工作，尽全力配合同事的工作，出色地完成上级交办的任务，替上级解决问题。即使偶尔的失误，也不会找借口来掩饰，而会勇于承担应承担的责任。

因而，笔者认为：不找任何借口，是一种良好的工作心态，它会使我们对工作产生一种发自肺腑的真爱，投入自己全部的热情和智慧，创造性地、自动自发地完成自己的工作，这样我们工作起来才可能游刃有余，才可能获得工作所给予的更多奖赏。不找任何借口为自己开脱，努力寻找解决问题的办法。无论在什么工作岗位，无论做什么事，都牢记自己的责任，对自己的工作负责，而不找任何借口。在你没有任何借口的情况下，就会想尽一切办法努力把手中的工作做好，这也正是我们不找任何借口的根本所在。

完不成任务就找借口，是一种很不好的习惯。如果出现问题不是积极、主动地想办法加以解决，而是千方百计地找借口，那么工作就会拖沓，没有效率，借口就变成了一块挡箭牌。事情一旦办砸了，就去找一大堆看似合理的借口，以换得他人的谅解和同情。也许借口能把你的过失掩盖掉，让自己得到心理上的安慰和平衡，但是长此以往，就会让你总是依赖借口，不再努力，不再去想方设法争取成功。这样，最终沦为最末流的员工，甚至被淘汰。公司的发展不可能会是一帆风顺的，总会遇到这样或那样的困难。然而当遇到困难时总是找借口应付了事的员工，在企业里肯定是最不受欢迎的员工；而遇到困难总是去找方法解决的员工，一定是企业里优秀的员工，同时也是企业最需要的人。

张东、李凯恩、刘泽诗三个人一起供职于一家名叫太阳红的电子公司。虽然太阳红电子公司的产品不错，销路也不错，但由于太阳红电子公司经营出了一些问题，产品销出去后，总是无法及时收回货款。

太阳红电子公司有一位大客户——林洋商贸公司，半年前就买了公司10万元产品，但总是以各种理由迟迟不肯支付货款。

太阳红电子公司决定派张东去林洋商贸公司讨账。林洋商贸公司的总经理林洋没有给张东好脸色，说太阳红电子公司的那些产品在他们这个地方销得一般，让张东过一段时间再来。

张东知道林洋商贸公司不好惹，心想林洋商贸公司欠的又不是我张东的钱，跟我张东没什么关系，于是便返回了太阳红电子公司。

张东无功而返，太阳红电子公司只得派李凯恩去林洋商贸公司要账。

李凯恩找到林洋商贸公司，林洋商贸公司的总经理林洋的态度依然很无赖，林洋说他这段时间资金周转也很困难，让李凯恩体谅他的难处，他还找借口说等他的资金到位了一定还钱。李凯恩也无功而返。

没办法，太阳红电子公司只得派刘泽诗去林洋商贸公司讨账。

刘泽诗刚跟林洋商贸公司的总经理林洋见面，就被林洋指桑骂槐地教训了一顿，说太阳红电子公司三番两次派人来逼账，摆明了就是不相信他，这样的话以后就没法合作了。刘泽诗并没有被林洋的软捏硬逼吓退，他见招拆招，想尽了办法与林洋周旋。林洋自知磨不过刘泽诗，最后只得同意给钱，林洋开了一张10万元的现金支票给刘泽诗。

刘泽诗很开心地拿着支票到银行取钱，结果却被告知账上只有99920元。很明显，林洋又耍了个花招，给的是一张无法兑现的支票。第二天就是放春节假的日子了，如果不及时拿到钱，不知又要拖延多久。

遇到这种情况，一般人可能一筹莫展了。但是刘泽诗依然没有退缩，他突然灵机一动，自己拿出100元钱存到林洋商贸公司的账户里去。这样一来，林洋商贸公司账户里就有了10万元。刘泽诗立即将支票兑了现。

在本案例中，三个去林洋商贸公司催款的人中，只有刘泽诗一个人完成了任务，而其他两个人却无功而返。在这三个人中，只有刘泽诗没有找借口，而是尽力地去完成催款任务，尽管林洋商贸百般刁难，但是在刘泽诗的努力下，最终收回了货款。

三、拒绝借口应成为所有企业奉行的最重要行为准则

在一项对世界500强企业家的调查中，当问到“您需要什么样的员工来完成一项工作”时，他们毫不犹豫地选择了“不找任何借口”的员工。

从这个调查中不难看出，不找任何借口是世界500强企业和顶尖机构所推崇、实施的组织理念与员工行为准则，他们据此选拔和培育了无数优秀员工，打造了自己杰出的团队。不找任何借口，公司据此增强凝聚力，提高执行力；不找任何借口，老板据此构建百年老店，从优秀走向卓越；不找任何借口，员工据此塑造职业精神，实现人生价值。不找任何借口是一种行为准则，是一种职业精神——真正的天经地义，理当虔诚地信仰之，忠实地践行之。作为世界500强企业，他们最钟爱的员工标准并不是那种高得不能再高的员工，而是能够100%执行决策的员工。综观《财富》世界500强公司，都有一个共同的特点，那就是员工能够有效地完成他们的目标任务，而且还没有任何借口。无论什么工作，都需要这种不找任何

借口去完成目标的员工。对我们而言，无论做什么事情，无论在什么样的工作岗位上，不要用任何借口来为自己开脱或搪塞，因为努力地完成任务是不需要任何借口的。在世界500强公司中，有效地执行是每个合格员工具备的条件，也是提升公司竞争力的关键因素。我们从下面这个案例谈起。

德威公司的业务规模虽然不是很大，但老板张大清多次告诫自己的员工，要员工实事求是，不要满嘴借口。

2010年6月，由于南非世界杯足球赛的序幕刚刚拉开，喜欢足球的很多男女员工无疑熬夜看球，球赛在凌晨五点才收场，看完球赛有的员工大都补睡一会儿觉，一不留神，上班时就迟到了。迟到的男同事自然不敢实话实说，球赛高于公司制度，大家还没胆量这样向老板张大清交代。

于是，每每迟到又不幸被张大清抓个正着的男员工总会找个理由：送孩子上学被老师留下“训话”；母亲临时住院；在并不繁华的地段塞车……

本来平常的日子，一下子变成了“多事之秋”，张大清听了员工们的陈述，总是摇着头走远。

章晓燕在公司默默无闻，她喜欢足球的事也没人知道。章晓燕同样也每天凌晨看南非世界杯足球赛，由于睡眠时间协调得当，一直没迟到。

可是马有失蹄，章晓燕一不小心也迟到了。在办公室，张大清问章晓燕迟到的原因。看着张大清凌厉的脸色，章晓燕说了实话：“我因为看球赛早上睡过头了。”

没想到，听章晓燕这么一说，张大清勃然大怒：“你们一个个都爱说谎，看球的为自己迟到编造形形色色的理由。不看球的女职员，却要说自己看球而误了时间。”

章晓燕准备离开张大清办公室的时候，张大清说：“章晓燕啊，我本来准备提拔你当市场部门主管的，可是没想到你跟其他人一样不诚实。”

章晓燕想不到张大清竟然不相信自己所说的实话，章晓燕开始向张大清讲凌晨的赛事。

原来，张大清也是一个超级球迷，昨晚章晓燕观看的比赛正好是张大清错过的。

张大清口气软了许多，留章晓燕聊了一会儿南非世界杯足球赛，聊了一会儿各自喜爱的球队后，章晓燕才离开总经理办公室。

很快，张大清宣布了对章晓燕的任命，一帮男同事透过布满血丝的眼睛，迷茫地看着章晓燕得到升迁。

可能读者疑惑，章晓燕看足球迟到还得到老板提拔，好像有点不符合常理，但是，只要仔细想想就知道，因为章晓燕看足球迟到却实话实说，不像她的同事满口谎话——送孩子上学被老师留下"训话"；母亲临时住院；在并不繁华的地段塞车……那么，章晓燕的升迁就是理所当然的了。

令人遗憾的是，在中国公司中，我们经常会听到一些借口。上班迟到了就会有"路上堵车"、"手表停了"或者"家务事太多"等借口；销量不及格就会有"产品太偏"、"质量不好"、"广告太少"等借口；工作没有完成就会有"任务太难了"、"同事们都不支持"或者"这个决策根本不可行"等借口；工作落后了就会有"老板偏心"、"总是把最艰难的任务给我"或者"同事太狡猾"等借口。

从以上借口可以看出，只要细心去找，借口总会有的。有许多员工不再是想方设法地去争取完成任务，而是把大量的时间和精力放在如何寻找一个更合适的借口上。像这样的员工整天把时间和精力花在找借口上，老板是不会把重要岗位的职位给他的，因为老板对经常找借口的员工很不放心。

毋庸置疑，要想得到升迁，就不要给自己寻找任何借口。对此，美国成功学家格兰特纳在接受《华尔街日报》采访时说过这样一段话："如果你有自己系鞋带的能力，你就有上天摘星的机会。"

格兰特纳告诫每一个职场人士，升迁属于那些敢想敢做愿干、不畏艰险、不找借口的人。要想赢得老板的认可，就必须改变对借口的态度，把寻找借口的时间和精力用到努力工作中来！因为工作中没有借口，职场没有借口，工作岗位原地踏步没有借口，升迁也不属于那些寻找借口的人。因此，作为一名合格的员工，就应该竭尽全力地去完成上司下达的任务，而不是去找借口来应付上司或者老板的批评，即使是最合理的借口也是不允许的。事实证明，没有任何借口是执行力的表现；相反，寻找任何借口也不能解决在工作中出现的问题。

休斯·查姆斯在担任“国家收银机公司”销售经理期间曾面临着一种最为尴尬的情况——该公司的现金流即将面临断裂。尽管公司高层尽力保密，但是这件事还是被在一线负责推销的销售人员知道了，并因此失去了工作的热忱，销售量开始下跌。

到后来，情况更为严重，销售部门不得不召集全体销售员开一次大会，全美各地的销售员皆被召去参加这次会议。休斯·查姆斯先生主持了这次会议。

首先，休斯·查姆斯请手下最佳的几位销售员站起来，要他们说明销售量为何会下跌。这些被叫到名字的销售员一一站起来以后，每个人都有一段最令人震惊的悲惨故事要向大家倾诉：商业不景气、资金缺少、人们都希望等到总统大选揭晓后再买东西等。

当第五个销售员开始列举使他无法完成销售配额的种种困难时，休斯·查姆斯先生突然跳到一张桌子上，高举双手，要求大家肃静。然后，休斯·查姆斯说道：“停止，我命令大会暂停10分钟，让我把我的皮鞋擦亮。”

然后，休斯·查姆斯命令坐在附近的一名黑人小工友把他的擦鞋工具箱拿来，并要求这名工友把他的皮鞋擦亮，而休斯·查姆斯就站在桌子上不动。

在场的销售员都惊呆了，他们有些人以为查姆斯先生发疯了，人们开始窃窃私语。这时，只见那位黑人小工友先擦亮休斯·查姆斯的第一只鞋子，然后又擦另一只鞋子，他不慌不忙地擦着，表现出第一流的擦鞋技巧。

皮鞋擦亮之后，休斯·查姆斯先生给了小工友1美元，然后发表他的演说。

休斯·查姆斯说："我希望你们每个人，好好看看这个小工友。他拥有在我们整个工厂及办公室内擦鞋的特权。他的前任是位白人小男孩，年纪比他大得多。尽管公司每周补贴他5美元的薪水，而且工厂里有数千名员工，但他仍然无法从这个公司赚取足以维持他生活的费用。"

"可是这位黑人小男孩不仅可以赚到相当不错的收入，既不需要公司补贴薪水，每周还可以存下一点钱来，而他和他的前任的工作环境完全相同，也在同一家工厂内，工作的对象也完全相同。"

"现在我问你们一个问题，那个白人小男孩拉不到更多的生意，是谁的错？是他的错，还是顾客的错？"

那些推销员不约而同地大声说："当然了，是那个白人小男孩的错。"

"正是如此。"休斯·查姆斯回答说，"现在我要告诉你们，你们现在推销收银机和一年前的情况完全相同：同样的地区、同样的对象以及同样的商业条件。但是，你们的销售成绩却比不上一年前。这是谁的错？是你们的错，还是顾客的错？"

同样又传来如雷般的回答："当然，是我们的错。"

"我很高兴，你们能坦率地承认自己的错。"休斯·查姆斯继续说，"我现在要告诉你们，你们的错误在于，你们听到了有关本公司财务发生困难的谣言，这影响了你们的工作热情。因此，你们不像以前那般努力了。只要你们回到自己的销售地区，并保证在以后30天内，每人卖出5台收银机，那么，本公司就不会再发生什么财务危机了。你们愿意这样做吗？"

大家都说"愿意"，后来果然办到了。那些他们曾强调的种种借口：商业不景气、资金缺少、人们都希望等到总统大选揭晓以后再买东西等，仿佛根本不存在似的，统统消失了。

半年后，休斯·查姆斯被董事会提拔为该公司的总经理。

的确，要想得到老板提拔，就必须对工作彻底摒弃借口，借口对任何一个职场人士有百害而无一利。借口的害处已说了这么多，真该建议那些爱找借口的员工像上面例子中的销售经理一样，为自己设立一个“无借口区”。

很多人遇到困难不知道努力解决，而只是想到找借口推卸责任，这样的人很难成为优秀的员工。对此，费拉尔·凯普在接受《华尔街日报》采访时告诫职场人士：“成功和失败看起来似乎天壤之别，但促成它们形成的原因，也许就是一些小小的细节，小小的习惯，比如：常常为自己没有完成的事情而寻找借口。”

事实上，把事情“太困难、太无头绪、太麻烦、太花费时间”等种种理由合理化，确实要比相信“只要我们足够努力、勤奋就能完成任何事”的信念要容易多了，但如果员工经常为自己找借口，不能完成任何事，这对以后的职业生涯是极为不利的。

四、绝不找任何借口

无论做什么事情，都要记住自己的责任，无论在什么样的工作岗位，都要对自己的工作负责。对此，第二次世界大战中著名的美国军事统帅小乔治·史密斯·巴顿认为：“在我提拔所有的干部中，我必须挑选不找任何借口地完成任务的人。”第二次世界大战著名将领巴顿将军在他的回忆录《我所知道的战争》中讲述了这样一个故事。

“我要提拔军官的时候，常常把所有符合条件的候选人集合到一起，让他们完成一个任务。我说：‘伙计们，你们要在仓库后面挖一条战壕，8英尺长，3英尺宽，6英寸深。’说完就宣布解散。我走进仓库，通过窗户观察他们。

“我看到军官们把锹和镐都放到仓库后面的地上，开始议论我为什么要他们挖这么浅的战壕。有的人抱怨说：‘6英寸还不够当火炮掩体。’还有一些人抱怨说：‘我们是军官，这样的体力活应该是普通士兵的事。’最后，有个人大声说：‘我们把战壕挖好后离开这里，那个老家伙想用它干什么，随他去吧。’”

最后，巴顿写道：“那个家伙得到了提拔，我必须挑选不找借口就能完成任务的人。”

从这个战功赫赫的小乔治·史密斯·巴顿将军的话中不难看出，作为领导者往往愿意提拔那些不找借口的员工。巴顿将军的办法虽然简单，但是非常管用，也是最简洁的识人方法。

从上述案例可以看出，要想得到老板的赏识和提拔，就必须拒绝借口，想尽一切方法来解决公司面临的问题，尽管解决这些问题可能有些难度，但是只要尽力去做，哪怕完不成任务，至少是问心无愧，就像上述案例中的那个士兵一样——“我们把战壕挖好后离开这里，那个老家伙想用它干什么，随他去吧。”

在公司中，如果像上述案例中的那个士兵一样尽力完成老板分配给我们的任务，那么得到老板提拔的概率就越来越大。事实上，工作任务完不成就找借口，这是 C 类，甚至是 D 类员工的工作表现。

巴顿将军的话警示中国企业员工，借口是事业成功的最大障碍，凡事要从自己身上找原因，而不要一旦遇到挫折就怨天尤人。众多事业上没有成就的人，往往不加思索就能为他的不成功做辩解。他们有许多不成功的借口，让别人误认为成功之所以没有降到他们的头上，是上帝在捉弄他们，他们是那样的不幸。

事实证明，没有任何借口是公司 A 类员工的工作表现，而 A 类员工是任何一个组织都需要的。一般地，在一个组织中，20% 的 A 类员工创造组织 80% 的贡献，而 80% 的 B 类、C 类、D 类员工只创造 20% 的贡献，在生活、工作和学习中，B 类、C 类、D 类员工经常会有一些借口。上班迟到了，会有“路上堵车”、“手表慢了”的借口；考试不及格，会有“出题太偏”、“题量太大”的借口；工作完不成，会有“工作量大”的借口，只要细心去找，借口总是有的。可是，他们却很少问过自己：“我努力了吗？我真的对得起这份工作吗?”事实上，对努力工作、不寻找借口的人，工作会给他们意想不到的奖赏。

许多人之所以得不到提拔、销售业绩不佳，是因为用各种各样的借口一直在“麻醉”自己。他们一旦碰到困难和问题，不是想着如何去克服困难和解决问题，而是一味地去寻找借口。但恰恰就是因为有很多时候还是有很合理的借口可找，心理上的内疚感就会减轻，吸取的教训就不会那么深刻，争取成功的愿望就变得不那么强烈，主观上就会疏于努力，自身的能力很难得到提高，成功就与他们遥遥无期了。其实，不管我们的工作与预期有多么大的差距，我们应该做的只是努力工作、不找借口，只要我们努力完成自己的工作，全身心地投入到工作中，一定会干出不一样的工作效果，也会让自己有不一样的体验和收获。因此，不能成天沉浸在幻想中而不去努力。只要我们努力了，优劣自有评说。

一支部队、一个团队，或者是一名战士或员工，要完成上级交付的任务就必须具有强力的执行力。接受了任务就意味着做出了承诺，而完成不了自己的承诺是不应该找任何借口的。可以说，没有任何借口是将任何一项工作都执行到位的具体表现，这是一种很重要的思想，体现了一个人对自己的职责和使命的态度。一个不找任何借口的员工，肯定是一个执行力很强的员工。可以说，工作就是不找任何借口地去执行。

在很多公司中，很多员工说目标任务不切合实际，或者说能力不够，诸多借口本是不能完成目标任务的理由，但是很多员工采纳了。这其实是非常愚笨的应对方法。如果不把西点军校仅仅看做一所陆军学校的话，我们很快就会发现，西点军校的很多训练方法和思想应用于公司特别有效。比如在西点，军官向学员下达指令时，学员必须重复一遍军官的指令，然后军官问道：“有什么问题吗?”学员通常的回答只能是：“没有，长官。”学员的回答就是作出承诺，就是接受了军官赋予的责任和使命。就连站军姿、行军礼等千篇一律的训练，都无一不是在培养学员的意志力、责任心和自制力。在这样的训练中，西点军校的文化慢慢渗透到了每一个学员的思想深处。它无时无刻不在激励着学员，让学员总是具有饱满的热情和旺盛的斗志。

德国国家足球队向来以顽强著称，因而在世界赛场上成绩斐然。德国足球成功的因素有很多，但有一点却特别被人们看重，那就是德国队队员在贯彻教练的意图、完成自己位置所担负的任务方面执行得非常得力，即使在比分落后或全队困难时也一如既往，没有任何借口。你可以说他们死板、机械，也可以说他们没有创造力，不懂足球艺术。但成绩说明一切，至少在这一点上，作为足球运动员，他们是优秀的，因为他们身上流淌着执行力文化的特质。无论是足球队还是公司，一个团队、一名队员或员工，如果没有完美的执行力，就算有再多的创造力也可能没有什么好的成绩。

锋士·隆巴第，美国橄榄球运动史上一位伟大的橄榄球队教练。在锋士·隆巴第的带领下，美国绿湾橄榄球队成了美国橄榄球史上最令人惊异的球队，创造出了令人难以置信的成绩。看看锋士·隆巴第的言论，能从另一方面让我们对执行力有更深刻的理解。

锋士·隆巴第告诉他的队员："我只要求一件事，就是胜利。如果不把目标定在胜利，那比赛就没有意义了。不管是打球、工作、思想，一切一切，都应该'非胜不可'。"

"你要跟我工作"，他坚定地说，"你只可以想三件事：你自己、你的家庭和球队，按照这个先后次序。"

"比赛就是不顾一切。你要不顾一切拼命地向前冲。你不必理会任何事、任何人，接近得分线的时候，你更要不顾一切。没有东西可以阻挡你，就是战车或一堵墙，或者是对方有11个人，都不能阻挡你，你要冲过得分线！"

做任何事情都不要有任何借口。正是有了这种坚强的意志和顽强的信心，绿湾橄榄球队的队员们拥有了完美的执行力。在比赛中，他们的脑海里除了胜利还是胜利。对他们而言，胜利就是目标；为了目标，他们奋勇向前，锲而不舍，没有抱怨，没有畏惧，没有退缩，不找任何借口。他们是所有雇员的榜样。

第六章
不要只问公司为什么不可以把问题留给老板

一、把问题留给老板就是失职

在中国很多公司中，员工们在工作中一旦遇到什么棘手的问题，他们中的大多数采取的措施是先把问题推给自己的同事，甚至是上司，直至老板。当然，他们有的人偶尔也会向同事、上司甚至是老板请教，但往往更多地希望把问题直接留给老板。

通常情况下，这部分“把问题留给老板的员工”大都喜欢表现出一副非常苦恼的样子，似乎这样就可以堂而皇之地把问题带进老板的办公室，然后低着头等待老板来解决这个问题。尽管老板给予这部分把“问题留给老板的员工”解决问题的办法，遗憾的是，当这部分“把问题留给老板的员工”离开老板办公室时，却依然没有把问题带走，而是把问题留在老板那里。

此刻，老板不得不丢下自己原本打算做的事情，集中精力来解决那些留给老板来处理的问题，甚至为下属们收拾残局。

这样的事情在中国很多公司中每天都在发生着，其实这不仅是老板的悲哀，同时也为这部分员工感到羞耻。

在“中外家族企业成功之道”培训课程中，一位家族企业的老板困惑地说：“为了公司能更快地做大，我从上海某大学重金招聘了一位会计，尽管这位新会计做财务报表的态度还是值得肯定的，工作非常认真，财务报表的格式也做得漂漂亮亮、整整齐齐。但是，报表上的数据与实际发生额相差甚远，不仅我看了一头雾水，就连她自己对报表上的原始数据的来源也说不清楚。于是，这张报表也就成了实际上的‘废纸’，在公司管理层作决策时一点参考价值都没有。”

上述老板口中的那位会计尽管态度可嘉，但是却没有发现自己岗位工作中的核心价值，表面上似乎完成了任务，却仍然是把问题留给了老板。

当然，上述老板口中的会计也不是唯一一个把问题留给老板的人，在下面这个案例中还有一个。

深圳西克公司老板林伟格要赴德国考察，且要在一个国际性的商务会议上发表演说。林伟格身边的几名中层经理为此都忙得头昏脑涨，要把林伟格赴海外考察所需的各种物件都准备妥当，包括演讲稿在内。

在林伟格赴德国考察的那天早晨，各部门经理也来宝安机场送机。有人问负责文件的部门经理：“你负责的文件打好了没有？”

这个部门经理睁着那惺忪睡眼，说道：“今早只有4小时睡眠，我熬不住睡着了，在飞机上不可能复读一遍。待老板上飞机后，我回公司去把文件打好，再以电讯传去就可以了。”

谁知转眼之间，林伟格董事长就到了，第一件事就问这位部门经理：“你负责预备的那份文件和数据呢？”

这位部门经理按他的想法回答了老板。林伟格闻言，脸色大变：“怎么会这样。我已计划好利用在飞机上的时间，与同行的外籍顾问研究一下自己的报告和数据，你真行，白白浪费坐飞机的时间！”

天！这位部门经理的脸色一片惨白。

正因为那位部门经理把问题留给老板，林伟格在德国的考察没有达到自己的目的。

当林伟格从德国考察回来后，辞退了那名部门经理。

在本案例中，这位部门经理就犯了把问题留给老板的错误。当林伟格把这个事情讲给我听时，我甚至不相信这是真的，因为我非常清楚，在出差前，我经常会把一切资料都准备好，不可能连基本的资料都没有准备好就出差。

上述案例警示我们每个企业的员工，把问题留给老板绝不是一种解决问题的正确态度。在上述案例中，林伟格去德国考察就因为部门经理犯了把问题留给老板的错误而没有达到自己的目的，林伟格坦言，他的损失还算小的，他见过深圳的一家企业因为部门经理把问题留给老板的错误而在谈判中损失惨重，这并非危言耸听。我们再来分析一个案例。

老李是一家药厂质量监督部门的负责人，工作几年来一直兢兢业业，颇得领导的赏识。由于老李工作谨慎认真，该药厂生产的药几乎很少出现质量问题。因此，药厂的生产规模日益扩大，效益不断增长，老李的工作量也越来越大。

有一次，一批新感冒药经审核投放市场后，有部分消费者反映吃完之后有不适反应。厂长找到老李，让他尽快查明原因，并采取相应措施，给消费者一个答复。

可是老李当时以为既然该药已经通过了双重检查，有问题的概率应该很小，部分不良反应属正常现象，因此并没有放在心上。

为了能够评上年终先进干部，老李觉得这样的事情让老板处理就好了，过两天处理也无所谓，于是老李叫秘书打了一个报告给老板。老李按照自己的预想，依然是先把手头其他重要事做完要紧。

结果没想到，几天之后，问题越来越严重，出现不良反应的人越来越多，并且有人开始投诉该药厂。一时间闹得沸沸扬扬，药厂名誉一落千丈。

厂长知道老李没有及时处理这件事之后非常生气，严厉地批评了他，并免去老李部门主任的职务，还扣掉老李一年的奖金。而且，老李不知道，本来厂长是打算下个月起提升他当副厂长的，结果就是因为老李犯了把问题留给老板的错误而自毁了大好前程。

在本案例中，老李由于犯了把问题留给老板的错误不仅失去了提升副厂长的机会，而且还被免职了，如果老李正视工作，也不会出现被免职的局面。

老李的悲剧警示我们每一个企业员工，“把问题留给老板”的工作态度本身就是一种消极的心态，它来自软弱、自私自利和犹豫不决。而这样的心态，往往会使问题的难度增加一百倍。

可见，“把问题留给老板”的工作态度不是一种中庸的处世之道，足以毁掉一个人甚至一家公司的前程。虽然老李平时工作表现非常好，但这却并不能弥补他一时犯了把问题留给老板的错误所造成的严重后果。由于他犯了把问题留给老板的错误，不仅毁了自己，同时也毁了整个药厂。

二、老板不是所有问题的解决者，而是问题的给予者

可以肯定地说，不管是大公司，还是小公司；不管是外国公司，还是中国公司；不管是跨国公司，还是本土公司，没有任何一个老板愿意把自己安排的工作任务被员工们当做皮球踢回来，甚至是踢来踢去。

如果员工们不能胜任本职工作，那么老板请你来干什么。众所周知，老板聘请你来，是让你来帮公司解决问题的，不是来给老板留问题的。在老板眼里，你解决问题的能力就是你的职场竞争力。

遗憾的是，很多人不明白这个道理。他们很多时候把问题留给了老板，结果也错失了从问题中成长的机会，为此付出了惨重的代价，甚至是自己的职场生涯。

某公司综合事业部经理陈琳这一周可以说是异常忙碌，公司把两个大项目交给了她，要陈琳在月底拿出最终结果。另外，最近关于公司产品质量的投诉越来越多，公司让陈琳尽快开展公司公关，解决产品质量投诉问题，尽可能地消除不良影响。

不过，陈琳这回并没有像公司期待的那样，将问题一个个化解于无形，而是把自己身上的担子卸到了别人身上。

陈琳把两个大项目推给了与她关系最好的技术部主管，陈琳的理由是，要集中精力处理消费者投诉的问题。

接着，陈琳又把消费者投诉的问题推给了她的顶头上司——公司常务副总经理。陈琳对此的解释是，处理消费者投诉，不是综合事业部能完全解决的，希望高层能亲自主管和解决这个问题。

由于陈琳推卸问题，而不是将这些本该自己处理的问题尽快解决，她个人也好，所在的部门也罢，始终没能创造出令公司满意的业绩。

事实上，在很多企业中，一部分员工常常会有这样一种错误认识，那就是老板应该比员工更积极，因为那是他自己的公司，而员工只不过是打工的。因此，解决问题是老板的事，员工要做的只是执行命令。

在企业的发展过程中，总会不可避免地遭遇到各种问题的困扰。这些问题的出现，就像太阳日升夜落那般自然。一旦遇到问题，老板们迫切需要的是那种能及时解决问题的人才，这也正是企业老板聘用员工的目的所在。因此，在自己的工作岗位上，一定要知道如何及时地处理问题，如何正确地解决问题，切记不能把问题都留给上司甚至老板。

在老板眼中，没有任何事情能够比一个员工处理和解决问题更能表现出他的责任感、主动性和独当一面的能力。一个经常为老板解决问题的人，当然能得到老板的青睐。首先，他没有让问题延误，酿成大患；其次，他让老板非常省心省力，老板可以把精力集中到更重大的问题上。有了这样的员工，老板也就少了很多后顾之忧。对此，管理学家史蒂芬·布朗（Steven Brown）曾经说过："领导并不是问题的解决者，而是问题的给予者。”

从史蒂芬·布朗的话中不难看出，老板不是所有问题的解决者，而是问题的给予者，这就要求员工自己尽可能地解决问题，而不是把问题留给老板。事实上，你和上司、老板的工作关系就是这样的简单——你去工作，而不是由你去安排上司的工作（把问题推给上司）。所以，在完成任务的过程中，你应该随时地提醒自己：“解决工作上的问题是我分内的职责！”

上述案例警示每一个企业的员工，老板是负责公司整体管理、为公司制定发展战略的人，而不是全体员工的“问题汇总站”。老板雇用员工的目的，就是解决工作中的各种问题。老板有老板自己的问题需要解决，而员工也应该认识到，解决自己工作的问题是自己的工作职责。工作中遇到问题时，要明白这是自己分内的事。能够解决问题，就有更多发挥潜能的机会，同时也能建立起自己的职场信誉和形象。在2005年7月召开的行业峰会上，一家来自福建的著名体育用品制造企业的总裁这样说：“我要求我的员工在任何时间、任何地点接受公司任务时，都要信心十足地说‘这个就交给我吧，一点都没问题’，而不是‘这个问题太多了，您还是找别人吧’。这样的员工第二天就会从公司消失。作为公司老板，要的是业绩，而不是替员工解决问题。”

正如这位总裁所说，老板要的是结果，公司员工就该以此为己任，把问题留给自己，把结果拿给老板。这就要求员工做一个问题的终结者，这反映的不仅是员工的能力，也是对公司绝对负责的表现。对此，著名的出版家、作家阿尔伯特·哈伯德曾经说过：“每个雇主总是在不断地寻找能够助自己一臂之力的人，同时也在抛弃那些不起作用、不能适应公司文化的人——那些到哪个岗位都无法发挥作用的迟早都要被淘汰。”

从阿尔伯特·哈伯德的话中可以看出，解决问题是自己的职责，把问题留给老板就意味着工作不力。我们要把问题看做自己的机会和发展空间，努力地借助问题来体现自己的价值，激发出自己的工作能动性。

1999年，美国第一大零售商的凯玛特开始显露出走下坡路的迹象，这里有一个关于凯玛特的故事在广泛流传。

在1990年的凯玛特总结会上，一位高级经理认为自己犯了一个“错误”，他向坐在他身边的上司请示如何更正。这位上司不知道如何回答，便向上级请示：“我不知道，您看怎么办。”

而上司的上司又转过身来，向他的上司请示。这样一个小小的问题，一直推到时任总经理帕金那里。

帕金后来回忆说：“真是可笑，没有人积极思考解决问题的办法，而宁愿将问题一直推到最高领导那里。”

2002年1月22日，凯玛特正式申请破产保护。

凯玛特的问题足以警醒中国企业，把一个能够解决的问题一层一层地推，直到推到老板那里，试想一下，如果公司是你的，你允许把一线的问题留给老板来解决吗？我想答案应该是否定的。

在美国，世界上最大的连锁店沃尔玛为什么能够屹立不倒，而凯玛特在2002年就正式申请破产，这说明了什么问题呢？是投资环境吗？不是。是顾客偏好吗？不是。是金融危机吗？不是。凯玛特在2002年正式申请破产的根本原因之一就是，一个小小的问题就能够一直推到总经理那里，这种效率低下的解决问题的公司，申请破产也是情理之中的事情。

当然，尽可能地把岗位上的问题解决掉，不要把这些问题传递到老板那里。在“中外家族企业成功之道”培训课程中，一位家族企业的老板非常沮丧地说：“有些员工没有做好工作时会直接对老板说：‘您看怎么办？’也许这种坦诚似乎比找借口好一些，但事实上，在老板听来，‘您看怎么办’的潜台词就是‘这是一件非常麻烦的事情，还是您亲自介入并帮助我们解决吧’。”的确，与竭力寻找借口的员工不同，如果面对问题不能妥善解决，那么问题就会成为你工作的负担，这样，不只是你本人的不幸，也是你老板的不幸。老板聘用一个人，给他一个职位，给他与这个职位相应的权力，目的是让他完成与这个职位相应的工作，而不是让他在这个职位上把问题留给老板。

三、把问题留给老板往往是在逃避责任

在很多企业中，由于员工害怕承担责任，往往把问题留给老板，结果使得自己在工作失误中可以安然无恙。当然，这样也会纵容更多的员工把问题留给老板，从而使得该企业在把所有问题留给老板时危机四伏，濒临倒闭的边缘。

在很多公司中，经常看到老板把一项任务交给一个员工，没过多久，这个员工就去敲老板办公室的门，征求老板的意见，甚至告诉老板这个问题他解决不了。

难道该员工真的处理不了吗？答案当然是否定的，因为该员工为了推卸责任，一旦遇到问题，首先想到的不是想方设法去解决该问题，而是想方设法去逃避责任。在这部分员工眼里，问题就是地雷，谁踩到了，谁就要倒霉。因此，当问题出现时，这部分员工就唯恐避之不及，总是把问题留给老板，让老板来为此承担责任。他们自以为非常“聪明”，如果把问题直接推到老板身上，既能解决这个棘手的问题，同时又能够完全地推卸责任，即使事后问题没有解决，老板也不会责怪自己。如果老板想到了更好的解决方法，自己再去按照老板的方法做，那就更为稳妥了。

这样的处世之道真的就很稳妥吗？其实，也不尽然。

事实上，这样做不仅不能推卸责任，相反还会失去更多的升迁机会。因为每个老板都非常明白，如果都聘用“把问题都留给老板的员工”，就算是市值上千亿的微软公司也会在短短时间内破产倒闭，因为“把问题都留给老板的员工”不仅不能创造巨大的商业价值，还会制造一大堆问题来让老板解决，使得老板事必躬亲，从而影响企业的决策效率，甚至使公司付出惨重的代价。

一个贺姓老板在北京开了一家公司。他们公司有一位新来的员工小

李。一天，小李接到一个电话，马上跑到贺总的办公室说："贺总，客户打电话催促发货呢！"

"哦？合同规定的交货期到了吗？"

"还没有呢！"

贺总皱了皱眉头："那你应该告诉他，我们会按合同交货的。"

"好的！"小李跑了出去。可是过了一会儿，她接到一个电话，又到贺总的办公室说："对不起，贺总，我还得打扰一下。广州那家客户说我们发的货有两箱在路途中受损，要求退货呢！"

贺总不耐烦地问："这种事以前是怎么处理的，知道吗？"

"知道。应该同意退货。"

"知道还来问我？"

小李脸红了。可是过了不多一会儿，她又怯怯地敲开贺总的门："对不起，贺总！我还得再打扰一下。打印机坏了。"

贺总火冒三丈："什么？难道你想让我帮你修打印机？"

"不！我不是这个意思。我的意思是……"

"不管你是什么意思，这种事不要来烦我！"贺总打断她的话。

其实，这位小李想说的是，因为打印机坏了，贺总要她当天完成的本季度销售报告可能不能按时打印并上交。幸亏她没有说出来，否则贺总一定会更恼火。首先，她不应该把工作拖到最后期限才完成；其次，打印机坏了不应成为不能工作的理由，她应该采取其他办法解决这个问题，而不是把问题上交给贺总。

小李在这家公司没干多久就被辞退了。贺总对她的评价是："解决问题的能力太差。"

在本案例中，小李总是事无巨细地把问题留给老板处理，其中的原因可能是小李害怕承担责任，从而使得所有问题都要给老板处理一遍。

其实，很多问题是完全可以处理的，比如，按照惯例途中受损的货物是可以退货的，这样的问题没有必要让老板来解决。作为一名员工，谁都不喜欢听到老板"解决问题的能力太差"这种评价。既然这样，那么一旦遇到问题时就要想方设法地去解决。因为解决工作中遇到的问题不仅是员工的职责，更是员工展示自己解决问题能力的最好时机。如果员工能够出色地解决问题，那该员工离晋升就不远了。

卡内基曾经在宾夕法尼亚州匹兹堡铁道公民事务管理部担任小职员。一天早晨，他在上班途中看到一列火车在城外发生车祸。此时，情况危急，但是其他人还没有上班，一时间，他不知道怎么办才好，打电话给上司，却联络不上。

怎么办？面对这种危急的情况，他知道多耽误一分钟，都将对铁道公司造成非常巨大的损失。尽管负责人还没有来，但他也不能眼睁睁地袖手旁观。

于是，卡内基以上司的名义，发电报给列车长，要求他根据自己的方案快速处理这件事，并且在电报上面签下了自己的名字。他知道这样做严重违反了公司的规定，将会受到严厉的惩罚，甚至可能被辞退。

几个小时后，上司来到自己的办公室，发现了卡内基的辞呈及其今天处理事故的详细情形。但是，一天过去了，两天过去了，上司一直没有批准卡内基的辞职请求。卡内基以为上司没有看到他的辞呈。在第三天的时候，他亲自跑到上司那里，说明原委。

"小伙子，其实你的辞呈我早已看到了，但是我觉得没有辞退你的必要。因为你是一个具有最优秀的职业精神的员工。你的所作所为证明了你是一个主动做事的人，因此对于这样的员工我没有权力也没有意愿辞退。"

卡内基简直不能相信自己的耳朵，他没有想到上司不但没有辞退他，反而还表扬了他。

当读完上述这个案例，不知你是否明白了"不把问题留给老板"的理由。请回答下面这个思考题。如果老板不在，正好有一些并不属于你职权范围内的事情需要你去做，你如何去做？

A. 赶紧打电话向老板请示，把实际情况汇报给老板。

B. 把这件事先放在一边，等老板回来再说。

C. 以“老板不在”为借口一推了之，认为自己没有必要去处理这件事。

D. 推给同事，以免承担任何责任。

我想你已经知道了答案，因为不把问题留给老板才是一名合格员工的基本素养。在本案例中，卡内基不仅没有因为积极解决问题而被辞退，相反还因为积极解决问题而受到表扬。卡内基的成功警示中国企业的每一个员工，尽可能地解决自己岗位上的所有问题，不要把问题留给老板，这不仅是一种积极主动的职业精神，而且还能激发员工解决问题的热情，使问题到此为止。

当然，不把问题留给老板的员工明白公司的事就是自己的事，他的职责是要分担老板的任务，而不是给老板制造问题。这样的人总是想“我能为公司做什么”，而不是“公司能为我做什么”。正是这两种不同的想法，造就了两种不同的员工——主动和被动。因此，在这里告诫“把问题都留给老板的员工”的是，在任何一家公司中，任何一个老板都不是所有问题的解决者，也不是解决所有问题的救世主。员工和老板的关系其实非常简单，一个出劳动力，一个出资本，双方资源整合，共同为公司的发展而努力。所以，在工作中要认清自己的任务是想方设法为老板解决问题，而不是推托问题，甚至制造问题。相反，那些主动请缨、排除万难为公司创造巨大业绩的员工，才是老板最喜欢的员工。而昔日那种“听命行事”的员工也不再是优秀员工的典范，那些遇到问题后反复推脱的员工更不为时代所选择。那么，如何才能不把问题留给老板呢？对此，业内专家指出，不把问题留给老板其实很简单，只要注意以下几点就可以了。

第一，尝试自己去解决问题。要做一个可以为老板解决问题的员工，就要在工作中做到：对于自己能够判断而又是本职范围内的事情，要大胆地拿主意，亲自解决，而不是交给老板。只有当问题解决了，你才能迎接新的契机，才能让老板对你青睐有加。

第二，把每一个问题、困难当成一次锻炼的机会。机遇总是乔装成“问题”的样子，只要能解决问题，就能抓住机遇；解决问题的过程就是学习经验的过程。在职场中遇到困难是在所难免的，如果你不正面面对，又不能够妥善解决，那么问题就会成为你的压力和负担，影响你事业的发展。因此，想方设法解决问题不仅可以使你凸显自己的能力，还能在此过程中锻炼自己，学到更多东西——可以锻炼你的思维，让你更加详细地了解工作的各个细节，同时吸收行业日新月异的知识，锻炼自己娴熟的技能。

第三，遇到解决不了的问题，不要为自己找借口。借口会磨平人的意志，让人失去战斗的勇气和力量，因此，当你在解决问题的过程中遇到困难无法前行时，千万不要为自己找各种借口，须知，找到借口的瞬间，你就与成功失之交臂了。

四、尽可能将问题留给自己，把业绩呈给老板

在“中外家族企业成功之道”的公开课中，一些家族企业老板表示，他们非常愿意提拔那些“尽可能将问题留给自己，把业绩呈给老板”的员工，究其原因，关键是这部分员工让企业提供了高绩效的岗位效率，使得企业在短期内迅猛发展。

对此，中国家族企业问题研究中心对中国数百个家族企业进行跟踪调查，结果显示，在得到老板提升的450名员工中，95.67%的员工是“尽可能将问题留给自己，把业绩呈给老板”的员工。

在实际的工作中，对于任何一个老板来说，提拔“尽可能将问题留给自己，把业绩呈给老板”的员工不仅能够激励员工更好地发挥其工作积极性，同时还能提升其岗位效率。

众所周知，对于任何一个企业的老板来说，聘用一个员工，特别是重要岗位上的员工，给予他这一个职位的同时，也给予了他与这个职位相应的权力，其目的是让他完成与这个职位相应的工作，如果该员工不能为老

板创造预期的业绩，那么老板会寻找胜任该岗位的员工来替代他，因为在任何一家公司，都不可能把重要的岗位给予那些把“把问题留给老板”的员工。

毋庸置疑，作为公司的一名合格员工，要想赢得老板的器重，就必须竭尽全力地创造极佳的业绩。当然，在创造极佳业绩的过程中，必须做到面对任何问题都能不动声色、泰然处之，并妥善解决。只有做到把问题留给自己，把极佳的业绩给予公司，你才能真正成为一名优秀的员工，受到老板的青睐和提拔。我们来看一个流传很广的故事。

1985年，年轻的布伦达·库瑞加入了联邦快递，如今她是这家全球最具规模的快递公司的一名高级客户服务代表。

一天，布伦达·库瑞正在值班，一阵急促的电话铃响起，这个电话来自凤凰城某医学实验室。对方说有两个送往实验室的羊水样本还未送达，羊水来自两个情况十分危急的孕妇，一旦时间延误，羊水就会变质，这样一来，两位孕妇就必须再次忍受抽取羊水的痛苦。

放下电话后，布伦达·库瑞迅速对羊水的运送情况进行了查询，查询的结果是，这两件样品就在附近的达拉斯市。

布伦达·库瑞通过公司总部的远程呼叫系统截住了运送羊水的汽车。按照实验室事先的要求，为了保证羊水的安全，羊水必须保存在冰箱里，但公司里找不到现成的冰箱，布伦达立刻赶回家中，将自己的小冰箱和备用电源搬上了汽车。

然后，布伦达·库瑞又紧急与达拉斯市联邦快递的空运经理取得了联系，当天晚上11点钟，布伦达·库瑞乘上了空运经理安排的飞往凤凰城的飞机。

次日一早，实验室人员准时收到了羊水样品。布伦达·库瑞的付出得到了回报，实验室后来告诉她，由于联邦快递运送及时，两件羊水样品完好无损，检测数据非常精确。布伦达·库瑞救了四个人的命——两位年轻的妈妈和两个可爱的小宝宝。

当实验室人员问布伦达·库瑞为什么这么做时，布伦达·库瑞淡淡一笑地说：“这件事需要有人来做，刚好，当时我在那里。”

在很多时候，我们在很多场合下常常听到“你有经验，这个问题还是由你来解决”这样的话，其实，这样的员工不是自己不能解决，或者没有能力解决，只不过是不愿意解决这个问题，究其原因就是该员工可以用“你有经验，这个问题还是由你来解决”这样的话来推卸责任，同时也可以避免自己在解决该问题时留下的种种危机，以免对自己不利。

反观本案例，年轻的员工布伦达·库瑞不仅解决了快递公司的业务问题，同时还提升了客户的忠诚度。按照一部分员工的想法，那就是遇到这样的问题，由于没有更多的决策权，可以理所当然地把问题留给老板，而布伦达·库瑞没有这样做，她尽可能地把客户所需的物品准时送到，正像联邦快递的广告语一样——使命必达。

事实证明，把问题留给自己，把业绩给予公司的做法体现的是一种高度的责任感，一种为了做出业绩不惧困难的坚定品质。尽管布伦达·库瑞给我们上了一堂影响深远的职场课，但是一部分人却依然我行我素，在面对问题时能推就推，能躲就躲。

其实，这部分员工不明白，正是他们在面对问题时能推就推、能躲就躲的做法使得问题在相互推诿的过程中由小变大，越来越严重。甚至在想方设法地能推就推、能躲就躲的过程中，不仅浪费了大量精力，而且还错失各种能为企业带来业绩的机会，也使自己的成长步伐停滞。

把问题留给自己，把业绩留给老板，不仅有利于提高每一个员工的工作效率和责任意识，还能充分发掘自身潜能，更好地将工作做到尽善尽美，从而创造出卓越的业绩。因此，无论是就企业的发展而言，还是就员工的成长来说，面对问题敷衍了事，得过且过，抱着“自己做不了还有别人”的想法，势必会影响你的工作效率和质量，影响你的前途。只有将问题留给自己，将业绩呈给老板，才能赢得老板的关注和提拔。

第七章

不要只问公司为什么总是让你加班

一、抱怨加班等于在抱怨老板

对于任何一个员工来说，加班都是绕不过去的话题。既然绕不过去，那么应该如何看待加班这个问题呢？

在很多影视剧中，这样的情形大家都十分熟悉，由于公司老板经过不懈的努力拿到一笔订单，老板走到办公大厅向员工们宣布这个订单的好消息，并要求员工们一起加班加点赶制这个订单时，有些员工的抱怨声就会四起：

“老板真没良心，又在剥夺我们的业余时间！”

“都已经下班了，凭什么还让我多干活儿？”

“加班就加班吧，却一点加班费都不给，只管一份盒饭，太不够意思了！”

……

在多次的公开课中，笔者听到学员们所表达出来的大都是这样的抱怨。像上述这样的抱怨不止一次地出现过，难道加班就真的那么难吗？

相反，如果你对加班不是抱怨、躲避和排斥，而是主动要求加班，主动每天多做一点点，那么，你的老板和上司会很快关注你，逐渐信赖你，从而给你更多的机会！我们从一个大家熟知的案例开始谈起。

对艾莉森·理查德一生影响深远的一次职务提升是由一件小事情引起的。一个星期四的下午，美国著名劳工律师萨德·古耶（Thad Guyer）博士（其办公室与艾莉森·理查德同在一层楼）走进来问她，哪儿能找到一位速记员来帮忙——手头有些工作必须当天完成。

艾莉森·理查德告诉萨德·古耶，公司所有速记员都去看电影了，如果晚来五分钟，自己也会走。但艾莉森·理查德同时表示自己愿意留下来帮助他，因为“电影随时都可以看，但是工作必须在当天完成”。

做完工作后，萨德·古耶律师问艾莉森·理查德应该付她多少钱。艾莉森·理查德开玩笑地回答：“哦，既然是您的工作，大约1000美元吧。如果是别人的工作，我是不会收取任何费用的。”

萨德·古耶律师笑了笑，向艾莉森·理查德表示谢意。

艾莉森·理查德的回答不过是一个玩笑，并没有真正想得到1000美元。但出乎艾莉森·理查德意料，萨德·古耶律师竟然真的这样做了。

6个月之后，在艾莉森·理查德已将此事忘到了九霄云外时，萨德·古耶律师却找到了艾莉森·理查德，交给她1000美元，并且邀请艾莉森·理查德到自己的律师事务所工作，职务是行政部经理，年薪比现在高出30万美元。

反观本案例中的速记员艾莉森·理查德，不仅能主动加班，而且还是为只是一个与自己所在同一层办公室的律师加班。按照常理，艾莉森·理查德是没有义务的，但是她却做了。当初，艾莉森·理查德放弃了自己喜欢看的电影，而是加班多做了一点速记工作，最初的动机不过是出于乐于助人的愿望，而不是金钱上的考虑。

按照中国企业员工的思维，别人的事情与自己有什么关系，根本没有必要去做，这就是为什么中国很多企业员工一直在原地踏步的关键所在。

事实上，艾莉森·理查德并没有义务放弃自己的休息去帮助他人，但是她那样做了，不但为自己增加了1000美元的现金收入，而且还得到了一个比以前更重要、收入更高的职务。

在很多公司中，很多员工都认为："公司既然是老板的，我只不过是在为老板工作。即使工作得再多，再出色，得好处的依然还是老板，于我何益。"

其实，存有这种想法的员工很容易成为"按钮"式的员工，天天按部就班地工作，缺乏工作激情，有的甚至趁老板不在办公室时没完没了地打私人电话或无所事事地乱想。这种想法和做法无异于在浪费自己的光阴，甚至自毁前程。

杜晓琪大学毕业后短短4年，就从一家跨国公司的小助理升到了主持工作的部门副经理。偶然的机会，杜晓琪透露了她的成功秘诀之一，竟然是"加班"。

杜晓琪的老板每天19点左右下班，而杜晓琪基本上就在19点半左右离开。每天老板离开办公室时，都会看到杜晓琪忙碌的身影，甚至还能收到杜晓琪晚上发的电子邮件。

在老板的眼里，杜晓琪除了聪明和善于沟通以外，更具备现在很多80后所缺乏的勤恳和上进，而这一切都是加班的功劳。

杜晓琪能够得到老板的提拔，不仅源于其敬业工作，还离不开她的加班。当然，得到提拔的不单单是杜晓琪一个人，杜晓琪仅仅是一个个案。在中国千亿俱乐部企业中，华为可算得上是中国伟大的企业了，笔者曾经问过华为的一名中层经理，问他为什么总是加班到晚上10点，他的回答非常简单，那就是尽可能地为公司创造价值。

或许他的话代表了华为成千上万的员工所体现的工作态度。2010年1月29日消息，据最新出版的华为内刊《华为人》介绍，2010年华为未经审计的全年销售收入达280亿美元，约合1850亿元人民币，较上年增长

28%。2009年华为全球销售收入218亿美元，约合1491亿元人民币，较上年增长19%。

从华为取得的不菲业绩可以看到，不论在世界500强企业和国内中小企业，很多管理人员在对下属进行考核时，不仅会考察员工的绩效达成情况和各项能力，同时还会考察员工的工作积极性、主动性、责任心乃至上进心。针对责任心和上进心的考察往往依赖于主观印象，比如下属适当的加班。对于中国企业来说，加班已经成为一个普遍的现象，大多数企业的管理人员都认为适当的加班是上进心和对工作有责任心的良好表现。因此，要得到老板的认可，适当的加班可能是一种捷径。

研究发现，加班的原因多种多样，就像上面提到的工作的需要、同事加班的压力、上司的看法等，很难一一完整地描述。而归总起来分为工作性和表现性的两大类加班原因。工作性的加班原则上是不得不去承受和适应的，是必需的，不然很难完成工作，不练就一副好身体，根本不用提未来的发展机会。而表现性的加班，不仅要配合日常的工作表现，而且还要考虑一个度的问题，不到合理的度，可能会被人嘲笑浪费演技，但超过度则会弄巧成拙。总之，无论什么原因，适当的加班是必需的，也是有益无害的。

二、被提升的员工大都不拿下班了说事

在很多企业中，我们经常会碰到这样的员工，如果是5点30分下班，那他绝不会等到5点31分下班；如果是6点下班，那么当时针指向6点时，他就会以百米赛跑般的速度在第一时间内冲出办公室。

一旦有紧急的订单，老板要求员工们加班时，他们一百个不乐意，还说已经下班就没有义务加班工作了。

其实，这样的抱怨遍及任何一家公司。比如："我年前可能都歇不了班了，真烦人！"在春节前夕，东快职场天地论坛上一篇《加班真烦！你今天加班了没?》的帖子引来了不少网友关注。

的确，很多单位在岁末年初员工的工作量自然加大，加班加点无疑在所难免。对此，人力资源专家表示，虽然企业不应无节制地让员工加班，但工作中过多抱怨对职业生涯质量也很有杀伤力。

事实上，在日韩等国的企业中就提倡加班：一方面这些国家的企业以加班的形式来强化员工对企业的归属感；另一方面也是考验员工忠诚度的一个有效手段。作为员工而言，加班不光是为了老板，更多的是为了自己。我们来看看下面这个案例，案例中的两个员工就值得中国企业的员工学习。

2010年9月3日至8日，在德国举办的2010年柏林国际消费类电子产品展览会（IFA）上，吸引了来自世界各地的很多企业参加，其中有不少来自中国的企业。其中，有一家从中国来参会的公司，参展人员由该企业的市场部经理带领。

在开展之前，每家参会公司都有很多的准备工作要做，比如展位的设计与布置、资料的整理与分装、产品的组装等。要完成好这些准备工作，就必须依靠大家加班加点地去工作才行。

没想到，市场部经理带去的几个安装工人，绝大多数还跟在国内时一样，不肯多干一分钟活，下班时间一到便纷纷溜回宾馆去了。

市场部经理见准备工作还差得很远，便要求他们把活儿干完了再下班。没想到他们竟然说："一分钱加班费都没有，凭什么让我们干啊，我们有那么傻吗？"

更有甚者还说："经理，你也只不过是一名打工仔而已，不过就是职位比我们高一点点，别犯傻了，何必为老板那么卖命呢？剩下的活儿，明天再干吧，肯定来得及！"

为了把准备工作及早做好，市场部经理只好和一名主动留下来的安装工人一起，加班加点地在展厅里干活。

2010年9月2日夜里，老板亲自来到展场，检查展场的准备情况，此时已是凌晨1点。令老板感动的是，市场部经理和一个安装工人还在那里辛苦地忙活着，细心地擦着装修时粘在地板上的涂料。令老板吃惊的是，其他人一个也没在。

一见到老板，市场部经理就赶忙站起来说："董事长，您处罚我吧！我失职了，没能让所有的人都来加班工作。"

没想到，老板一点也没有责怪他的意思，而是轻轻地拍了拍他的肩膀，让他放宽心。接着，老板指着那个安装工人问市场部经理："他是在你的要求下才愿意留下来加班的吗？"

市场部经理连忙回答："不是，他是自己主动要求留下来加班的。而且，在他留下来的时候，其他工人还一个劲儿地嘲笑他是傻瓜，说他没必要那么卖命，老板也不在，就算累死了老板也看不到，还不如回宾馆美美地睡上一觉。"

听了市场部经理的叙述后，老板当时并没有做任何表示，只是招呼他的秘书和其他几名随行人员也加入到展位的准备工作中去。

参展结束后，一回到公司，老板就开除了那天晚上没有参加劳动的所有人员，同时，将那名主动加班的普通安装工人提拔为一家分厂的厂长。

被开除了的那几个安装工人很不服气，找到了人事部经理理论："我们不就是多睡了几个小时的觉吗，凭什么辞退我们？而他不过是多干了几个小时的活儿，凭什么当厂长？"他们所说的"他"，就是那个被提拔了的安装工人。

人事部经理对他们说："其实，市场部经理当时只是让你们一起加加班，提前把参展的准备工作做好。而你们呢，一听到要加班，就满腹牢骚、抱怨不已。用自己的前途去换取几个小时的懒觉，这是你们的主动行为，没有人强迫你们那么做，怨不得谁。而且，我通过调查了解到，你们在平日工作里也经常偷懒。每天下班时间一到，你们就连人影都找不到了。每次要求你们加班，你们就怨声载道，喋喋不休地和公司谈价钱。而他呢，虽然只是多干了几个小时的活儿，但据我们考察，他为人积极负责，平日里默默地作了许多奉献，比你们多干了不知多少活儿，提拔他，是对他过去积极奉献的奖赏和回报！"

在本案例中，都去参加2010年德国柏林国际消费类电子产品展览会（IFA）的几个安装工人，有的被提拔为分厂厂长，有的被辞退，是什么原因导致了这样的结果呢？究其原因还是中国企业员工极其僵化的打工思维。

其实，任何一个员工都希望自己能够得到老板的提拔，然而，面对机会却失之交臂。就像上述案例中被辞退的那几个安装工人，如果按照市场部经理的吩咐，那么被提拔的人员可能就是他们当中一个，绝对不至于被辞退。

当然，作为任何一个员工，都希望自己被老板提拔为分厂厂长，那么怎样才能被老板提拔呢？这是所有员工都很关心的问题，特别是在竞争激烈的今天，别人不比我们傻，我们也未必比别人聪明，那么我们凭什么得到老板的提拔呢？答案其实很简单，那就是“比别人多做一点”，特别是该加班、就加班的时候。

反观很多企业员工，他们不是抱怨公司经常让自己加班，就是抱怨加班费太少，而且这样的员工并不在少数。然而，要想获得企业的重用，受到老板的认可和提拔，就必须主动去寻求加班的机会，而不要一听到加班就躲开，更不要一到下班的时间就跑得没了人影！因为下班了，你依然还是公司的员工。

三、无论在上班时和下班后都没有分外的工作

对于许多憎恨加班的员工来说，加班无疑是在做分外的工作，因为在很多时候，他们认为下班就代表今天的工作结束了。

当然，从法律意义上说，这样的观点的确没错。但是从道义上来讲，这样的观点违背了公司和员工同发展、共命运的宗旨。作为员工而言，面对公司大量的订单，如果放弃加班，就说明自己斤斤计较，长此以往，自己的发展平台将遭遇瓶颈。

在现实的职场中，大多数人都会遇到这样的情形，一个网友发帖说：

“公司是小公司，工人缺少，每到生产旺季，就让管理人员出来帮忙，也就是给公司干活，但是没有加班费和任何报酬，甚至连一句奖励的话都没有。因为公司老板文化很低，他认为这是团队凝聚力的表现，大家都要给公司作贡献。年终考核作为参考，我就不愿意干这样的工作，大家说这样的工作应不应该做?”

其实，上述情形只是再普通不过的个案罢了。对此情形，笔者曾接触过很多老板，他们认为，要想赢得老板的认可，就必须多做工作分外之事，因为作为管理人员要知道公司的任何业务细节。

对于很多职场人士来说，老板总让你做分外的事，的确是一个头痛的问题：“老板总让你做分外的事，你干不干?”

答案当然是“干”。因为“做任何工作分外之事”的工作态度能让你在竞争中脱颖而出。你的老板因为看重你、信赖你，从而把更多的机会给你。在实际工作中，我们应该多做一些分外的工作，说不定这些额外的付出就是你走向成功的开始。但遗憾的是，大部分人都觉得只要尽职尽责完成老板分配的任务就可以了，尤其是对于那些刚刚踏入社会的年轻人来说更是如此。

赵强在一家公司做策划文案，有一天下班的时候，公司有十分紧急的事，要发通告信给所有的营业处，所以需要抽调一些员工协助。

当部门主管安排赵强去帮忙套信封时，赵强不高兴地说：“现在下班了，又是我分外的事，我不做。这是我的自由时间，又不给加班费。”

听了这话，主管气坏了，但他没有说什么，而是把这件事报告了老板。

第二天，老板找了个借口便将赵强辞退了。

赵强就这样失去了工作。他的错误就是太计较个人得失，不愿多付出一点，不愿多干一点分外的工作。

在竞争激烈的职场，只是全力以赴、尽心尽力做好本职工作是不够的，还应该在自己的分内工作之外多做一点，比别人期待的更多一些，这样才可以吸引更多的关注，给自己的提升开辟更多的道路。

相反，如果员工每次在被老板要求加班时都发出这样的怨言：“下班了，我就应该有做我想做事情的自由，为什么还要侵犯我的自由权利”、“加班就一定要给加班费，不给报酬，凭什么让我给你多干活儿”……

可能读者会有这样的疑问——员工下班后，是否还有继续工作的义务呢？下班了之后如果还要工作，那么下班还有什么意义呢？

这看起来似乎是一个答案非常明显的问题，其实，这并不简单。因为在很多公司中，很多老板会把加班作为一个考核和提拔员工的环节来使用。因此，如果员工要想得到老板重用、被提拔、获得高薪，就必须改变上述那种“下班了，我就应该有做我想做的事情的自由，为什么还要侵犯我的自由权利”等观念！

也许读者认为，作为公司的员工，没有义务去做自己职责范围以外的事，但是员工可以选择自愿去做，以驱策自己快速成长，迈向成功。因为不管是上班时还是下班后，只要公司要完成应急的订单，那么就没有分内和分外工作。如果员工想让自己从众多同事中脱颖而出，就应该主动“加班”！这样才能赢得更多的机会。我们来看看下面这个案例。

卡洛·道尼斯是世界知名的投资顾问专家，他最初为杜兰特工作时，职务很低，现在已成为杜兰特的左膀右臂，担任其下属一家公司的总裁。卡洛·道尼斯之所以能如此快速升迁，秘密就在于无论是上班时还是下班后都没有分内和分外工作。

在为杜兰特工作之初，卡洛·道尼斯就注意到，每天下班后，所有的人都回家了，杜兰特仍然会留在办公室里继续工作，并且每天都工作到很晚。因此，卡洛·道尼斯决定下班后也留在办公室里。

当然，并没有人要求卡洛·道尼斯这样做，但卡洛·道尼斯认为自己应该留下来，在杜兰特需要时，为杜兰特提供一些帮助。

在工作时，杜兰特经常找文件、打印材料，最初这些工作都是杜兰特自己亲自来做。

很快，杜兰特就发现卡洛·道尼斯随时在等待他的召唤，并且逐渐养成了招呼卡洛·道尼斯的习惯……

杜兰特先生为什么会养成召唤卡洛·道尼斯先生的习惯呢？因为卡洛·道尼斯主动留在办公室加班，使杜兰特先生随时可以看到他，并且诚心诚意为他服务。

这样做，卡洛·道尼斯获得额外的报酬了吗？没有。但是，卡洛·道尼斯获得了更多的晋升机会，使自己赢得老板的关注，最终获得了提升。

在本案例中，卡洛·道尼斯这种不局限于做自己分内工作的态度，得到了杜兰特的肯定并受到重用。因此，别局限于做自己分内事，做一些分外事，也许会占用你休息时间，但是你的行为会使你赢得良好声誉，并增加他人对你的赏识。

相反，如果卡洛·道尼斯不主动留下来加班，像中国很多企业中很多老板要求员工加班时尽量以“这不是我分内的工作”为由来逃避加班，那么卡洛·道尼斯也不可能被提拔得那么快。当老板要求加班时，应该像卡洛·道尼斯一样主动加班；当额外的工作分配到你头上时，你不妨视之为一种机遇。当你主动加班时，别以为没有人会注意到，其实老板正在考察员工们对加班的态度。

习惯于抱怨加班的员工，很有必要明白这样的道理：在工作中并不是多做一件事或多帮别人干一点儿活就是吃亏。如果领导让你加加班、赶赶任务，你别以为自己吃了大亏，反而应该感到庆幸，因为上司或者老板只叫了你，而没叫其他人，说明上司或者老板信任你、赏识你。俗话说：“吃亏是福。”“吃亏”是一种贡献精神，你贡献得越多，得到的回报也就越多。乐于加班，就是这样的一种“吃亏”。

四、加班不是为别人，而是为自己

如前所述，加班是很多员工不可避免的事情，特别是许多大学毕业生刚进入职场，对他们来说，加班就是其入门的第一课。

对于加班这个问题，每一家公司的要求都不一样。有些公司似乎就有一个不成文的规定，老板从来是加班到深夜的。当然，让员工也加班就成为其理所当然的一件事情。因此，当员工进入老板经常加班的这类型公司后，就必须接受加班这一现实。

在公司经常都会考验你，明明马上就要下班了，老板突然走过来扔给你一项工作任务，然后告诉你明天早上之前必须完成。这时，你所能做的就是留下来继续工作，不管到几点。当你遇上这种情况时，切忌在上司或者老板交任务的时候给他们脸色，或者表现出很不好的态度。

面对这样的事情，你必须加以重视，特别是上司或者老板点名要你留下来加班的时候，在此刻你必须明白，尽管加班是一件苦差事，但是你必须要端正自己的心态，学会自我调整。

当然，你也应当认识到，既然上司或者老板亲自点名要你留下来，肯定有着更重大的意义，至少上司或者老板可能是非常重视培养你的。让你多做点事情，多承担点工作，对你的历练以及经验的积累都非常有益。我们来看看下面这个案例。

戈登·沃森和哥哥米尔顿·沃森从阿拉斯加州来到美国旧金山，在码头上的一个仓库里给人家缝补篷布，月薪200美元。

尽管是缝补篷布，但是戈登·沃森没有看轻这份工作，做的活儿也精细，当看到满地丢弃的线头碎布时，戈登·沃森也会随手拾起来，留做备用，好像这个公司是他自己开的一样。

一天夜里，天下起了暴雨，戈登·沃森从床上爬起来，拿起手电筒就冲到大雨中。哥哥米尔顿·沃森劝不住他，骂他是个笨蛋。

在露天仓库里，戈登·沃森察看了一个又一个货堆，加固被掀起的篷布。这时候老板正好开车过来，只见戈登·沃森已经成了一个水人儿。

当老板看到货物完好无损时，当场表示给戈登·沃森加薪。

戈登·沃森说：“不用了，我只是看看我缝补的篷布结不结实，而且，我就住在仓库旁，顺便看看货物只不过是举手之劳。”

老板见戈登·沃森如此诚实，如此有责任心，就让戈登·沃森到自己的另一家公司当经理。

公司刚开张，需要招聘几个文化程度较高的大学毕业生当业务员。戈登·沃森的哥哥米尔顿·沃森跑来，说：“给我弄个好差干干。”

戈登·沃森深知哥哥米尔顿·沃森的个性，就说：“你不行。”

哥哥米尔顿·沃森说：“看大门也不行吗?”

戈登·沃森说：“不行，因为你不会把活儿当成自己家的事干。”

哥哥米尔顿·沃森说他：“真傻，这又不是你自己的公司!”

临走时，哥哥说：“戈登，你真没良心，我从阿拉斯加把你带出来，你就这样对我。”

不料戈登·沃森却说：“只有把公司当成是自己开的公司，才能把事情干好，才算有良心。”

几年后，戈登·沃森成了这家公司的总裁，年薪100万美元，他哥哥米尔顿·沃森却依然在码头上替人缝补篷布，月薪仍然是200美元。

弟弟戈登·沃森和哥哥米尔顿·沃森同时离开家乡，也同时在一家仓库缝补篷布，为什么弟弟戈登·沃森被公司老板提拔为总裁，而哥哥米尔顿·沃森却还在码头上替人缝补篷布，这种截然不同的结果说明了什么呢?

在我的很多公开课中，都把这个案例让前来培训的学员分析。有的学员认为，弟弟戈登·沃森加班不是为了别人，而是为了自己。也有学员认为，哥哥米尔顿·沃森只不过是一个“按钮式”员工，不被提拔也是情理之中的事情。

不难看出，在本案例中，弟弟戈登·沃森成为该公司总裁是必然的，因为戈登·沃森主动加班维护公司的财产，相信任何一个老板都会提拔这样的员工。也警示中国的企业员工该向弟弟戈登·沃森学习，当你成为一家企业的一分子时，就永远不要抱怨加班，因为公司就是你的家。只有拥有了一种把自己当做公司主人的心态，你才会备受重用。

对一名合格的员工来讲，你不是在为别人工作，而是在为你自己工作。当你无论是上班时还是下班后，都把公司的事当成自己的事，你将会越来越出色，越来越受到企业的关注、重视和重用，所以，加班不是为别人加班，而是为自己加班。

第二部分

DI ER BU FEN

要问你为公司做了什么

第八章

你百分百地忠诚于公司吗

一、忠诚本身就是一种能力

在很多场合下，很多老板或者主管经理都在强调员工要忠诚，但是经过我们的研究发现，他们在培训的过程中对“忠诚”这两个字的理解太过于片面了，认为忠诚就是效忠于组织就完事了。

其实，这是对忠诚的一种误读，因为忠诚不仅是一种品质、一种精神，更是一种能力、一种承诺、一种敬业。

可能有读者认为这是在小题大做，其实是在纠正很多组织在培训中传递给员工的错误信息，对于任何一个员工而言，忠诚本身就是一种能力，是任何一个员工其他能力的统帅和核心，因为一个人如果一旦缺乏忠诚，那么他的能力也就相应地失去了用武之地。因此，这就是我在此做大篇幅论述的原因，其目的就是通过本书中的透彻分析，让组织的任何一个员工对“忠诚”有更深层次的理解，而且也让其明白忠诚的深层次含义。

对于企业来说，如果所有的员工都缺乏忠诚，那么企业是不可能做强做大的，因为企业的生存和发展都必须依靠忠诚员工的贡献。因此，只有忠诚于自己的企业和领导的员工，才有权利享受企业给自身带来的利益。

众所周知，忠诚是市场竞争中的基本道德原则。如果员工违背忠诚原则，不仅仅是他将受到相应的惩罚，而且相关组织都会因此遭受巨大的经济损失，甚至为之付出惨重的代价。相反，如果员工无论对组织、领导者还是个人都非常忠诚，不仅能得到老板的提拔，而且能为组织作出巨大的贡献，使组织从员工的忠诚中受益。

一般地，员工的忠诚主要表现在忠诚于他们的组织。所谓忠诚所属组织，就是心中始终装着组织，总是把组织的兴衰成败与自己的发展联系在一起，愿意为组织的兴旺发达贡献自己的一份力量。对于任何一个员工来说，都需要依靠组织的业务平台才能发挥自己的才智，组织需要忠诚和有能力的员工，因为组织的业绩要靠忠诚的员工全力创造。

作为一个公司的一名员工，如果能忠诚于你的公司，对工作负责，那么你肯定最容易得到老板提拔。因为由于你的忠诚及兢兢业业的工作，公司才得到了长足的发展，作为老板，最先赏赐的自然就是你。因此，你对公司忠诚，你将会得到领导的赏识，公司也会因为你对公司的忠诚而提拔你，这样你自然就能从众多的竞争者中脱颖而出了。

可以肯定地说，忠诚是职场中最值得重视的美德，每个企业的发展和壮大都离不开一批批忠诚的员工，如果所有的员工对公司都不忠诚，那么这个公司的结局必然是破产，那些不忠诚的员工也自然就会失业。读者可能觉得事态没有那么严重，但是我要告诉你的就是在很多时候，事态要比这严重得多。我们从一个真实的案例开始谈起。

据国外媒体报道，美国马萨诸塞州联邦检察官2008年11月提起指控，称英特尔前工程师比斯瓦默罕·帕尼（Biswamohan Pani）在为AMD工作期间窃取了英特尔价值10亿美元的商业机密。

检察官对帕尼提起了五项罪名的指控，称其在2008年6月为期4天的休假时间里，从英特尔的加州电脑系统中非法下载了十几份机密文件。当时帕尼已经辞职，但尚未从在册员工中除名，在休完未用假期前还能进入英特尔的电脑系统。他向上司谎称将利用假期寻觅一份对冲基金的工作，但实际上已经开始为 AMD 工作。在这几天时间里，帕尼同时是 AMD 和英特尔的在册员工。

检察官称，AMD 对帕尼的行为并不知情，且没有从中受益，但指出按研发成本计算，帕尼下载的信息价值超过 10 亿美元，其中包括微处理器设计方法等细节。这项指控称：“不管雇主是否知情，帕尼都计划在时机来临时拿出这些信息，帮助他在 AMD 或其他公司得到提升。”

帕尼向调查者表示，他无意损害英特尔的利益，并将这些信息给了他的妻子，后者仍就职于英特尔。帕尼的律师拒绝就此置评。

AMD 称，该公司正在协助调查，并发表声明称：“AMD 并未受到任何指控。FBI 已经表示，没有证据表明 AMD 与此事有关或知晓帕尼的非法活动。”

英特尔在全球微处理器市场上占有 80% 的份额，AMD 则占有剩余份额，而芯片设计方法是这两家公司保守最严的商业机密之一。

此前，波士顿地区法庭已经于 2008 年 8 月对帕尼提起了一项罪名的指控，称其有非法窃取商业机密的行为，警方的指控则新加了四项电汇欺诈罪名。如果窃取商业机密的罪名成立，则帕尼可能入狱最多 10 年；如果电汇欺诈罪名成立，则每项罪名可能给他带来最多 20 年的监禁判决。（本案例来源：新浪网，作者：唐风）

在诱惑颇多的今天，人很容易背叛自己的忠诚而出卖别人或公司，而能够守护忠诚就显得更加可贵。坚持自己的忠诚，需要鉴别力，也需要抵抗诱惑的能力，并能经得住考验。当你忠诚于你所在的企业时，你所得到的不仅仅是企业对你更大的信任，还会有更多的收益。你的所作所为会使企图诱惑你的人感觉到你人格的力量。特别是在人才激烈竞争的今天，员工的忠诚更是关系着一个企业的兴衰。一个忠诚的员工，总会受到老板的青睐，进而加以重用，从而成为一名优秀的职业人。相反，如果缺乏忠诚，那么将可能被老板辞退。

深圳有家电子制造企业，非常重视员工的技能培训。几年下来，便拥有一批得力的技工，特别是那些得到技能培训的员工，技能提升非常快，他们也很快成为了该公司的生产骨干。

一时间订单不断，企业规模蒸蒸日上，利润大增。对此，老板欣喜若狂，对这批技工宠爱有加，频频加薪宴请，嘘寒问暖，劳资双方如胶似漆，宛如蜜月情侣。老板颇为得意地说："一手抓金钱，一手抓酒瓶，还怕你们不卖命?"

谁知好景不长，那个毕业于国内某著名大学热能物理专业的技工头目本是老实人，但几年下来满脑子只有钞票、美女，本分的他逐渐变得自私、贪婪，眼珠子整天贼溜溜地转。

有一次，和老板酒酣耳熟之际竟萌生了歪念："我有一批骨干，老板没我不行，何不敲他一杠?"

开始时借酒意暗示，果然得手；继而便公开讲数，得寸进尺，私欲一发不可收拾。稍不遂意便带头怠工，再以集体跳槽相威胁，最后竟然在外商验货之际做了手脚，使企业损失惨重。老板怒不可遏，把这批技工全部炒掉，企业也因此元气大伤。

从上述案例中我们得出一个结论，那就是只有所有的员工对企业忠诚，才能发挥出团队力量，才能拧成一股绳，从而更好地推动企业的发展。

同样，一个职员，只有具备了忠诚的品质，才能取得事业的成功。如果员工能忠诚地对待工作，就能赢得老板的信赖，从而才有晋升的机会，并被委以重任。对于忠诚这个问题，联想创始人柳传志在接受媒体采访时重点强调："没有任何一家公司有权利永远生存下去，只有通过员工对公司忠诚的塑造和不懈地努力奋斗，才能够争取。"

从柳传志的话中可以看出，对老板忠诚就是对公司忠诚，也是对自己忠诚。一个没有忠诚感的员工不但不会得到老板的信任与重用，反而因为人格与品质的缺陷，在社会上也很难找到自己的立足之地。我们来看看这个在马耳他流传非常广泛的有关忠诚的古老故事，内容大概是这样的：

一位古罗马王子约翰·斯特在路过一家住户时看到他的一个仆人正紧紧地抱着一双拖鞋睡觉，约翰·斯特上去试图把那双拖鞋拽出来，却把仆人惊醒了。

这件事给约翰·斯特留下了很深的印象，约翰·斯特立即得出了结论：对小事都如此小心的人一定很忠诚，可以委以重任。

所以约翰·斯特便把那个仆人升为自己的贴身侍卫，结果证明约翰·斯特的判断是正确的。那个年轻人很快升到了事务处，又一步一步当上了古罗马的军队司令。

最后他的美名传遍了整个古罗马。这个仆人就是著名的古罗马大将军马修斯。

在战场上，忠诚是认可命令的前提条件，只有大家齐心合力才能战胜一切对手。同样，在职场上，忠诚的人才能在组织中采取对主体的认可、将直接影响主体目标的实现；而组织目标的实现，又要靠每个员工去完成。因此，组织必须保证每个员工的行为与组织目标的一致性，才能保证预期结果的实现。从上述两个案例中，我们不难看到，忠诚是职场中最值得重视的美德。

二、忠诚是世界500强选人的第一标准

在世界500强企业中，人力资源部总监在招聘时，不仅看重员工个人的能力，而且更看重员工个人的品质，而品质中最关键的就是这个员工对企业的忠诚度。所谓员工忠诚度是员工对企业的忠诚程度，它是一个量化的概念。忠诚度是员工行为忠诚与态度忠诚的有机统一。行为忠诚是态度忠诚的基础和前提，态度忠诚是行为忠诚的深化和延伸。

为什么世界500企业职员的忠诚度最高？究其原因就是世界500强企

业把忠诚作为一个合格员工的标准。研究发现，在世界500强企业，员工对企业的忠诚度是企业管理好坏的重要指标，更是关系到企业能否顺利发展的大事。

事实上，企业并不缺乏有能力的员工，那种既有能力又忠诚的员工才是每一个企业渴求的理想人才。人们宁愿信任一个能力差一些却足够忠诚敬业的员工，而不愿重用一个朝三暮四、视忠诚为无物的“天才”员工，哪怕这个员工能力非凡。

不管你的能力如何，只要你真正表现出对公司足够的忠诚，你就能赢得老板的信赖。老板也会乐意在你身上投资，给你培训的机会，提高你的技能，因为他认为你是值得他信赖和培养的员工。因为任何老板都不会容忍下属对其不忠，如果为了一己之私不惜牺牲公司的利益，终究会被淘汰。如果你是老板，相信你也肯定会这样做。这一点，在霍尔电子公司的高级工程师莱蒙·卡萨德苏斯·马萨内尔身上得到了最好的体现。

当时，霍尔电子公司正面临赫赫有名的西门子公司的挤压，处境非常艰难。

有一天，西门子电子公司的技术部经理邀请莱蒙·卡萨德苏斯·马萨内尔共进晚餐。

在饭桌上，这位经理对莱蒙·卡萨德苏斯·马萨内尔说：“只要你把公司里最新产品的数据资料给我，我就会给你一个出乎意料的回报，怎么样?”

一向温和的莱蒙·卡萨德苏斯·马萨内尔听到经理的话后非常生气地说：“请你不要再这样说！我的公司虽然效益不好，处境艰难，但我绝不会出卖我的人格做这种事，我不会答应你的任何要求。”

“对不起。”这位经理不但没生气，反而颇为欣赏地拍拍莱蒙·卡萨德苏斯·马萨内尔的肩膀说，“这事当我没说过。来，干杯!”

过了一段时间，霍尔电子公司终因经营不善而破产。莱蒙·卡萨德苏斯·马萨内尔也因此而失业了。

没过几天，莱蒙·卡萨德苏斯·马萨内尔突然接到西门子公司总裁维尔纳·西门子的信件，让他去一趟总裁办公室。

莱蒙·卡萨德苏斯·马萨内尔疑惑地来到西门子公司，出乎意料的是，总裁维尔纳·西门子热情地接待了他，并且拿出一张非常漂亮的聘书——聘请莱蒙·卡萨德苏斯·马萨内尔去公司做技术部经理。

莱蒙·卡萨德苏斯·马萨内尔惊呆了，喃喃地问："我没有给贵公司投递过简历，你为什么这样相信我能胜任这份工作呢?"

维尔纳·西门子微笑着说："原来的技术部经理退休了，他向我说起了那件事并特别推荐了你。年轻人，你的技术水平是出了名的，你对工作的忠诚更让我佩服，像你这样的人，任何一个企业都会欢迎的。"

莱蒙·卡萨德苏斯·马萨内尔一下子醒悟过来，这就是忠诚的回报。如果当时莱蒙·卡萨德苏斯·马萨内尔没有拒绝西门子公司技术部经理的诱惑，那么，后来的好机会是不可能降临到他头上的。

对老板忠诚并不是口头上的，而是要用努力工作的实际行动来体现。一个不为诱惑所动、能够经得住考验的员工，不仅不会让他失去机会，相反会让他赢得机会，他还能赢得别人对他的尊重。因此，我们除了做好分内的事情之外，还应该表现出对老板事业兴旺和成功的兴趣，不管老板在不在身边，都要像对待自己的东西一样照看好老板的设备和财产。如果老板不在，员工更应该摆正自己的心态和位置，更应该秉持一贯的敬业与忠诚，绝不可因为脱离了老板的监督而放任自流，否则企业的生存都可能存在重大问题，更不要说做大做强了。

方成丝钉厂是中部省份的一个县办集体所有制企业，20 世纪 70 年代，工厂的业务特别红火。虽然那时还是计划经济，各种原材料都要依靠计划指标才能购置，但它的产品却远销全国各地。

到 20 世纪 80 年代，东南沿海地区开始在计划之外做市场，这种类似于丝钉的产品没有多少技术含量，逐渐被沿海地区价格更便宜、质量更好的产品所替代。

产品滞销，工厂的日子当然越来越不好过，慢慢地开始只能发70%的工资，有时甚至连70%的工资也不能保证按时发放。

很多员工对此很是不满，有的开始在下班的时候往工具包里装钉子，然后到集市上低价倒卖。时间长了工厂越发亏损。

为防止工人下班偷钉子，工厂曾经在大门口安放了大型吸铁石和报警器，搞得人人自危。结果可想而知，工厂最后还是垮了。

垮掉的结果是什么呢？除了有点技术的年轻人离开了工厂，绝大多数的工人从此再也找不到工作。

其实，本案例非常具有代表性，特别是在20世纪八九十年代，像这样倒闭的企业有上万家之多。事实上，工厂之所以倒闭，缺乏产权约束是一个重要的原因，因为那毕竟是一个集体所有制企业，没有真正的老板。因此，没有对工厂的生死存亡负责的人。但是，如果从员工的角度看，无论如何，这是自己赖以生存的地方，没有了工厂，自己也就失去了劳动的场所，失去了创造价值的地方，失去了工资的来源，苦的还是自己。

三、忠诚已经成为人才的第一竞争力

在企业家论坛上，一些企业家被问及员工忠诚时，却让很多企业家又爱又恨。主要体现在以下两个部分：第一，忠诚的员工能够无怨无悔地为企业创造出最大的价值，而他们从来不会向企业索取额外的回报。于是，在这个尊崇人力资本的竞争社会中，“人企合一、无为而治”成了企业家们追求的最高境界。第二，企业为了培养员工的忠诚，不惜采取种种措施，但到头来，员工似乎依然对企业毫不眷恋，见异思迁，企业往往是“赔了夫人又折兵”。

对老板而言，公司的生存和发展需要员工的忠诚。现在的公司已经完全不同于原来的工厂，许多公司都是老板辛苦创办的，老板投入了大量的资金，目的就是要赚取更多的利润，同时也承担着难以收回投资甚至破产的风险。但是，老板的利润是由员工创造的。所以，老板只有首先支付员工的工资、保险和奖金，才能获得剩余的利润。

为了自己的利益，每个创办公司的老板都会尽可能留用那些对公司忠诚的员工。这是因为，即使老板不在的时候，他们也一样努力工作，为公司服务，把公司作为自己施展才华的平台。对此，一个优秀的员工必须深刻地意识到，只有将自己的利益和公司的利益保持一致，全力以赴，努力工作，才能用创造出来的成绩赢得老板的信任。因此，无论是谁，当忠诚和能力在其身上高度统一时，就可以创造出克敌制胜的奇迹，特别是当公司面临危难的时候，能和老板同舟共济。

忠诚是一个合格员工必备的条件。如果一个人在工作中能处处替公司考虑，随时随地都能为公司想出一些建设性的方案来，那他的上司自然会逐渐重视他。没有一个老板不喜欢忠诚可靠的部属，他们时时在观察部属是否可靠。老板对于员工的勤奋程度、做事的成效都知道得一清二楚，任何工作不努力、错误不断的员工都逃不过老板的眼睛。在很多时候，大部分老板对员工的品格也知道得非常详细，他明白谁会寻找机会偷懒，谁习惯在老板面前假装卖力。

当然，对于老板来说，最容易让老板信任的下属，总是认真工作、从不怠惰、忠于职守的那些忠诚的员工。一个员工如果想获得晋升，首先就要忠诚，只有忠诚才能得到老板的信任，只有得到老板的信任，才能获得老板的提拔。因此，对于企业来说，忠诚已经成为企业评估人才的一个标准，特别是在这个人才越来越市场化的今天，人才的竞争已经从过去单纯的技能竞争转向了品德与技能两方面的竞争。

在员工所有品德中，忠诚是排在第一位的。对于任何一个企业来说，都不缺乏有能力的人。可以说，一个忠诚的员工十分难得，一个既忠诚又有能力的员工更是难求。忠诚的员工无论能力大小，管理者都会给予重用，这样的员工走到哪里都有条条大路向他们敞开。相反，能力再强，如果缺乏忠诚，也往往被人拒之门外。

综上所述，忠诚是赢得上司信任的一个重要因素，也是规划职业蓝图的一个原动力。只要自己忠于职守，任何事情都会迎刃而解。确实，有很多人一面在为公司工作，一面又在打着个人的小算盘，一旦公司遇到挫折，就另谋出路去追求自己的利益。对于这样的人，虽然看似他们在职场中有着自己的位置，但只能是暂时的，终究会为自己的不忠诚吞下苦果。

作为一名优秀员工，忠诚于公司，实际上就是忠诚于自己。事实证明，老板不可能去提拔一个他不信任的人。老板所希望的是这样的员工：无论他是否在办公室，都一样努力，一样忠实可靠，甚至在无人监督的情况下，仍然做事格外卖力。那些迅速晋升的人，往往随时随地都会考虑老板的利益，会替老板分担工作，竭尽全力协助老板去实现经营计划。所以，在工作中获得成功的秘诀有三条：一是忠诚；二是随时随地考虑雇主的利益；三是刻苦耐劳，全力以赴。

四、忠诚在很大程度上比能力更重要

如果说智慧和勤奋是金子，那么，比金子更珍贵的就是忠诚。企业看重的不仅是员工的能力，更重要的是品德，而品德中最为核心的就是忠诚。那些既忠诚又能干的人是企业梦寐以求、不可多得的将才，因为企业员工的成功在很大程度上来源于对企业的忠诚。

对此，培训专家撰文指出："一个人缺少能力，可以通过团队协作来弥补；但如果一个人缺少忠诚，则通过任何途径都无法弥补。从这个角度讲，忠诚比能力更重要。"

对于这样的观点，我非常赞同。作为企业管理人员，当一名有 10 分能力 7 分忠诚的员工和一名有 7 分能力 10 分忠诚的员工供选择时，我更偏向于选择后者。因为对于现代企业而言，忠诚已经成了选择人才的第一准则。

如前所述，有学者对世界 500 强企业用人标准做过研究后发现，世界 500 强企业不仅强调个人知识和技能，而且还强调员工的忠诚。可能你是某一领域特别有发言权的人，但是不一定有资格在世界500强企业中拥有一个工作岗位，因为世界500强企业选用人才的第一标准是忠诚。在忠诚和“专家”之间，他们把忠诚排在了第一位。

随着跨国公司进入中国市场，越来越多的企业已经开始通过各种形式测试应聘者的忠诚度，比如问卷调查，心理测验等，如果你被认定是忠诚度不足的人，哪怕你拥有一百个博士学位，拥有一千项成功案例，都可能不会被聘用。因为招聘考官们很清楚，一个不忠诚的人不可能为企业所用；而且，这样的人能力越强，一旦背叛企业，企业遭受的损失可能就会越大。因此，员工对企业的忠诚度是企业管理好坏的重要指标，更是关系到企业能否顺利发展的大事。主要体现为：第一，忠诚永远是企业生存和发展的精神支柱，是企业的生存之本。只有忠诚于自己的企业和领导的员工，才有权利享受企业给自身带来的利益。第二，忠诚是市场竞争中的基本道德原则，违背忠诚原则，无论是个人还是组织都会遭受损失。相反，无论一线的工人，还是高层主管，忠诚都会使其受益。

1996年，A先生在一家企业做顾问工作时，曾经碰到一个叫李强的人，李强见老板刘总很信任A先生，便央求A先生在自己老板面前美言几句，以使老板早日兑现重用李强的诺言。

“我进公司时，刘总答应聘我做公司的技术总监，可刘总一直都没有兑现，只是说正在考虑，你看，都考虑一年多了，还没有一点动静。”李强向A先生诉苦说。

A先生想，老板既然许下了诺言，就应该兑现，不兑现也该说明原因，一定是刘总做得不对了。于是，A先生找了一个恰当的机会专门和刘总谈起了这件事。

“这个人我不敢重用。”刘总说。

“为什么呢?”

“你知道这个人是怎么来我公司的吗？他原来在另一家公司工作，那家公司曾经是我们最大的竞争对手。有一天，李强约我见面，说他掌握了那家公司全部的技术秘密，如果我肯高薪聘用他，他愿意将那些技术秘密奉献给我。那时候，我一直找不到和那家公司抗衡的办法，倒是那家公司经常让我们喘不过气来，商人的本性让我不够光明磊落，我答应了李强的条件，给了他高薪，但重用的事，一直不敢兑现。”刘总说。

“你的意思是说，如果重用他，他掌握了你的秘密之后，也可能出卖你，对吗？”A先生说。

“是啊，他是一个不够忠诚的人，一个卖主求荣的人！原来那家公司对他很不错，他出卖了老板，使得那家公司一蹶不振，有了第一次，肯定会有第二次，重用他的话，下一个受害的可能就是我啊！”刘总说，“我非但不肯重用他，还准备辞退他，但在做好准备之前，我不能让他知道，谁能保证他在得不到他想要的东西时会怎样疯狂地搞破坏呢？”

听了刘总的话，A先生也知道自己帮不了李强了。

其实，李强的能力还是很强的，为什么李总不重用他呢？缘由就在李强自己身上，因为李强拿着公司的商业机密作为加盟新公司的条件，这是对公司的背叛。对于职场人士而言，忠诚是一种传统的美德，更是做人的基本道德素质之一。在市场经济大潮中，市场经济竞争的战场虽无硝烟弥漫，但却异常炽热，在这场没有刀光剑影但却旷日持久的战役中，忠诚最能考验一个人，也最能成就一个人。

当然，对于任何一个职场人士而言，不管能力如何，只要真正表现出对公司足够的忠诚，就能赢得老板的信任。老板也会乐意给你培训的机会，提高你的技能，因为老板认为你是值得他信赖和培养的员工。任何一个老板都不会容忍下属对其不忠，如果为了一己之私不惜牺牲公司的利益，终究会被淘汰。在诱惑颇多的今天，人很容易背叛自己的忠诚，而能够守护忠诚的人就显得更加珍贵。要想赢得老板的提拔，忠诚是一个必需的硬素质。

五、忠诚是职场最为重要的品质

美国《哈佛商业评论》对世界500强的1500名高级经理做过一个最喜欢提拔“A. 能力超强，不服从管理；B. 忠诚，服从管理；C. 创新能力强，缺乏沟通能力”的测试，结果显示，1455名高级经理选择了“忠诚，服从管理”的员工。

从这个结果来看，忠诚的员工是赢得老板认可的一个重要方面，也是从众多员工中脱颖而出的一个重要手段。因此，员工只有具备了忠诚的品质，才能取得事业的成功。

尼利里斯·布鲁伯根是德国的一名犹太族工程技术人员，因为纳粹德国大肆屠杀犹太人而不远千里来到美国，希望在美国这块土地上能够安身立命，并且找到自己的梦想。

但举目无亲的尼利里斯·布鲁伯根根本无法立足，只得到处流浪。最后尼利里斯·布鲁伯根幸运地被位于底特律市郊的一家小工厂老板录用，聘用他担任生产机器马达的技术人员。

尼利里斯·布鲁伯根是一个对工作极其严谨而富有钻研精神的人，很快他便掌握了马达的核心技术。

1940年，美国福特公司有一台马达坏了，公司所有的工程技术人员都未能修好。正在焦急万分的时候，有人推荐了尼利里斯·布鲁伯根，福特公司就派人来请他。

尼利里斯·布鲁伯根来了之后，什么也没有做，只是要了一张席子铺在电机旁，聚精会神地听了20分钟，然后又要了梯子，爬上爬下忙了多时，最后尼利里斯·布鲁伯根在电机的一个部位用粉笔画了一道线，写上“这儿的线圈多绕了16圈”几个字。

福特公司的技术人员按照尼利里斯·布鲁伯根的建议，拆开电机把多余的16圈线取走，再开机，电机正常运转了。

福特公司的总裁亨利·福特先生得知后，对这位德国技术员十分欣赏，先是给了尼利里斯·布鲁伯根1万美元的酬金，然后又亲自邀请尼利里斯·布鲁伯根加盟福特公司。但是尼利里斯·布鲁伯根却对福特说，他不能离开那家小工厂，因为那家小工厂的老板在他最困难的时候帮助了他，他要与小工厂共荣辱。

福特先生先是觉得遗憾万分，继而又感慨不已。福特公司在美国是实力雄厚的大公司，人们都以进福特公司为荣，而尼利里斯·布鲁伯根却因为忠诚而舍弃如此好的机会。

不久，福特先生做出了一个决定，收购尼利里斯·布鲁伯根所在的那家小工厂。

董事会的成员都觉得不可思议：这样一家小工厂怎么会进入福特先生的视野？

福特先生说：“人才难得，忠诚更难得，因为那里有尼利里斯·布鲁伯根。”

的确，尼利里斯·布鲁伯根得到了老板亨利·福特的赏识，为了得到尼利里斯·布鲁伯根这个人才，亨利·福特不惜买下那个小工厂。是什么原因促使亨利·福特买下这个工厂呢？源于尼利里斯·布鲁伯根的忠诚。

从上述这个案例中我们不难看到，忠诚是职场中最应值得重视的美德，也是赢得老板提拔的一个重要因素。任何一家企业的发展和壮大都是靠员工的忠诚来维持的，同样，一个员工也只有具备了忠诚的品质才能受到老板的器重，最终取得事业上的成功，尼利里斯·布鲁伯根的成功就说明了这一点。

事实证明，在任何一家企业，没有任何一个员工会因为自己的责任和忠诚遭到老板的批评或者责难。相反，员工会因为忠诚的表现而得到老板的提拔。

第九章 你每时每刻都想着为公司创造业绩吗

一、把为公司创造财富当做神圣的天职

对于任何一个员工而言，要想得到老板的赏识，就必须能够创造业绩，因为公司要想生存和发展就必须依靠员工创造业绩，员工创造业绩的重要性也就不言而喻。

事实上，作为一名企业员工，不管学历有多高，不管工作年限有多长，不管曾经付出了多少心血，只要你拿不出让老板期望的业绩，那么你就有可能被老板辞退。我们来看看下面这个案例。

李洁不明白为什么无论在哪个公司、从事哪一份工作，每当年底考核时，自己都会成为被炒鱿鱼的那个倒霉蛋。陈俞倩、张燕和自己学历相当，而且都是同一批进入公司的，她们现在都有了不错的业绩，而且在新的一年里都有望得到进一步的提升。

回首这一年自己的成果确实有些恼人，整整一年，李洁都没接到什么大订单，也许这是整个行业都不景气的缘故。可是陈俞倩的客户资源却依然丰富，她似乎整天都忙着和客户谈判。张燕虽然不像陈俞倩那样有丰富的客户资源，但是她也没让自己闲着，她的业务能力一直令李洁羡慕不已，即使是最糟糕的去年也有好几笔大订单进账。

李洁找到了业务主管，希望主管再给她一次机会，她觉得主管并不是一个苛刻的人。

主管正在办公室里看文件，李洁敲门之后进去了。刚刚坐下，主管就接听了一个电话，是公司总部打来的，李洁听到电话的另一端正在向主管下达解聘自己的命令，而主管则竭力向对方证明李洁是个不错的员工，对方沉默了一会儿，然后说道："我们也相信她不错，但是她可能并不适合在我们公司待下去，因为她一直没有像其他员工一样用业绩证明自己的优秀。我也没有办法，她必须离开，因为公司要发展，不能让任何人拖后腿。"

还能说什么呢？李洁只有黯然离开公司了。

在本案例中，李洁或许是一个好员工，但是在如今竞争如此激烈的情况下，员工要想得到老板的重用，就必须为公司创造更多的价值，使得企业能够很好地生存和发展，以至做强做大。要实现这目的，就得依靠员工的业绩。

事实证明，要想创造更好的公司业绩，员工就必须处处为公司着想，想尽一切办法来为公司创造价值，而要做到这一点，关键就是敬业地工作。

众所周知，在这个以业绩为主要竞争力的时代，没有能力改善公司业绩，或者不能出色地完成本职工作的员工，是没有资格要求企业给予回馈的，因为这种人恰好是公司打算"去掉"的人选。相反，如果员工能为公司创造业绩，能够解决公司的发展困境，那么这样的员工肯定会受到公司的重用。在这里，我们从一则媒体的报道来分析。

企业的生存发展离不开人才，而创新型人才更是企业的宝贵财富。赵文生正是这样一位将自己的平生所学与生产实际相结合，为企业创造经济效益，让人钦佩的优秀女性。

赵文生毕业于上海建材学院，科班出身的她，长期坚持学习，过硬的理论功底，丰富的实践经验，使她成为西山水泥厂核心工艺人才队伍中的一员。天道酬勤，1999 年，她无可争议地被任命为该厂化验室的一名主管工程师。

熟悉水泥行业的人都知道，化验室是水泥厂的“眼睛”，它不仅控制着水泥产品的质量，而且控制着水泥产品的成本。作为西山水泥厂化验室的主管工程师，赵文生自然肩挑两担，为使企业能够以较低成本生产出较高质量的水泥产品，她扎根一线，悉心钻研，硕果不断。

2006 年，经过粉尘治理和技术改造，西山水泥厂新型干法水泥生产线投入运行，工艺技术堪称一流，生产能力大幅度提高。然而，由于历史欠账和资金等问题，该厂矿山资源未能实现分层开采，现有工艺开采出的原料品质较差，不能很好满足熟料的煅烧要求。要大幅度提升原料品位，该厂将背负巨大经济负担，成本增加，市场竞争力减弱。当务之急，必须根据原料的现实情况，尽快拿出可行配料方案。原料成分送到了合肥水泥设计院，得到的答案却是否定的，期盼的目光落到了赵文生的肩上。时间就是效益，要使新生产线尽快产生效益，必须尽快掌握驾驭新工艺的规律。职务就是责任，责任重于泰山。接到任务后，赵文生便马不停蹄地行动起来。在抓住生产现场和检验数据两个环节问题的同时，她打破常规，加大工作量。为了能够及时掌握熟料煅烧情况以及工艺中窑体内出现的结蛋、结皮等问题，她在生产现场一待就是十几个小时；为了能够及时掌握检验数据，并准确调控工艺参数，从制备车间到烧成车间，从烧成车间再到化验室，她一天要跑十几趟。十几天下来，在系统掌握工艺环节和大量数据的情况下，赵文生形成了清晰的思路，配料方案调整与煅烧工艺参数调整双管齐下，一个方案成功后，再针对发现的问题，提出下一步的调整方案。在体重减轻十几斤后，赵文生最终攻克了工艺难题，新生产线生产出的熟料质量逐步稳定并不断提高。

思路决定出路。对于水泥厂而言，要取得经济效益，一靠提高产品质量，二靠降低生产成本。

围绕产品质量这一主题，近年来，赵文生结合企业实际和市场状况，先后完成了“普硅425R型水泥的试制生产”、“混凝土搅拌中水泥产品与外加剂的相容”等课题的试验研究。普硅425R型水泥试生产后，因该种水泥早期强度高、凝结时间短、黏结性能好、反弹率小而受到集团各矿井单位的青睐，取代了原有的邯郸水泥，完全实现了集团井下锚喷水泥的内部自给。而水泥产品与外加剂相容性问题的解决，又使“西山牌”水泥得到了众多混凝土厂商的认可，使西山水泥厂在竞争激烈的散装水泥市场占有了一席之地。2006年，该厂销售散装水泥45000余吨，占到总量的20%。

围绕生产成本这一主题，在矿渣原料供应紧张、价格提升的关键时期，赵文生又提出了“利用石灰石代替部分矿渣生产矿渣硅酸盐水泥”、“利用矸石代替部分矿渣生产矿渣硅酸盐水泥和普通硅酸盐水泥”的工艺思路，并完成了“利用电厂废渣代替部分矿渣生产矿渣硅酸盐水泥”的试验研究。值得一提的是，电厂废渣的利用，使水泥厂“吃掉”了白家庄矸石电厂排放的全部废渣。2006年，西山水泥厂消化白家庄矸石电厂废渣3.8万吨，比全部用矿渣做原料生产水泥节约成本162万元。

为什么赵文生能在工作中解决诸多工艺技术难题？因为她是一个敬业的女性。正是由于她的敬业，使她能够在工作中开拓创新；正是由于她的开拓创新，使她实现了自己的价值，为企业创造了财富。（本案例来源：山西焦煤集团有限责任公司官网，作者：任亮）

从本报道中我们不难看出，女职工赵文生是集团公司建功立业的标兵，为企业创造了财富，以极佳的工作业绩赢得企业的尊重和认同。

其实，像赵文生这样的女职工还有很多，因为在这个以“业绩至上”的今天，有些企业把“业绩”放在员工的品质之后，也就是说，为企业创造业绩才是合格员工的显著标志，没有为企业创造业绩，即使再聪明的员工也一样被企业辞退。

在很多企业中，因为员工没有创造业绩而辞退的事情经常发生。对于企业员工而言，必须要明白——公司作为一个经营实体，必须靠利润去维持发展，如果企业要想生存和发展，员工就必须创造业绩，否则一切都是无稽之谈。因此，在企业的发展中往往需要每个员工贡献自己的力量和才智创造业绩。

事实上，公司是员工创造业绩的战场，也是显示自己才能的“用武之地”，如果能为企业创造较好的业绩，你就是这个企业的功臣。相反，如果你没有为企业做出业绩，迟早是一枚被企业弃用的毫无价值的棋子。

二、良好的业绩是一名优秀员工的具体体现

众所周知，良好的业绩是一名优秀员工的具体体现，也是公司发展急切需要的资源。对此，戴尔·卡耐基曾经说过：“一个不能给他人带来财富的人，自己也无法获得财富。你必须持续地为他人创造价值。”

俗话说：“多劳多得，少劳少得，不劳不得。”对于职场来说，这个道理同样适用。在很多时候，老板辞退员工，千万别怪老板“薄情寡义”。一个员工必须把努力创造业绩、为企业带来效益当做神圣的天职和光荣的使命。要吃樱桃先栽树，要想收获先付出。出色的业绩不是你口头上随便说说就能得到的，而是需要你想尽一切办法提升自己的工作业绩。古往今来，没有老板会喜欢一个无用的员工。

小李是一家IT公司的销售部经理。一天，他到一家销售公司联系一款最新的打印设备的销售事宜，因为是一款定位为大众化的新产品，并且厂家即将开展大规模的广告宣传，为争取更大的市场份额，对经销商的让利幅度非常大。小李决定在媒体大量宣传报道之前同一些信誉与关系都比较好的经销商敲定首批订单。

不巧的是，同他一直保持密切业务关系的A公司的老板不在。当他提起即将推出的新产品时，一位负责接待他的员工冷冷地说：“老板不在！

我们可做不了主！”

小李继续把厂家准备如何做该款新设备的宣传，需要经销商如何配合进行渠道开拓的设想向这位接待人员讲解，试图得到他的理解和回应。令小李失望的是，那个接待人员根本不听他的解释，只用非常简单的一句话搪塞：“老板不在！”

小李没有任何办法，只好悻悻地走了出来。他来到有业务联系的B公司。不巧的是，这家公司的老板也不在。虽然很失望，小李还是想试一试，看能否说服接待他的人。

接待他的是一位新来不久的女员工，当得知小李是一家著名IT公司的销售经理时，她马上倒了一杯水给小李，还主动介绍了自己的情况。

小李向她说明了来意，她以自己刚刚学到的营销知识，敏锐地感觉到这是一个不错的商机，不能因为老板不在就让它白白溜走。她主动要求第二天就给他们公司送货，其他具体事宜等老板回来以后再由老板定夺。

结果很清楚，B公司老板虽然不在，由于那位女员工的热情接待，为公司促成了一桩生意，这款产品在整个S市市场上只有该公司一家经营，不到一个月就销售了近5000台，净赚了6万多元。

而后，小李和B公司签订了独家代理协议，而A公司老板听说小李的产品给B公司销售并且还签订独家代理时，当场打电话质问小李为什么给B公司，小李简单地说了一下当天那个接待人员只说“老板不在”，小李还打算把宣传的事情跟那个接待人员沟通，接待人员仍说“老板不在”，A公司老板最终知道了真相，回到公司后找个理由把那个接待小李的员工给辞退了。

在本案例中，A、B两个公司老板都不在办公室，虽然B公司的接待员也做不了主，但是B公司接待员却热情地接洽了小李，为老板来敲定这个合作打下了基础，而A公司的接待员只知道“老板不在”，被老板辞退也是理所当然的。

毋庸置疑，良好的业绩是影响公司快速发展的基础，也是影响公司基业常青的前提条件。当然，一切以业绩为航标，但是也须要求员工忠诚。忠诚是根本，但不是全部。基本与实际之间是有一段距离的，做好了基本的事情并不等于一定就能达到目的。

事实上，职场也是一样，职场当中没有苦劳，只有功劳。经验与资历固然重要，但这并不是衡量能力的标准。如果只讲资历不看能力，就会出现论资排辈的现象。但有的人常常对此熟视无睹，结果害人不利己。因为长江后浪推前浪，有时资历无法代表全部。

你在努力做公司的忠诚员工的同时，还必须拥有令人刮目相看的业绩。效忠公司乃是员工必须做的事，但并不是突出的优点。身在职场，必须懂得“没有苦劳，只有功劳”是公司的生存哲学。资历不是能力，不能靠资历吃饭，否则，职场之路将越走越窄。如果你在工作的每一阶段总能找出更有效率、更经济的办事方法，你就能提升自己在老板心目中的地位，你将会被提拔，会被委以重任。因为出色的业绩，已使你变成一位不可取代的重要人物。所谓“在商言商”，公司不是慈善机构，老板的目的是赢利，使生意越做越大。这是根本。老板雇用你就是为了达到自己的这一目的，要达到这一目的，除忠诚以外，更大程度上需要你做好业务，对公司的发展有价值。俗话说：革命不分先后，功劳却有大小。企业需要的是能够解决问题、勤奋工作的员工，而不是那些曾经作出过一定贡献，现在却跟不上企业发展步伐、自以为是不干活的员工。在一个凭实力说话的年代，讲究能者上庸者下，没有哪个老板愿意拿钱去养无用的闲人。

1993年，路易斯·郭士纳就任IBM公司董事长和首席执行官。这是IBM第一次从本公司员工外挑选一个领导人。而郭士纳出任之际正是IBM亏损惨重、即将分崩离析之时。

郭士纳上任后，他扭亏为盈的措施之一就是裁员。郭士纳在一份备忘录中说出了自己的肺腑之言：“你们中有些人多年效忠公司，到头来反被宣布为‘冗员’，报刊上也登载了一些业绩评分的报道，当然会让你们伤心愤怒。我深切地感到自己是在要大量裁员的痛苦之时上任的，我知道这对大家都是痛苦的，但大家都知道这也是必要的。”

不解雇政策是IBM企业文化的主要支柱，公司创始人托马斯·沃森认为，这样可以让每个员工觉得安全可靠。如今，郭士纳裁员却是动了大手术，辞退了至少35000名员工。

裁员行动结束后，郭士纳对留下来的雇员说：“有些人总是抱怨，自己为公司工作多年，薪水太少了，职位升迁太慢。你必须拿出点成绩让我看看，得给我创造出最大的效益。现在，你是否继续留任，就看你的表现了。”

通过一系列的治理整顿和改革，郭士纳在短短6年中重塑了IBM这个曾是传奇式偶像企业的美好形象，使之走上了重新增长的复兴之路。

路易斯·郭士纳说得很对：“你必须拿出点成绩让我看看，得给我创造出最大的效益。现在，你是否继续留任，就看你的表现了。”其实，这样的警语告诫每一个企业员工，要想不被老板辞退，就必须为企业创造业绩，使自己成为企业的支柱，这样的话，你才会得到重用和提拔。

反观任何一家成功的公司，一个成功老板的背后必定有一群能力卓越、业绩突出的员工。老板心中分数很高的职员，也一定是那些业绩斐然的员工，当然，他们将获得丰厚的奖赏，而业绩差的员工，则随时会有被老板解雇的可能。

三、优秀的业绩才是最重要的

山姆·沃尔顿认为，伟大的领导者和领导者的区别是伟大的领导者能够鼓舞员工的志气，让员工以业绩为中心，然后推动公司的发展。对员工而言，通过一系列财务数据反映出来的工作业绩，最能证明员工的工作能力，显示员工过人的魄力，体现员工的个人价值。

事实表明，既能跟老板同舟共济又业绩斐然的员工，是最令老板倾心的员工。如果你在工作的每一阶段，总能找出更有效率、更经济的办事方法，就能提升自己的在老板心目中的地位。你将会被提拔，会被实际而长远地委以重任。因为出色的业绩，已使你变成一位不可取代的重要人物。如果你仅仅忠诚，总无业绩可言，尽忠一辈子也不会有什么起色，老板想重用也会犹豫，因为他不放心。更进一步讲，受利润的驱使，再有耐心的老板，也绝难容忍一个长期无业绩的员工。所以，抱有“我尽忠职守，不浪费公司资源”观念的员工，是最愚蠢不过的了。届时，即使你忠贞不贰，永不变心，老板也会变心，甘愿舍弃有忠诚无业绩的你，留下忠心且业绩突出的员工。

有一个关于两个苹果的故事。主角贝尔蒙多是巴黎一家大酒店餐饮部的一名小厨师，他没有特长，做不出一道像样的大菜，只能在厨房当下手。他憨憨的，谁都可以说他两句。经济低迷时期，酒店年年要裁去一定比例的员工，照理贝尔蒙多应列榜首，但他会做一道特别的甜点：将两个苹果的果肉放入一个苹果中，使这只苹果显得特别丰满，而从外表上一点也看不出是两个苹果拼成的，果核也巧妙地被去掉了，吃起来特别香。

一次，这道甜点被一名贵夫人发现，贵夫人是该酒店最重要的客人，她长期包租一套酒店最昂贵的套房，她十分喜爱贝尔蒙多的甜点，并接见了他。从此，贵夫人每次来酒店，都不会忘了点那道甜点，所以每次酒店裁员，不起眼的贝尔蒙多总是风平浪静；而他，可爱的贝尔蒙多，也由此成为酒店不可或缺的人。

这时大家才明白，为什么酒店每次裁员的时候，不起眼的贝尔蒙多总是平安无事，因为他是一个能够为酒店创造良好业绩的员工。很多时候，一个人之所以比其他人更有竞争力，不一定是因为他什么都懂，而往往是因为他为企业创造了更多的业绩。

对此，《哈佛商业评论》曾发评论文章指出，一个公司要想长期发展，仅仅依靠员工的忠诚是不够的。因为没有创造业绩的员工，老板的辉煌事业将无法继续。所以，老板看重忠诚，更看重业绩。

一个成功学家曾聘用两名年轻女孩儿当助手，替他拆阅、分类信件，薪水与相关工作的人相同。两个女孩儿均忠心耿耿。但其中一个虽忠心有余，却粗心、懒惰，能力不足，就连分内之事也常不能做好，结果遭解雇。

另外一个女孩儿却常不计报酬地干一些并非自己分内的工作，如替老板给读者回信等。她认真研究成功学家的语言风格，以至于这些回信和老板自己写的一样好，有时甚至更好。她一直坚持这样做，并不在意老板是否注意到自己的努力。终于有一天，成功学家的秘书因故辞职，在挑选合适人选时，老板自然而然地想到了这个女孩儿。

故事并没有结束。这位女孩儿能力如此优秀，引起了更多人的关注，其他公司纷纷提供更好的职位邀请她加盟。为了挽留她，成功学家多次提高她的薪水，与最初当一名普通速记员时相比，已经高出了4倍。尽管如此，做老板的仍深感“物超所值”，其出色的业绩远非提高4倍的薪水所能匹配的。

传统的管理学者认为，忠诚是优秀员工的一个必要条件，但是，在快鱼吃慢鱼的公司竞争中，优秀的业绩才是最重要的，否则其他无从谈起。

总之，你千万不要以为自己的忠诚获得了老板的认可，就有理由保证自己不被列入裁员的名单中。仅靠忠诚获得老板的欢心，只能是短暂的。出色的业绩，对老板才最具诱惑力，才是你立于不败之地的真正王牌。

四、以企业的兴衰成败为己任

要想为企业创造业绩，就必须先把自己定位为企业主人，只有这样，你才能做到像关爱自己一样关爱你所在的企业，从而做到“以企业的兴衰成败为己任”。

可能有读者会问，如何让员工真正做到“以企业的兴衰成败为己任”呢？其实，这个问题很好回答，这就是要求员工拥有主人翁的精神——不仅仅是让自己成为企业的主人，而且让员工自己时刻与公司血肉相连、心灵相通、命运相系，用这样的心态和信念去做好每一件事情。

“做企业的主人，以企业的兴衰成败为己任。”这是《华尔街日报》的记者问通用电气前 CEO 杰克·韦尔奇是什么使通用电气发展快速的原因时，杰克·韦尔奇的一句很值得我们思考和借鉴的名言。

杰克·韦尔奇之所以成功，是因为杰克·韦尔奇有“以企业的兴衰成败为己任”的观念，从而有效地提升了通用电气公司的经营业绩。

以企业的兴衰成败为己任，不仅仅是杰克·韦尔奇的成功心得，更多是提醒在职的员工们如何去开创自己的事业，要实现真正的奉献，必须发扬主人翁精神，要以企业为家，以发展企业为己任，要以企业的利益为重，切不可斤斤计较个人得失。如果企业的员工都真正发扬了奉献精神，我们的事业将出现蓬勃兴旺、如日中天的局面。

可是很遗憾的是，很多公司的员工却不这么认为，更多的表现就是他的意见总是比他真正做出来的事要多得多，而一旦真正叫他负责某项工作时却又推三阻四、借口一堆，不肯担负责任，多付出对他而言是一种个人的损失。

像这样的员工必定被企业给辞退，因为企业要发展不仅需要忠诚的员工，更需要既忠诚又能创造良好业绩的员工，特别是那些“以企业的兴衰成败为己任”的员工。当一个员工“以企业的兴衰成败为己任”的时候，他会以企业发展为思考的方向，他会愿意为企业做出超值的付出，最重要的是他会以企业为荣，真正把企业当成是自己的家、自己的朋友来看待，这跟个人在公司的职位、工资高低、年资等无关，而跟个人的职业操守与自我要求有关。当然，这些职业操守较好的员工必定都能成为公司的栋梁。在很多公司中，“以企业的兴衰成败为己任”只不过是一句非常时髦的标语，许多员工在职场上一直都是抱着“骑驴找马”的心态，先保留好自己的实力和能力，好像很怕自己的能力用错地方，又好像很怕能力会越发挥越少似的，因此对自己的付出斤斤计较，总是希望能够等到他真正找到一个环境，值得他全力以赴时才愿意开始付出。

拥有这样心态的员工，会用“领多少工资做多少事”的心态做事，而且事的多少还是照着自己的标准在走，而不是按照企业的标准在走。企业为员工提供职位，员工应该感谢企业才对，但他们不单不“以企业的兴衰成败为己任”，而且更多员工经常用旁观者的心态去检查企业，检查企业未来是否具有发展性、检查企业所进行的策略、检查企业对待员工的方式。很多员工还会把企业当成是他过渡时期的旅店，过过生活就算了，“对事不认真、对物不珍惜、对人不感恩”，眼中自私的只有自己并积极地找寻下一个工作的机会。对此，我在这里告诫这类员工，站在自己的工作岗位上却不是在做自己应该做的事，不仅得不到什么回报，相反还会影响自己的职业生涯，甚至因为这种习惯为之付出惨重的代价。那么如何才能提高自己的业绩？对此，业内专家撰文指出，以下四种方法值得学习，见下表。

提高业绩的四种方法

(1) 在平时的工作中一步一个脚印地做事，切勿好高骛远	要想不断提高自己的业绩，就要在平时的工作中一步一个脚印地做事，切勿好高骛远，想一口吃个胖子是不可能的。最重要的就是要有一颗竞争心，要敢于跟别人比拼，这样才能在竞争的环境下，不断激励自己向前，争取第一
(2) 要敢于挑战自我	人最大的敌人不是别人，往往是自己。我们要敢于把影响工作的不利因素都去除，最重要的就是要先征服自己，那些总能创造惊人业绩的员工不但与同事比赛，更不断挑战自己，和自己比赛
(3) 制定具有挑战性的奋斗目标，对提高业绩至关重要	目标不明确，会造成工作没有目的地瞎干，养成马虎和应付了事的工作态度。同时，没有目标的激励，工作效率也会降低。只有订立了明确的目标，才能用这个目标来激励自己，才会有全力以赴达成预定的业绩目标的坚强意志，最终成就惊人的业绩
(4) 要多学习新生事物，这样才能永远保持吸取到新鲜血液	已有的能力总是无法应付新生事物的发展变化，因此，及时补充新知识、学习新技术才是取得良好业绩的最好保证

做到以上几点，你很快就会在职场中游刃有余，成为职场“红人”。

“以企业的兴衰成败为己任”不仅仅是一个合格员工的责任，更多的是为自己以后的职业规划考虑。事实证明，大多数优秀的员工都是不满足现状的，更多的是去带领他的团队，创造更多未来的领导人。

当然，也很多只满足现状、不愿意努力的员工，他们只是忙忙碌碌地为生活而奔波，没有太大的作为，这就是普通人跟伟大者的最根本的区别。那些整天想跳槽的见异思迁的员工，不断通过跳槽来增加自己的身价，当企业没有利用价值时或是有更好的机会出现时，就积极地往下一个目标前进，有目的地利用企业。这些员工存在任何企业当中，唯一的目的不是要壮大企业而是要壮大自己，他们不会感恩，认为运用他人的资源是应该的、认为利用别人来壮大自己是应该的、认为透过这样的方式来增加自己的价值是应该的，这是一种可怕的工作心态！但是他们可能不知道，当一个人失去“以企业的兴衰成败为己任”的时候，他们的真正价值也将荡然无存！

第十章

你在犯错误后都敢于承担责任吗

一、任何一份工作都意味着责任

作为一名合格的员工，无论从事何种职业，都应该心中常存责任感，因为任何一份工作都意味着一份沉沉的责任，当我们从事这项工作时就应该担负起这份责任。对此，美国前教育部长威廉·贝内特在接受媒体时强调："工作是需要我们用生命去做的事情。对于工作，我们又怎能去懈怠它、轻视它、践踏它呢？我们需要尽职尽责地去把它做好。"

从威廉·贝内特的话中可以看到，任何时候，我们都不能放弃肩上的责任，不管从事什么工作，我们都需要尽职尽责。因此，对于任何一份工作都必须清醒地意识到自己的责任，并勇敢地承担责任。无论对于自己还是对于社会都是应该的，这是每一个人应尽的义务。

事实证明，没有责任心的领导者绝对不是一名合格的领导者，没有责任心的员工同样也不是一名合格的员工。为什么呢？究其原因就是，从员工接受工作的那一刻开始，员工就必须承担责任，因为只要接受一项工作就要承担相应的责任。

当然，也要时刻在工作中体现自己的责任心，极强的责任心会让员工在工作中更容易取得卓越的成就。在北京华夏圣文管理咨询公司的新员工培训上，我给新员工讲述了下面这个关于责任心的故事。

泰姆·威廉斯和罗德尼·布鲁斯是美国纽约联合快递公司的两名新员工。他们俩是工作搭档，工作一直都非常认真，也都很敬业。

公司总经理罗尼·布莱恩特对这两名新员工十分满意，然而一件事却改变了罗尼·布莱恩特对罗德尼·布鲁斯的看法。

一次，泰姆·威廉斯和罗德尼·布鲁斯负责把一宗邮件送到码头。这个邮件很贵重，是一件中国清代的青花瓷器，罗尼·布莱恩特反复叮嘱他们两个要小心。

没想到，送货车开到半路却坏了。

罗德尼·布鲁斯说："怎么办，你出门之前怎么不把车检查一下，如果不按规定时间送到，我们要被扣奖金的。"

泰姆·威廉斯说："我的力气大，我来背吧，距离码头也没有多远了。而且这条路上的车特别少，等车修好，船就开走了。"

"那好，你来背，你比我强壮。"罗德尼·布鲁斯说。

泰姆·威廉斯背起邮件，一路小跑，终于按照规定的时间赶到了码头。这时，罗德尼·布鲁斯说："我来背吧，你去叫货主。"

罗德尼·布鲁斯心里暗想，如果客户能把这件事告诉总经理，说不定还会给我加薪呢。他只顾想，当泰姆·威廉斯把邮件递给他的时候，罗德尼·布鲁斯却没接住，邮包掉在了地上，"哗啦"一声，青花瓷器碎了。

"你怎么搞的，我没接你就放手。"罗德尼·布鲁斯发疯地大喊。

"你明明伸出手了，我递给你，是你没接住。"泰姆·威廉斯辩解道。

泰姆·威廉斯和罗德尼·布鲁斯都知道，古董打碎了意味着什么。丢了工作不说，可能还要背上沉重的债务。

果然，罗尼·布莱恩特对他们两个进行了严厉批评。

"总经理，不是我的错，是泰姆·威廉斯不小心弄坏的。"罗德尼·布鲁斯趁着泰姆·威廉斯不注意，偷偷来到总经理的办公室对罗尼·布莱恩特说。

罗尼·布莱恩特平静地说："谢谢你，罗德尼，我知道了。"

随后，罗尼·布莱恩特把泰姆·威廉斯叫到了办公室。"泰姆，到底怎么回事?"

泰姆·威廉斯就把事情的原委告诉了罗尼·布莱恩特。最后泰姆·威廉斯说："这件事情是我们的失职，我愿意承担责任。另外，罗德尼·布鲁斯的家境不大好，如果可能的话，他的责任我也来承担。我一定会弥补上我们造成的损失的。"

泰姆·威廉斯和罗德尼·布鲁斯一直等待处理的结果，但是结果很出乎他们两个的意料。

罗尼·布莱恩特把泰姆·威廉斯和罗德尼·布鲁斯叫到了办公室，对他们两个说："公司一直对你们两个很器重，想从你们俩当中选择一个人担任客户部经理，没想到却出了这样一件事情，不过也好，这会让我们更清楚哪一个人是合适的人选。"

罗德尼·布鲁斯暗喜："一定是我了。"

罗尼·布莱恩特宣布："我们决定请泰姆担任公司的客户部经理，因为，一个能够勇于承担责任的人是值得信任的。泰姆，用你赚的钱来偿还客户。罗德尼，你自己想办法偿还给客户，对了，你明天不用来上班了，你被解雇了。"

"总经理，为什么?"罗德尼·布鲁斯问。

"其实，古董的主人已经看见了你们两个在递接青花瓷时的动作，他跟我说了他看见的事实。还有，我也看到了问题出现后你们两个人的反应。"罗尼·布莱恩特最后说。

在上述案例中，一个升迁为客户部经理，一个被解雇。在公司中，两个人都被看中，也都被作为客户部经理的候选人在培养，结果却迥然不同。

事实上，说责任比能力水平更重要，是因为能力或许可以让你胜任工作，责任却可以让人创造奇迹。就像上述案例中的那个敢于承担责任的员工——泰姆·威廉斯一样，并不是泰姆·威廉斯有什么特别的工作技能，而是他勇于承担责任。

上述案例中，罗德尼·布鲁斯总是强调，如果别人没有问题，自己肯定不会有问题，借机把问题引到其他人身上，用以减轻自己对责任的承担。与其在这里挖空心思找各种理由来推卸责任，还不如想一想怎么做能够真正承担起责任，把出现的损失降到最低。

当然，这个案例非常典型，罗德尼·布鲁斯属于投机取巧的那部分员工，在任务还没有完成时就想到去抢功劳，在自己犯错误时却推卸责任，从不主动承担责任。

其实，任何一个公司的领导者都非常清楚，只有勇于承担责任的员工，才是企业的中流砥柱；只有勇于承担责任的员工，才是企业提升竞争优势的一个重要途径；只有勇于承担责任的员工，才是企业与竞争对手较量中胜出的重要因素。

相反，当问题出现后，推卸责任并不能掩饰一个人缺乏责任感。如果你想这么做，那么可以坦率地说，这种推卸责任的做法是没用的，而且还有可能会为之付出惨重的代价。因此，不管自己的职务有多低，也不管自己的职务有多高，勇于承担责任是一个合格员工的基本素质。对此，通用电气公司前 CEO 杰克·韦尔奇在接受美国《商业周刊》的采访时谈到了责任对于员工的重要性，他说："人生所有的履历都必须排在勇于负责的精神之后。"

二、任何一个员工都必须意识到责任的重要性

不管任何一个人，大部分的时间都是和工作联系在一起的。如果缺乏对工作的责任，那么就背弃了对当初 100% 地完成工作任务的初衷。对此，美国前总统哈里·杜鲁门在接受《华盛顿邮报》采访时就谈到了责任的巨大意义，他说："事实上，每一个人都必须清醒地意识到自己的责任，勇

敢地扛起它，无论对于自己还是对于社会都将是问心无愧的。人可以不伟大，人也可以清贫，但我们不可以没有责任。任何时候，我们都不能放弃肩上的责任，扛着它，就是扛自己生命的信念。”

从哈里·杜鲁门的话中不难看出，责任承载着能力，一个充满责任感的人才有机会充分展现自己的能力。因此，责任就是对工作出色地完成，责任就是忘我的坚守，责任就是人性的升华。一般地，在责任的内在力量的驱使下，我们常常油然而生一种崇高的使命感和归属感。

众所周知，“责任”是最基本的职业精神和商业精神。在一项对世界500强企业家的调查中，当问到“您认为一名优秀的员工除了忠诚外，最应具备什么样的品质”时，他们无一例外地选择了“责任”二字。

在得到晋升的员工中，有些事情可以找个借口不去做，或者把事情做到60分就可以，但责任要求他们去做，甚至责任要求他们完成一些他们能力很难完成的事情。

事实上，如果中国每一个企业都有一批责任感极强的员工，把那些看起来不能完成的事情完成了，这样的企业才是世界500强企业最大的竞争对手。因为在一个企业中，并不是所有的员工都带着强烈的责任感去完成自己的工作任务。如果该员工周围的同事、乃至整个企业环境都充满责任的氛围，那么该员工也会被别人的责任精神所感染，进而承担起自己的责任。

研究发现，承担责任并不是一件非常困难和痛苦的事情，相反，员工承担责任不仅能赢得老板的认可，还能为自己获得更多的晋升机会。与其逃避责任，不如勇敢地承担起来。我们来看一个真实的案例。

在武汉市鄱阳街有一栋六层的红色大楼——景阳大楼。当时是一家英国设计所设计的，建于1917年。

在20世纪末，一家设计所给企业写来一封信：“此楼乃我所设计，当时设计该楼的服务年限为80年，现在已到期，敬请注意该楼的安全问题。”

先别说设计所的变更，就连当时施工的工人现在存活的可能有没有还不知道，而当时的设计所却经过80个春秋还惦记着楼房的安全。这家设计所体现的责任感，实在值得我们每一个人学习。他们用事实告诉我们：责任能创造一切，责任能保证一切。因此，无论一个人担任何种职业，做什么样的工作，都对他人负有责任。在这个世界上，每一个人都扮演着不同的角色，每一种角色又承担着不同的责任，从某种程度上说，对角色饰演的最大成功就是对责任的完成。

由此可见，提高员工的责任心，对于任何组织的日常工作来说是非常重要的，也是非常必要的！我们从一个人们熟知的小故事谈起。

1737年5月23日，乔治·华盛顿（George Washington，1732—1799）在院子里玩，他常常看见父亲奥古斯丁·华盛顿的肩背长枪，他也想自己拥有一支枪，于是把自家院子里的一棵樱桃树砍掉了，将樱桃树做成枪的模样。然而，乔治·华盛顿不知道这棵樱桃树是他父亲花大价钱从英国买回来的。

奥古斯丁·华盛顿得知樱桃树被砍掉之后大发雷霆，声称要严厉查处砍树的人。

家里人都噤若寒蝉，这时乔治·华盛顿坦然地站出来，承认树是他砍的。

家里人都以为乔治·华盛顿要不可避免地受到严惩了，谁知奥古斯丁·华盛顿见儿子如此负责，不但没有处罚他，反而激动地将他抱起来，由衷地赞扬说："你的行动远远超过了一千棵樱桃树！"

果然，乔治·华盛顿长大后，一直以强烈的责任感来约束和激励自己，成为一位道德高尚的人，为美国独立作出了巨大的贡献，并成了美国第一任总统。

乔治·华盛顿的成功必定有其理由，那就是敢于承担责任心的勇气。要想事业有成，就要像乔治·华盛顿那样，树立勇于负责的职业精神。不管是世界500强公司CEO，还是普通员工，只要拥有高度的责任心，就一定能够比别人完成得更出色。

杰克·韦尔奇成为世界上最伟大的CEO，与他的责任心有关；张瑞敏成为海尔教父级的人物，也与他的责任心有关；柳传志带领联想集团走出低谷，还是因为他的责任心，这样的例子举不胜举。

确实，拥有高度责任心的员工在日常的行为和工作中，不仅能做好自己的本职工作，而且还因为自己高度的责任意识让自己表现得更加卓越。对于任何一名合格称职的好员工来说，尽职尽责不单单是一个员工必备的素质，而且对自己的岗位和公司也感到自豪，对自己的同事和上级有高度的责任心，对自己表现出的能力有充分的自信。因此，一个普通的员工一旦具备了高度的责任心，他的能力就能够得到充分的发挥，他的潜力便能够不断地得到挖掘，同时他本人的前程也会一片光明。

事实上，在很多企业中，很多事情做不好的根本原因，就是缺乏责任心意识，正是因为缺乏责任心意识，才导致我们不是认真去完成工作任务，讲主观不讲客观，讲外因不讲内因。对员工来说，迫切需要学习的并非什么先进的理念和知识，而是最基本、最朴实的一个课题——责任。因此，如果你记住了老板在培训课上告诉你的责任心意识，那么你将成为下一个晋升者，因为你比别人更容易获得老板的认可。

三、责任不会因为职位渺小而变得无足轻重

对于任何一位老板来说，最头疼的就是员工缺乏责任心，工作无效率。对此，《人民论坛》第18期刊文说，近日，人民论坛杂志社联合人民网进行了“群众与基层干部”的专题调查，共有9533人参与。“你认为基层干部队伍作风建设存在的问题主要有哪些”的问卷调查结果显示，排在第一位的是“对工作缺乏责任心”，占受调查者的68.46%。

从《人民论坛》的结果来看，“对工作缺乏责任心”已经成为影响中国经济发展的一个重要因素。同样，对于企业来说，员工缺乏责任心，也

就无法保证产品和服务质量，与国外实力强大的跨国公司竞争就显得更加力不从心了。

在这样的背景下，任何一个老板都希望留住责任心强的员工，那些缺乏责任心的员工势必就会被辞退。

事实证明，责任感是一个人能够立足社会、获得事业成功和生活幸福的至关重要的人格品质。一位知名企业家将缺乏责任感的员工形容为“企业蛀虫”，认为他们不但不会为企业作出巨大的贡献，而且很有可能为公司带来灾难。

事实上，责任心是每个人应有的品质。对此，微软创始人比尔·盖茨曾对他的员工说：“人可以不伟大，但不可以没有责任心。”

比尔·盖茨说这句话，是建立在他对执行力重要性认知的基础上的。因为一个人只有具有高度的责任感，才能在执行中勇于负责，在每一个环节中力求完美，按质、按量地完成任务。所以微软非常重视对员工责任感的培养，责任感也成为微软招聘员工的重要标准。正是基于这种做法，成就了微软一流的执行力，打造出了声名显赫、富可敌国的微软商业帝国。

张文杰就职于北京一家非常知名的设计公司，由于张文杰文采出众，深得公司老板器重。张文杰也不负众望，公司的宣传软文写得非常到位。当然，公司大大小小的文案都由张文杰来撰写。

刚开始时，张文杰非常认真，刚过试用期，张文杰就开始懒散起来，起初是工作责任心不强，一有时间就干私活，每月赚取的稿费收入远高于其工资，本职工作则是能拖就拖，除非老板亲自安排任务，否则一概不写。

时间一长，老板觉得他很难委以重任，而且会影响他人工作进度，于是让他离开了公司。

在本案例中，像张文杰这样的员工可以说是举不胜举。企业之所以对缺少责任感的人如此不欢迎，是因为：首先，没有责任感就意味着对公司没有归属感，一个心猿意马的员工，是不可能为企业尽心工作的；其次，一个没有责任感的员工，会消极感染周围的员工，从而对企业的斗志造成影响；最后，企业是不会认为一个缺少责任感的员工是有培养价值的。

相反，一个有责任感的员工，他们的服从意识和执行能力更强，对事业的态度更端正。正如托尔斯泰所说："一个人若没有热情，他将一事无成，而热情的基点正是责任心。"

那么，职场中究竟什么样的员工被认为是有责任感的呢？一般来讲，能遵守公司规定、做事善始善终、注重效果与效率、工作不敷衍马虎、敢于承担责任的人都是具有极强责任心的人。翻阅历史，那些事业有成的人士，无不具有勇于负责的品质。对此，阿尔伯特·哈伯德为此曾说："所有成功者的标志都是他们对自己所说的和所做的一切负全部责任。"

从阿尔伯特·哈伯德的话中可以看出，勇于负责的人，会让你表现出卓越的执行力，在工作中崭露头角，做出优异的成绩，自然比别人更能获得加薪和晋升的机会；勇于负责的人，敢于承担更大的责任，积极主动地为公司的发展建言献策，自然会得到老板的重用，将你培养成公司的中流砥柱；勇于负责的人，人格会变得高尚，将赢得同事的尊敬和老板的赏识。我们来看看一个真实的案例。

北京了奇科技公司是由几个海归组建的公司，由于资金雄厚，在招聘员工时，公司给员工的工资自然也十分优厚，所以吸引了不少前来面试的年轻人。这些人大多数是名牌大学的学生，而且在校时都曾有过优异的成绩，所以都显得胸有成竹。

然而结果却出人意料，没有一个人被录取。难道这家企业成心不想招人？当然不是，公司老板在向应聘者解释的时候说："其实，我们也很遗憾，我们很欣赏各位的才华，你们对问题的分析也是层层深入，非常令我们满意。但是，很遗憾，另外一道题你们都没有答对。"

大家感到非常莫名其妙，纷纷问还有一道什么样的题。老板回答他们："你们看到躺在门边的那个扫帚了吗？有人从上面跨过去，有人甚至往旁边踢了一下，但没有一个人把它扶起来。”

“对责任心的理解远不如一件能体现责任心的小事，后者更能显示出你的责任心。”老板最后说。

这个例子中的事情并不是夸张，一个人没有责任感，不仅体现在大是大非面前，更体现在每一件小事中。

事实上，责任不会因为职位渺小而变得无足轻重，更不会因为受到权力的干扰而躲藏起来。只要是你的责任，你就要勇敢地承担。一旦抛弃了责任，即使再好的战略，也会因为执行不力而夭折，或者造成不可收拾的局面。

四、责任心是每一名合格员工的硬素质

可以肯定地说，责任心是干好任何一份工作的根本保证。每一项工作高标准高质量地完成，都是与高度的责任心和强烈的进取精神分不开的。即有责任意识的人，无论处在什么职位，什么岗位，都能自觉地意识到自己所担负的责任。没有责任意识和不能承担责任的人，不可能成为优秀的员工。同时，责任心也是干好工作的前提。一个员工如果工作责任心强而能力差，或是能力强而工作责任心差，都是很难把工作干好的。

毋庸置疑，一个缺乏责任心或责任心不强的员工，往往意识不到自己工作的责任，也不会在责任面前发挥自己的工作积极性，更不会在工作中自觉地尽到自己的责任。

从这个层面上来讲，“责任心”不仅是作为一名合格员工的基本素养，而且还是每一个身在职场的人的第一素质，也是每一名合格员工的硬素质。一个员工，只有具备了责任心才能更好地完成公司安排的任务，也只有具备了责任心才能在工作、培训中自我约束、自我完善、自我成熟。

当然，在很多企业中，40%的员工却缺乏责任心，与世界500强企业的要求还存在很大差距，主要表现在以下三个方面，见表10－1。

表 10－1　　　　缺乏责任心的三种表现

（1）工作标准很低	由于工作标准过低，工作缺乏争创一流意识。比如有的企业员工检修设备时间过短，有时检修时设备还在生产当中，有时为了不影响第二天生产就不检修
（2）责任意识有待加强	有的员工责任意识不强，有时遇到不是分管范围的工作就不及时、不到位地应付，总认为不是自己的事，多一事不如少一事
（3）工作中遇困难就躲	工作中存在遇困难就躲、遇矛盾就回避、遇问题就绕路走的现象。比如有的企业员工在处理问题时极易走捷径，不从问题源头去查找原因

在表 10－1 中，以上三种表现只是一个典型的现象，而这些现象归根结底是责任心不强的问题，已经严重阻碍了中国企业自身管理水平的提高和管理能力的发挥，如果这些企业员工仍然在今后的工作中不加以改正，那么中国企业，特别是中小企业进军世界 500 强就只能是一句空话。

孟晓霞，女，大学本科，毕业于北京某财经大学会计学专业。

孟晓霞毕业没有多久，就在北京华宏投资公司找到了一份工作。

参加工作后不久，北京华宏投资公司给孟晓霞配置了一台笔记本电脑，这台电脑是以前其他员工使用过的，孟晓霞发现电脑里还有一些以前的文件，心想既然这台电脑交付她使用，这些旧文件就应该是没有用处的了。

于是，孟晓霞就把电脑上的文件全部删除了。

过了一个月，孟晓霞的主管严彤找到她："孟晓霞，你把笔记本电脑上的文件拷贝给我。"

孟晓霞一听就瘫在座位上，她解释说："我以为那些数据没用了，我就把它们全都删除了。"

严彤当时脸就白了，这是北京华宏投资公司办公室10多个人花了数月时间准备的一份投资项目评估报告，而且没有备份，老板在谈判中正急需这份文件。

结果，孟晓霞被公司辞退了，距离她刚刚参加工作还不到3个月。

在本案例中，孟晓霞被公司解聘绝不是偶然的，可以说，从孟晓霞的履历来看，某财经大学会计学专业，大学本科，应该知道基本的职责：首先，在删除电脑文件之前，要主动请示主管经理，电脑里的资料是否有用？其次，在删除文件之前，应该清楚先备份后再删除，但遗憾的是，孟晓霞做错了。

每个人都有事业心，但不一定都具备高度的责任心，即每时每刻都对自己所担负的工作高度负责。这样往往缺乏对工作的主动性，主管经理让怎么干就怎么干，主管经理强调了就抓一下，不强调就忽视，甚至违背法规制度搞变通，不能高标准高质量完成上级赋予的工作任务。

事实证明，工作落实不到位或者不能深入持久地坚持下去，甚至出现这样或那样的问题，其根本原因还是缺乏高度的责任心。相反，有了责任心，即使能力低也会千方百计提高自身素质，尽快弥补自己的不足。正是在这种意义上，我们说责任心是最重要的素质。通常，责任心在员工的工作中有以下四个等级，见表10－2。

表10－2　　　　责任心的四个等级

A－1级	(1) 对自己的工作不满意，工作不够投入； (2) 对自己的工作认识不够，不知道其重要性，更无法从工作中获得满足
A－0级	(1) 对自己的工作有比较充分的认识，工作比较投入，比较热情； (2) 能从工作中获得较大的满足，工作任劳任怨，能为实现团队的目标而牺牲自我的利益

续 表

A+1级	(1) 能够与企业或团队共患难，在组织需要时愿意做出“自我牺牲”； (2) 热爱自己的工作，能够倾情投入； (3) 懂得自己的工作对整个企业运作的重要性，因而尽心尽力； (4) 能够不拘泥于工作本身，心怀全局； (5) 工作一丝不苟，有始有终； (6) 经常对工作中的问题进行思考，提出建议
A+2级	(1) 强烈的企业主人翁意识，充分认识到自己工作的重要性，对工作几乎狂热，全情投入； (2) 在工作中获得极大的满足与成就，愿意为企业贡献自己

从孟晓霞被公司辞退的教训来看，一个企业的技术力量对于公司的发展是重要的，同样责任心对于一个企业来说也是非常重要的，人员的责任心是产品质量、企业信誉的最好保障。

的确，责任心是企业发展的原动力，只有每一位员工都具备极强的责任心，企业才会永续健康地发展。那么如何才能养成强烈的责任心呢？管理专家认为以下几个方面很关键。

第一，让员工将责任心作为一种工作能力来要求。在世界500强企业中非常重视工作责任心，因为责任心直接关系到一个员工的工作能力。其实，责任心与职业道德是紧密相连的。在很多场合下，特别是某个项目出现问题后，大多数员工，甚至包括主管经理都会推卸责任，此刻就是老板考评一个员工责任心的时刻，当然，很多老板也会将问题的严重程度与员工个人的责任感联系在一起。在很多时候，主动承担责任的，都是责任心非常强的员工。因此，提升员工的责任心，必须作为一种工作能力来要求。

第二，将工作完成目标责任化。为了保证每一位员工勤勉尽责，恪尽职守，首先，必须明确岗位目标工作责任制，迫使员工对本岗位的工作产生责任感；其次，必须明确操作流程，用科学合理的操作流程来规范员工的工作行为，从而避免工作中出现差错和漏洞，确保工作质量，提高工作效率；再次，必须明确工作标准，对每一项工作要有一套硬性的工作标准和远期的目标追求，帮助员工理清工作思路，明确工作日标，确定工作方向，同时也避免了工作任务的“弹性化”。

第三，将监督管理制度化。制度管理是一种行之有效的约束机制，是强迫员工尽职尽责的手段。如果说工作流程是一条路的话，那么制度就是路口的信号灯。通过各项规章制度的建立，明确员工不按操作规程办事而导致失职所应承担的责任。监督是管理工作所必不可少的环节，失去监督的制度形同虚设。如果说路口的信号灯是制度，那么监督管理就是路中的视频器，它可以让来往的车辆按照信号灯的指示正确行驶，保证路的畅通。所以监督管理直接关系到制度执行的效果，更是一种震慑。

第四，将行为能力自动化。一味的对员工实行强压强管，未必就能增强员工的工作责任心。如果说有效的监督管理是硬性的强迫约束，那么通过对员工行为能力的培养则是让员工自愿接受约束，起到春风化雨的作用。行为能力分两个方面：一方面是有针对性地对员工进行培训教育，感化思想，增强意识，实现自我约束；另一方面是榜样的作用，员工之间都能够相互比较、相互学习、相互促进，那么每个人的肩上就会都有一份责任。因此，责任心一旦由个体行为成为群体行为，其内涵就远远超出了责任的本身，这对于一个公司、一个部门和一个人来说就显得弥足珍贵。

五、责任心不仅是义务，更是一种素质

在任何一项工作中，责任心都是每个员工不可或缺的。无论该员工职位高低、能力大小，都应该做好自己的本职工作，对工作一丝不苟，认认真真，兢兢业业。相反，没有责任心或责任心不强的员工，即使其能力极其出众，也不会将其用在工作中，不会尽心尽责地发挥，人浮于事，便很难出色地完成工作。对此，通用电气前 CEO 杰克·韦尔奇在接受美国《华

尔街日报》采访时说：“责任心不仅是义务，更是每一个员工的第一素质。”

从杰克·韦尔奇发表的评论可以看出，在任何一个岗位上，无论员工做何种工作，如果没有责任心，那么他们的工作效率肯定是提不高的，同样也是做不好的。

当然，对于任何一个有责任心的员工来说，不管有再大的难事，只要用心去做就不难，可见责任心是非常重要的。但是要怎样才算是有责任心呢？就是要每位员工在自己的岗位上竭尽心力。譬如我是一名客户经理，负责维系客户，就要做到以客户为中心，客户事情无小事。因为不尽职，事情绝对做不好。他们工作做不好，就会直接影响客户感知，容易引起客户强烈的不满。我们看看一个真实的案例。

余世维因公务经常出差泰国，并下榻在东方饭店，第一次入住时良好的饭店环境和服务就给余世维留下了深刻的印象，当余世维第二次入住时几个细节更使他对饭店的好感迅速升级。

那天早上，在余世维走出房门准备去餐厅的时候，楼层服务生恭敬地问道：“余先生是要用早餐吗？”

余世维很奇怪，反问：“你怎么知道我姓余？”

服务生说：“我们饭店规定，晚上要背熟所有客人的姓名。”

这令余世维大吃一惊，因为他频繁往返于世界各地，入住过无数高级酒店，但这种情况还是第一次碰到。

余世维高兴地乘电梯下到餐厅所在的楼层，刚刚走出电梯门，餐厅的服务生就说：“余先生，里面请。”

余世维更加疑惑，因为服务生并没有看到余世维的房卡，就问：“你知道我姓余？”

服务生答：“上面的电话刚刚下来，说您已经下楼了。”

如此高的效率让余世维再次大吃一惊。余世维刚走进餐厅，服务小姐微笑着问：“余先生还要老位子吗？”

余世维心想："尽管我不是第一次在这里吃饭，但最近的一次也有一年多了，难道这里的服务小姐记忆力那么好？"

看到余世维惊讶的目光，服务小姐主动解释说："我刚刚查过电脑记录，在去年的6月8日您在靠近第二个窗口的位子上用过早餐。"

余世维听后兴奋地说："老位子！老位子！"

小姐接着问："老菜单？一个三明治，一杯咖啡，一个鸡蛋？"现在余世维已经不再惊讶了。"老菜单，就要老菜单！"余世维已经兴奋到了极点。

上餐时餐厅赠送了余世维一碟小菜，由于这种小菜余世维是第一次看到，就问："这是什么？"

服务生后退两步说："这是我们特有的××小菜。"服务生为什么要先后退两步呢，他是怕自己说话时口水不小心落在客人的食品上，这种细致的服务不要说在一般的酒店，就是美国最好的饭店里余世维都没有见过。这一次早餐给余世维留下了终身难忘的印象。

后来，由于业务调整的原因，余世维有三年的时间没有再到泰国去，在余世维生日的时候突然收到了一封东方饭店发来的生日贺卡，里面还附了一封短信，内容是："亲爱的余先生，您已经有三年没有来过我们这里了，我们全体人员都非常想念您，希望能再次见到您。今天是您的生日，祝您生日愉快。"

余世维当时激动得热泪盈眶，发誓如果再去泰国，绝对不会到任何其他的饭店，一定要住在东方，而且要说服所有的朋友也像他一样选择。

东方饭店非常重视培养忠实的客户，并且建立了一套完善的客户关系管理体系，使客户入住后可以得到无微不至的人性化服务，迄今为止，世界各国约20万人曾经入住过那里，用他们的话说，只要每年有十分之一的老顾客光顾饭店就会永远客满。这就是东方饭店成功的秘诀。

在本案例中，东方饭店取得的成就，取决于每一个服务员极强的责任心，正是因为饭店全体服务员的责任心才打造了今天东方饭店的知名度。

按照中国员工的逻辑，饭店又不是自己的，凭什么那么有责任心？如果东方饭店的全体服务员都是中国员工的想法，那么东方饭店也只是一个濒临倒闭的、没有什么生机的饭店。

从东方饭店这个案例来看，责任心不仅是一种义务，更是一种素质，因为责任心属于职业道德的核心。因此，在实际的工作中，不仅需要员工具备良好的思想品质、娴熟的操作技能、认真的工作态度、踏实的工作作风，更需要员工具备高度的事业心和责任感。其实在我们身边发生的许多事故无一不与我们的责任心有关。

第十一章
你在工作时候都注意细节了吗

一、1% 的错误会带来 100% 的失败

在中国，想做大事的人很多，但愿意把小事做细的人很少；我们不缺少雄韬伟略的战略家，缺少的是精益求精的执行者。确实，对于细节，每个人都有自己的理解。对此，海尔集团总裁张瑞敏在接受媒体采访时认为细节就是："把每一件简单的事做对就是不简单，把每一件平凡的事做对就是不平凡。"

张瑞敏给我们每一个职场人士的警示是，作为一线员工，每天做的都是普通的事情，谁也不敢说自己是一个成功的人，但是不敢轻言成功并不代表不成功，关键就在于注重做好每一件事，说好每一句话，干好每一件工作。因为缺乏细节意识的话，1% 的错误会带来 100% 的失败，忽视细节的代价就是 100 - 1 = 0。在给企业的培训中，我经常拿"一个马钉失去一场战斗的代价"来告诫企业的领导者。

国王理查三世准备拼死一战了。里奇蒙德伯爵亨亨利带领的军队正迎面扑来，这场战斗将决定谁统治英国。

战斗进行的当天早上，理查派了一个马夫去备好自己最喜欢的战马。

“快点给它钉掌，”马夫对铁匠说，“国王希望骑着它打头阵。”

“你得等等，”铁匠回答，“我前几天给国王会军的马都钉了掌，现在我得找点儿铁片来。”

“我等不及了。”马夫不耐烦地叫道，“国王的敌人正在推进，我们必须在战场上迎击敌兵，有什么你就用什么吧。”

铁匠埋头干活，从一根铁条上弄下四个马掌，把它们砸平、整形，固定在马蹄上，然后开始钉钉子。钉了三个掌后，他发现没有钉子来钉第四个掌了。

“我需要一两个钉子，”他说，“得需要点儿时间砸出两个。”

“我告诉过你我等不及了，”马夫急切地说，“我听见军号了，你能不能凑合?”

“我能把马掌钉上，但是不能像其他几个那么牢实。”

“能不能挂住?”马夫问。

“应该能，”铁匠回答，“但我没把握。”

“好吧，就这样，”马夫叫道，“快点，要不然国王会怪罪到咱们俩头上的。”

两军交上了锋，理查国王冲锋陷阵，鞭策士兵迎战敌人。“冲啊，冲啊!”他喊着，率领部队冲向敌阵。远远地，他看见战场另一头几个自己的士兵退却了。如果别人看见他们这样也会后退的，所以理查策马扬鞭冲向那个缺口，召唤士兵调头战斗。

他还没走到一半，一只马掌掉了，战马跌翻在地，理查也被掀在了地上。

国王还没有再抓住缰绳，惊恐的牲畜就站起来逃走了。理查环顾四周，他的士兵们纷纷转身撤退，敌人的军队包围了上来。

他在空中挥舞宝剑，“马!”他喊道，“一匹马，我的国家倾覆就因为这一匹马。”

他没有马骑了，他的军队已经分崩离析，士兵们自顾不暇。不一会儿，敌军俘获了理查，战斗结束了。

在本案例中，说明了一个道理：任何工作都是由一个个细节组成的，不注重细节的组织只不过是一群乌合之众，因为细节处理得不到位，许多看起来不重要的细节最终却破坏了大局。其实，国王的马夫要是执行到位的话，那么，上述的结局将会被重写。

上述这个结局警示中国企业，如果员工不注重细节，工作马马虎虎，这样的企业在将来某一天可能会因为一个小事情而引发一场不可收拾的危机。就像上述案例一样，仅仅因为少了一个马掌钉从而导致整个战局的失利。因此，如果在细节上处理得不到位，极有可能出现一些小隐患，从而引发大灾难。

为了准备人类第一次载人太空飞行，前苏联宇航局从1960年3月起开始招募宇航员。

经过层层筛选，最后只留下几位，其中一位叫邦达连科的宇航员得到了主设计师科罗廖夫的极大赞赏，大家一致认为邦达连科当选的可能性最大。

然而，就在邦达连科进行为期10天的地面训练的最后一天，灾难降临到了他头上。

这天，邦达连科在一个高浓度氧气舱里，用酒精棉球擦完身上固定过传感器的部位后，随手将它扔掉。

不料带着酒精的棉球正好掉在了电热器上，立即引起大火。邦达连科没有及时逃脱，被严重烧伤，在送往医院10小时后，因抢救无效死亡。

就这样，邦达连科成了“第一个遇难的航天员”。

只是邦达连科并不是死于空中的灾难，而是死于他自己制造的灾难。由于没有意识到隐患的存在，结果，邦达连科成了隐患的牺牲品。

这样一来，苏联航天局不得不再挑选一位优秀的宇航员执行第一次上天任务。

邦达连科事件让苏联航天局在挑选宇航员时变得更加挑剔和严格，他们希望挑选出最细心、最有安全防患意识的宇航员。

没过多久，当带领受训宇航员参观尚未竣工的东方号宇宙飞船陈列厂时，主设计师科罗廖夫问："你们有谁愿意试坐?"一位叫加加林的年轻人报了名。

在进入飞船前，加加林脱下了鞋子，只穿袜子进入还没有舱门的座舱。加加林的这个举动一下子赢得了科罗廖夫的好感。

最后，苏联航天局决定让加加林驾驶着"东方一号"执行飞行任务。

加加林也由此成为了第一个进入太空的宇航员，被人们尊称为"太空第一人"。

一个是"第一个遇难的航天员"，一个是"太空第一人"，两者有着多大的差距！

隐患常常隐藏在我们的不经意之中，因为它有着巨大的爆发力，当我们细节处理得不到位，没有引起对隐患足够的警觉时，就很容易被隐患"吞噬"。

因此，伟大源于细节的积累，这要求我们每一个人都要从小事着眼，从小处入手，从一言一行抓起，从一点一滴做起，如发现地上的烟头、纸屑，弯腰捡起；水房的水龙头开了顺手关掉；客人来了说声"你好"，等等。把所在的企业当成自己的家园来建设，从思想上做到有"主人翁"的意识，中国的明天会因为你们而更灿烂、更美好。

二、永远不要忽视任何可怕的细节

在这个精细化的时代，细节彰显了一个员工的内在素质，细节精神区隔了卓越员工与一般员工。"天下难事，必做于易；天下大事，必做于细"，是说天下的难事，都是从易处做起的；天下的大事，都是从小事开始的。

20世纪世界最伟大的建筑师密斯·凡·德罗，在描述他成功的原因时，只说了五个字："魔鬼在细节。"同样，在美国西点军校非常重视学员注意细节的培养，在校训中告诫学员们："'魔鬼'隐藏在细节中，永远不要忽视任何细节。"

可见对细节的作用和重要性的认识，古已有之，中外共见。据了解，中外成功的企业，都在细节上下狠工夫，因为决定成败的是那微若沙砾的细节，细节的竞争成了最终和最高的竞争。对此，对于职场人士来说，细节决定成败同样适用。在这里，我们来看看这样一个故事，相信能给职场人士更多的启示。

王雯雯是某公司办公室职员，做事认真，头脑灵活。无论做任何事情，大大小小她都记得清清楚楚，并且做得一丝不苟。

出入公共场合时，王雯雯特别注意自己的仪表，保持自身的整洁。只要是见到王雯雯的人，不管是什么时候，都会看到王雯雯的鞋子总是擦得锃亮，没有一点灰尘，衣服上的扣子，无论里外，永远都是扣得整整齐齐的，衣服上也很难找到一点的褶皱，总是十分干净得体，脸上也是收拾得干干净净，头发清逸柔顺，总之，从下到上都给人一种十分赏心悦目的感觉。她完全塑造了一个完美而标准的自我。

在工作中，王雯雯平时就养成了记日常备忘录的习惯。她时刻都随身携带着一本笔记本，将工作中遇到的事，诸如重要数据以及老板的指示或指令等，都在上面详细而认真地记录下来，以备不时之需。

有一次，老总做报告，临时需要两个数据，忙问身边的随员。可是几个人所报数字相差甚远，该听谁的呢？此时，王雯雯不慌不忙地掏出自己的笔记本，报出了老总所需的精确数字。大家都不约而同地向她投以钦佩的目光，老总也对她另眼看待，认为她工作踏实，做事认真细致，并能够积极主动工作，追求进步。无形之中，王雯雯在老板心中的印象大大加深了。而像这样的情况还有很多，无论是同事还是领导，只要有工作中弄不清楚的地方，王雯雯一般情况下都能够给出一个精确而圆满的答复。如此以来，王雯雯就成了公司里十分重要而难得的人才。

王雯雯做事细心仔细，从外表到内心都能给人一种清新的感觉，这就是她平时注意小处修养的结果，由此赢得了上司的重视。

职场上，成功者与一般人的区别在于，他能够耐心做一般人不屑一顾的小事。在小事上面多做一点，做的精细一些，成功的机会就会多一点。这也是进入职场之前修养好的内功之一。很多的成功并不神奇，只不过有的人不以其小而坚持做了下去，因为他们从来不会总想着大问题而忽略了小事情。在一家大医院的一场招聘中，细节同样被再次作为护士长角逐的一个法则，最后获得胜利的那个人，就是靠细节取得了胜利。

一家大医院要招聘一名护士长，有九名应聘者进入最后一轮角逐。

考官拿来九支温度计，发给每人一支，他说，这些温度计刚给病人测量过体温，现在请应聘者把温度记录在纸上。可是，应聘者发现温度计中根本看不见水银柱！到了交读数的时间，六名应聘者在纸上快速地写下了一个温度，另外三名应聘者在纸上写下了：“对不起，温度计没有数字可读。”

结果，这三名应聘者被留下了，考官说，这九支温度计的确有问题，里面的水银事先都被抽掉了。

接着，在三名应聘者中要选出最后一个人选。考官说，你们用刚才的温度计量量自己的体温吧。有两人顿时狐疑地看着考官，而另一个人则下意识地把温度计摆正位置，用力地甩了甩，然后插入自己的胳肢窝。五分钟过后，她抽出温度计一看，惊喜地看到上面标记出了体温。原来温度计中的水银根本没被抽空，考官只是事先把温度计倒着甩，让水银降到了另一端。

一味怀疑自己的判断，是我们与成功无缘的屏障；而一味轻信他人的结论，同样阻碍我们迈向更高处。

在上面这个故事中，护士长是一个非常注意细节的工作，在面试的过程中，考官故意这样安排，就是看看谁真正注重细节。其实做企业也需要养成注意工作细节的习惯，所谓千里之堤，溃于蚁穴，细节的宝贵价值更在于，它是创造性的，独一无二的，无法重复的。听到这儿，我相信你们对细节已经有了新的认识，那么注意细节和忽略细节会有怎么样的差异呢，下面还有一个事例。

上海有一号铁路线和二号铁路线两条线，它们之间就存在着巨大差异。

上海地铁一号线是由德国人设计的，看上去并没有什么特别的地方，直到中国设计师设计的二号线投入运营，才发现其中有那么多的细节被二号线忽略了。其中有三条是比较明显的。上海地处华东，地势平均高出海平面就那么有限的一点点，一到夏天，雨水经常会使一些建筑物受困。德国的设计师就注意到了这一细节，所以地铁一号线的每一个室外出口都设计了三级台阶，要进入地铁口，必须踏上三级台阶，然后再往下进入地铁站。就是这三级台阶，在下雨天可以阻挡雨水倒灌，从而减轻地铁的防汛压力。事实上，一号线内的那些防汛设施几乎从来没有动用过；而地铁二号就因为缺了这几级台阶，曾在大雨天被淹，造成巨大的经济损失。

德国设计师根据地形、地势，在每一个地铁出口处都设计了一个转弯。这样做不是增加了出入口的麻烦吗？不是增加了施工成本吗？但当二号线地铁投入使用后，人们才发现这一转弯的奥秘。其实道理很简单，如果你家里开着空调，同时又开着门窗，你一定会心疼你每月多付的电费。想想看，一条地铁增加几个转弯出口，省下了多少电，每天又省下了多少运营成本？

每个坐过地铁的人都知道，当你距离轨道太近的时候，机车一来就会有一种危险感。在北京、广州地铁都发生过乘客掉下站台的危险事件。德国设计师们在设计上体现着“以人为本”的思想，他们把靠近站台约50厘米内铺上金属装饰，又用黑色大理石嵌了一条边，这样，当乘客走近站台边时就会有了“警惕”，意识到离站台边的远近，而二号线的设计师们就没想到这一点。地面全部用同一色的磁砖，乘客一旦不注意就很容易靠近轨道，这是非常危险的，对此，地铁公司不得不安排专人来提醒乘客注意安全。

从这三点中可以看出重视细节和忽略细节的差距是多么的大！所以在生活中我们一定要重视细节，做到严谨认真。在这里，我们来看看《华盛顿邮报》刊登的这样一个故事：

儿子史密斯·洛杰尔问父亲史密斯·菲普：“天下有没有最大的东西？”

史密斯·菲普回答说：“有啊，在安第斯山脉有一种鸟叫大鹫，它脚踏浮云，背耸苍天，尾横天涯，跃饮密西西比河的河水，脖子与尾巴塞满整个天地，无边无际没有尽头。”

史密斯·洛杰尔又问：“那么有没有最小的东西？”

史密斯·菲普说：“也有。在佛罗里达州有一种小虫子，竟然在蚊子的睫毛里筑巢，在巢里产卵孵化，小虫子长大从蚊子的睫毛飞出去，蚊子竟然没有察觉，我只知道佛罗里达的渔民管它叫蝇虫。”

这篇故事告诉我们一个很明显的道理，世界上的事物有大有小，从而构成了一个缤纷的世界。作为职场人士亦如此，只有注意必要的细节，才有可能做好每一项工作，才有可能晋升。

三、细节决定成败

众所周知，任何工作都是由一个个细节组成的，许多看起来不重要的细节最终却破坏了大局。“魔鬼好像狮子一般遍地游走，寻找可吞吃的人……”在日常生活工作当中，人们最容易忽视的就是细节，因而给魔鬼许多可乘之机。可见，许多时候人并不是被大事打倒，而是败在一些不起眼的细节上，正所谓“千里之堤，溃于蚁穴”。

然而遗憾地是，欲成大事者摔倒在细节面前的例子不计其数。想做大事的人非常多，但愿意把小事做细的人却很少。职场上不缺少雄韬伟略的战略家，缺少的是精益求精的执行者；不缺少各类管理规章制度，缺少的是规章条款不折不扣的执行。任何时候都不能忽视小处修养、细节处的成败。

“泰山不拒细壤，故能成其高；江海不择细流，故能成其深。”确实，泰山之所以能有那样的高度，是因为它从不拒绝渺小的土壤，一石一沙堆砌而成才有了如今的雄伟挺拔；江海之所以有那样的深度，也正是因为它从不拒绝细小的溪流，容纳百川才会聚成如今的规模。在我们的工作中也是一样，凡成大事者都必须从小事做起，注重每一个细节问题。细节就像“一粒石”、“一滴水”，把工作中的细节做好做透，日积月累，成功才会来陪伴你，才能成就伟大的事业。日常工作中切忌只拥有口若悬河、滔滔不绝的口才，或者拥有只扫天下而不扫一屋的念头，那样成不了什么大事。只有注重工作细节的员工，才能深刻体会到细节决定自身成败的真正含义。不善于观察细节、不能从工作细节中汲取营养、总结经验的人难以获得进步，当然也就更不可能领略水到渠成的成功快感。

李晓东是北京市一所普通高校的本科毕业生，学的是工程造价。大学毕业这一年，李晓东为工作忙得焦头烂额。当他正准备去深圳求职的时候，深圳的数十家企事业单位组成一个招聘团，来北京招聘应届大学毕业生。李晓东想，不如去试一试，结果好坏都无所谓的。招聘场面异常火暴，他在人群中挤来挤去，最后选中了一家幕墙装饰公司，准备投简历。然而，数十、上百人将招聘台挤在中间，求职心切的学生们都争先恐后地将自己的简历往前递，现场秩序一片混乱。李晓东实在看不下去了，于是扯着嗓门大声对学生们喊：“大家不要再往前挤了，排队好吗？”一连喊了好几声，混乱的局面才有所改变，学生们开始按顺序往前递材料。

李晓东在排队等候的时候发现，这家公司的要求很高，不少来自重点大学的优秀生，甚至一些硕士生都只能得到招聘者一句冷冰冰的话，李晓东再次感到了紧张，自己毕竟只是一所普通工科院校的本科生。然而，当李晓东将简历递上去时，招聘者却只问了一句："你是学工程造价的吗?"然后便告诉李晓东，如果他愿意，马上就可以签约。

李晓东惊异不已，半晌才明白过来，一定是自己刚才主动维持秩序的举动打动了招聘者的心。现在的用人单位最看重的并不是学生的分数，而是专业能力、为人处世的态度、人际交往能力以及团队精神等。李晓东的经历说明，做事先做人，人品在求职时非常重要。一个大学毕业生，如果连做人的基本道理都不懂，谁会相信他能在事业上有所建树呢?

一个小小的细节就可以看出一个人的修养，一个小小的举动就能决定一个人一生的命运。细节不可忽略。李晓东或许根本没有想到要通过主动维持秩序这件事引起招聘者的注意，但是就是这样一个发自内心的小小的举动，显示了李晓东高于其他人的品格，由此给招聘者留下了良好的印象。

员工要想在职场上有所建树，就必须要求自己在工作时注意每一个细节，因为一点差错就有可能对整个过程造成影响。毋庸置疑，当今乃至未来一个阶段的竞争将更加专业化、趋势化及同质化，之间的区别关键在于细节，谁能把小事做细、做好、做精，谁就能在竞争中处于上风，以至于立于不败之地。

认真做事只是把事情做对，用心做事才能把事情做好。在这个细节制胜的时代里，任何一件事都是做出来而不是喊出来的，特别是在工作岗位上的我们更要把小事做细。一件没有预料的事件可能引起故障，一个长期被忽视的问题可能导致一次危机，每一个大问题里都有一系列的小问题露面，所以，我们只能用心留意工作的每一处细节，从一点一滴做起，每个细节、每个操作流程都要规范细致，绝不能有丝毫的马虎。

第十二章 你在何时何地都维护公司形象了吗

一、时刻维护企业形象

维护企业形象不仅是一个合格员工的必备条件，更是得到老板提拔的一个重要因素。如果你对外表现的形象是举止文明、谈吐优雅、彬彬有礼、言而有信，那么你所在的企业也会给你的客户和整个社会公众留下一个值得信赖、值得尊敬的印象。

相反，如果你一出口就是脏话连篇，衣衫不整、行为恶劣、粗鲁无礼，那么你的企业在外部的口碑就会大打折扣，客户也会因为员工素质低劣而怀疑企业的实力，进而影响与该企业的商业合作关系，那么这个企业也会因此在社会上缺乏号召力和影响力，品牌知名度的确立更会受到极大冲击。

对于世界500强的员工来说，时刻维护企业形象是每一名员工的责任。企业形象要靠每一位员工从自身做起，塑造良好的自身形象。员工的一言一行直接影响企业的外在形象，员工的综合素质就是企业形象的一种表现形式，员工的形象代表着企业的形象，员工应该随时随地维护企业形象。在这里，我们来看看一个真实的故事。

记得在一次公司组织的参观中，发生了这样一件事。在参观一家企业的车间后，正准备离开时，附近的一个垃圾桶里突然冒出了阵阵轻烟。

这时，张大清总经理发现了，立即走过去，从垃圾箱内找出了一个冒烟的烟头。

张大清将烟头掐灭后，又将烟头放回到垃圾箱内。

接待方人员看到了这一幕，都向张大清总经理投来了赞赏的目光。

一个小小的细节，不仅让我们看到了在这种公共场合下张大清本人身上所体现的良好的个人修养和公德意识，而且作为此次参观活动的公司代表，这个细节更加体现了张大清公司的社会形象和品牌形象。

从张大清身旁接待人员的眼光和微笑中，能读出的不仅仅是赞许，更饱含了无限谢意和尊重。这其中既包括对张大清本人的一种欣赏，更多的是对张大清所代表的公司和员工在社会公众前的外部形象的一种尊重。在这里，我们再来看看下面的案例。

巴克斯集团创始人山姆·巴克斯的儿子贝尔·巴克斯在大学毕业后，回到巴克斯集团工作。实际上，巴克斯集团当时只是一家中等规模的保健品厂，尽管公司的产品不错，但知名度却非常有限。

贝尔·巴克斯从推销员干起，一直做到主管。

一次贝尔·巴克斯坐飞机出差，不料却遇到了劫机。

度过了惊心动魄的10小时之后，在各界的努力下，问题终于解决了。贝尔·巴克斯可以回家了。就在要走出机舱的一瞬间，贝尔·巴克斯突然想到在电影中经常看到的情景，当被劫机的人从机舱走出来时，总会有不少记者前来采访。

为什么自己不利用这个机会宣传一下自己的公司形象呢?

于是，贝尔·巴克斯立即做了一个在那种情况下谁都没想到的举动。从箱子里找出一张大纸，在上面浓描重抹地写了一行大字："我是巴克斯公司的贝尔·巴克斯，我和公司的巴克斯牌保健品安然无恙，非常感谢抢救我们的人!”

贝尔·巴克斯打着这样的牌子一出机舱，立即就被电视台、报社、杂志社等媒体的镜头捕捉住了。贝尔·巴克斯立刻成了这次劫机事件的明星，很多家新闻媒体都对贝尔·巴克斯进行了采访报道。

等贝尔·巴克斯回到公司的时候，公司的董事长、总经理山姆·巴克斯带着所有的中层主管，站在门口夹道欢迎他。

原来，贝尔·巴克斯在机场别出心裁的举动，使得巴克斯公司和巴克斯产品的名字几乎在一瞬间家喻户晓。巴克斯公司的服务电话都快打爆了，客户的订单更是一个接一个。山姆·巴克斯动情地说：“没想到你在那样的情况下，首先想到的竟然是巴克斯公司和巴克斯的产品。毫无疑问，你是最优秀的推销主管!”

山姆·巴克斯当场宣读了对贝尔·巴克斯的任命书，主管营销和公关的副总经理。后来，贝尔·巴克斯接管了巴克斯集团。

在本案例中，巴克斯集团的产品能够迅速打开市场，是因为家族利益的一致性使得贝尔·巴克斯在危难的时刻做出了非家族企业员工不可能做出的决定，在经历了惊魂未定的时刻依然为企业考虑，做出了“我是巴克斯公司的贝尔·巴克斯，我和公司的巴克斯牌保健品安然无恙，非常感谢抢救我们的人!”的举动，使得产品热销。

当然，不管贝尔·巴克斯是不是在自己的家族企业中任职，贝尔·巴克斯的举动都是一个很有说服力的例子，员工形象决定企业形象。

作为企业的一名员工，不管走到哪里，始终都要记得自己是什么企业的员工，记得维护公司的形象，这是作为公司员工的基本职业道德！如果四处诽谤企业，挖空心思讽刺企业的管理人员，不仅显得该员工素质低下，更证明了该员工的工作态度有问题。

试想一下，如此不值一提的企业，你怎会选择这种企业作为就业对象？由此可知，只有企业发展了，员工的工资待遇才能更上一层楼；只有企业的社会声誉提高了，员工走在大街上时才会有一种荣誉感。身为企业员工要时时关心企业发展，处处维护企业形象。

二、维护公司形象体现在员工的方方面面

毋庸置疑，维护公司形象不仅是一名合格员工的义务，更是代表着公司的形象。一般地，公司形象并不是一个抽象的概念，它体现在公司运作的各个方面，比如有目的的宣传、以提高公司形象与影响而开展的公关活动、统一的公司CI等。

一个优秀的员工不仅懂得维护公司的形象，要做的不只是对自己的工作，对自己所在的企业负责，更重要的是要有在跟客户合作的过程中时时刻刻地维护公司形象的意识。一个时时刻刻地维护公司形象的人，走到哪里都会成为一名优秀的最可爱的员工。在这里，我们来看看张伟发表在辉达房产信息网上的名为《塑造自身形象　维护企业荣光——我们都是辉达的流动广告牌》的文章，相信能给那些不时刻维护公司形象的员工些许启示。

辉达自成立以来，经过企业和员工的共同努力，给广大老百姓留下了非常良好的印象，我们应当继续保持并完善。同时，我们企业的形象也要靠每一位员工从塑造自身良好的形象做起、从自身的点滴做起。因为，我们的一言一行都将直接影响我们企业的形象，我们员工的综合素质也都将直接决定着我们企业的综合素质。

我们的一举一动，无不是外界评判我们企业的标准，我们的形象更直接代表了我们企业的形象。辉达公司可以说是一个在合肥市家喻户晓的企业，童叟皆知。我们的网点遍布整个合肥市的角角落落，我们的员工无论走到哪里，只要穿着工作服，都会让大家在第一时间内说出这么一句话："这是辉达的员工！"这个时候，我们应该感到自豪、感到骄傲。与此同时，我们也要注意我们的一举一动、一言一辞，因为这些都将直接决定着别人对我们企业的第一感觉，第一印象。

如果我们的员工在与别人沟通时，不注意文明礼貌，粗话连篇，衣衫不整，态度恶劣，行为不雅，别人会对我们的企业产生怎样不良的感觉！所以说，我们企业的任何一位员工，都是辉达的一块流动广告牌。

一个员工如果没有时刻维护企业形象的意识，那么，他肯定不是一名合格的员工。作为辉达一员，不管我们走到哪里，都要时刻将“维护企业形象、宣传企业品牌”作为我们的己任，这也是作为一名合格的辉达员工最基本的要求！维护了企业的形象，也就是维护了我们自身的形象。如果你在辉达发展，那么就请你从内心深处认同这个企业，认同这个企业里的每一员，只有这样，你才能真正地融入到这个企业中，与企业同呼吸、共命运、齐发展！你也才能从内心深处时刻关注企业，关注企业形象的维护。

但愿我们的员工，能够从现在做起、从眼前做起、从当下做起，时时维护辉达形象，因为我们都是辉达企业一块流动的广告牌。（本案例来源：辉达房产信息网，作者：张伟）

企业形象不仅靠企业的各种经营活动来维护，更要靠每一位员工从自身做起。因为，员工的一言一行将直接影响企业的形象，员工的形象就代表着企业的形象。

当然，维护公司形象不应只体现在工作领域，维护公司形象应体现在每个员工工作以及生活的方方面面，尤其在与外部人员交往时，更应时刻注意维护公司形象，不说、不做有损公司形象的言论和行为。可以说，企业的荣誉与个人的荣誉是息息相关的，也就是“一损俱损，一荣俱荣”。所以，作为一名企业员工，要时刻牢记：你代表的不仅仅是你个人，而是整个公司，无论在何时何地都要维护好企业形象。就像日本人那样无时无刻都能想到维护企业形象。

有一位中国教授在日本进行访问的时候，他的一位日本朋友带着夫人来到教授住的地方拜访。

在客厅聊天的时候，那位日本朋友的夫人突然问了教授一句话：“为什么你不看索尼牌的电视呢?”

教授看的电视是东芝牌的，教授笑了笑，没有说话，她又接着说：“我们索尼的电视很棒啊!”

教授恍然大悟，这才知道，原来她是索尼公司的员工，其实，她在索尼公司算不上是一个卓越的员工，做的是很普通的工作，既不是主管也不是高层管理人员，但她看到别人看的电视不是索尼牌的，她就会说出这些话来，因为她一直都有维护自己企业形象的意识，她觉得索尼公司的产品是最棒的，并以自己能在索尼公司工作而感到骄傲。

其实日本人都有这个习惯，都认为自己所任职的公司是最卓越的公司，所以他们对自己公司的品牌维护得很好，如果看到有人使用的物品不是自己公司的品牌时都会问一问。如果你拿着佳能的照相机出去，恰巧被一名尼康的员工看到了，你大概会被问到为什么不用尼康的照相机，这就是永远维护企业形象的意识。要知道，此时你代表的不仅仅是个人，而是整个公司。

三、员工的形象代表着公司的形象

事实上，一个员工的形象就是企业形象的代言，只要你是这个企业的员工，不管走到哪里，你的言谈举止和行为都是企业自身素质和社会地位的体现。因此，一个企业的形象非常重要，一定要维护良好的企业形象。在维护企业形象上，每一个员工都起到很重要的作用。一个著名企业经理人曾说过：员工是企业一线 CEO！员工在工作中代表的不只是自己，因为自己的形象还代表团队的形象，代表企业的形象。

员工的形象是企业形象的一面镜子，作为一名企业员工，一定要以维护企业形象为荣，以损害企业形象为耻，永远维护好企业的形象。

在你加入企业的那一刻开始，你和企业的命运就紧密地拧在了一起，企业的兴衰荣辱也就是你的兴衰荣辱。团队给外界的形象，是你们的产品，而产品是由人生产出来的，归根结底，你的一言一行就代表着这个企业。一个成熟的职场人士必须具备集体荣誉感，并且努力使这种自觉成为习惯，在日常工作、生活中自觉维护集体的声誉。体现在细微之处，这样的自觉就是忠诚度的具体体现。

比如，拨打和接听电话时，即使老板不在你身边，也应该注意语气，体现出你的素质与水平，展示公司的形象。微笑着平心静气地接打电话，会令对方感到温暖亲切。不要认为对方看不到自己的表情，其实，从打电话的语调中已经传递出是否友好、礼貌、尊重他人等信息了。也许正是因为你不经意的冷淡和鲁莽，吓走一个潜在的客户，使公司利益遭受不必要的损失。因此，每个员工都应该永远维护企业的形象。一名卓越的员工一定是以公司为荣，以成为公司的一员为荣，并将这种热爱落实在具体行动之中，时时刻刻维护企业的形象。

对此，业内专家建议，维护公司形象首先应该体现在员工的仪表与个人风范上。一个优秀的员工必须时时注意自己的仪表，做到庄重整洁，姿态良好，举止文雅，充满朝气、活力和进取精神，克服懒散、零乱和不讲卫生的劣习。对此，福特汽车公司的创始人亨利·福特在接受《哈佛商业评论》采访时讲过这样一个故事：

有一回，我同奇诺汽车配件销售公司经理吉米·斯米尔共进午餐。每当一位漂亮的女服务员走到我们桌子旁边，吉米·斯米尔总是目送她走出餐厅。我对此感到很气愤，我感到自己受到了侮辱。心里暗想，在吉米·斯米尔看来，女服务员的两条腿比我要对他讲的话更重要。吉米·斯米尔并没有听我讲话，他简直不把我放在眼里。这样的人居然是一家公司的销售经理，看来这家公司的整体素质的确不怎么样。于是，我取消了和奇诺汽车配件销售公司的合作。

一人可以兴企，一人亦可败企。所以为了企业的兴盛，为了个人的发展，让我们每一位员工从此刻起，时刻将企业荣誉放在心头，时刻注意维护个人形象和企业形象，不断提升个人的综合素质水平，为树立良好的企业形象贡献自己的力量！

众所周知，良好的企业形象可以使企业在市场竞争中处于有利地位，受益无穷；而平庸乃至恶劣的企业形象无疑会使企业在生产经营中举步维艰，贻害无穷。企业形象不仅靠企业各项硬件设施建设和软件条件开发，更要靠每一位员工从自身做起，因为，员工的综合素质就是企业形象的一种表现形式。如果每一位员工都对自己的公司充满荣誉感、责任心，那么这个企业的整体形象与未来发展一定没有任何问题。我们来分享一下世界500强员工小田千惠是如何从一名普通的接待员提升至接待部的主管的。

小田千惠是日本索尼公司销售部的一名普通接待员，工作职责就是为往来的客户订购飞机票、火车票。

有一段时间，由于业务的需要，小田千惠时常会为美国一家大型企业的总裁订购往返于东京和大阪的车票。

后来，这位总裁发现了一个非常有趣的现象：他每次去大阪时，座位总是紧邻右边的窗口，返回东京时，又总是坐在靠左边窗口的位置上。这样每次在旅途中他总能在抬头间就看到美丽的富士山。

“不会总有这么好的运气吧？”这位总裁对此百思不得其解，随后便饶有兴趣地去问小田千惠。

“哦，是这样的，”小田千惠笑着解释说：“您乘车去大阪时，日本最著名的富士山在车的右边。据我的观察，外国人都很喜欢富士山的壮丽景色，而回来时富士山却在车的左侧，所以，每次我都特意为您预订可以一览富士山的位置。”

听完小田千惠的这番话，那位美国企业总裁打内心深处产生了强烈的震撼，由衷地称赞道：“谢谢，真是太谢谢你了，你真是一个很出色的雇员！”

小田千惠笑着回答说：“谢谢您的夸奖，这完全是我职责范围内的工作。在我们公司，其他同事比我更加尽职尽责呢！”

美国客人在感动之余，对索尼的领导层感慨地说：“就这样一件小事，贵公司的职员都做到尽职尽责，那么，毫无疑问，你们会对我们即将合作的庞大计划尽心竭力的，所以与你们合作我一百个放心！”

令小田千惠没有想到的是，因为她的尽职尽责，这位美国企业总裁将贸易额从原来的500万美元一下子提高至2000万美元。

更令小田千惠惊喜的是，不久她就由一名普通的接待员提升至接待部的主管。

如果说智慧像金子一样珍贵的话，那么，还有一种东西同样珍贵，那就是时时刻刻地维护公司形象，因为一个员工的形象代表着一个公司的形象。比如上述案例中的小田千惠，像她那样的员工才是企业基业常青和永续经营的保证，尽管小田千惠并没有做出多大的丰功伟绩，但正是因为像小田千惠一样将时时刻刻地维护公司形象根植于内心，让时时刻刻地维护公司形象成为了其脑海中的一种自觉意识的员工，索尼才有今天的辉煌业绩。

四、将维护企业形象落实到行动上

事实上，员工走出公司的一举一动，无不在外人的眼中影响着企业的形象，员工的形象也就是企业的形象。特别是在客户的眼里，员工给客户自信的感觉犹如企业给客户公司实力的感觉，员工的谈吐影响着企业的信誉。

如果员工在与客户沟通的时候满口脏话，客户对这个员工所讲的话就要产生一半的怀疑，同时客户也可能对企业有看法等。这个时候，员工的言辞更是如此。

如果客户说“你们公司管理很差”，而员工也跟着说“是啊，我也觉得难受”，然后客户就会想“那就完蛋了”。相反，员工如果说“其实不是这样的，我想你是不太了解我们公司，只要你了解了，就一定会欣赏我们公司的”，那客户就会想“还不至于那么糟”。

两个不同的回答，纵使客户对企业的印象是真实的，前一个回答则使公司形象更糟，而后一个回答则能挽回一定的形象！可能客户以前的确对这个公司有误解，但是通过这个员工再次维护企业的形象，则能抹去过去给客户留下的不良印象。一个员工如果没有维护企业形象的意识，他肯定是一名不合格的员工！

刘潇诺刚从北京某大学旅游学院毕业不久，就到一家著名的五星级饭店当接待员。参加工作不久，刘潇诺就遇到了一个棘手的问题。

那天，一位来自美国的客人乔治·巴克杜克焦急地向值班经理反映："来中国前，我就预订了纽约—东京—香港—北京—哈尔滨—深圳—新加坡的联票。但是，由于疏忽，一张去哈尔滨的机票没有及时确认，预定的航班被香港航空公司取消了。"这一下乔治·巴克杜克急了，他到哈尔滨是去签订合同，如不能及时赶到，将造成巨额的损失。

酒店总经理当即安排刘潇诺和另外一位老接待员解决这一问题。她们一起到民航售票处，向民航的售票员介绍了有关情况，希望售票员能够帮忙解决这一问题。

但售票员的回答是："是香港航空公司取消的航班，和我们没有关系。"

还有其他什么办法吗？要不重新买一张票吧。但一问，票已经全部卖完了。

于是她们再一次向售票员重申，这是一个很重要的外国客人，如不能及时赶到会造成巨额的损失。但售票员的回答仍然是："对不起，我也无能为力。"

刘潇诺问："难道就再没有别的办法吗？"

售票员说："如果是重要客人你们可以去贵宾室试试。"

她们立即赶到了贵宾室。但在门口就被拦住了，工作人员要求她们出示贵宾证。这一下她们又傻眼了。此时此刻，到哪里去办贵宾证啊？

刘潇诺不甘心，又向工作人员重申了一遍情况，但工作人员还是不同意让她们进去。她突然动了一个念头，于是问了一句：“假如要买机动票，应该找谁?”

回答是：“只有总经理。不过我劝你们还是别去找了，现在票紧张得很!”

碰了这么多次壁，同去的接待员已经灰心丧气了，心想：要找总经理，那恐怕更是没有希望。于是，她拉着刘潇诺的手说：“算了吧，肯定没希望了，还是回去吧，反正我们已经尽力了。”

那一瞬间，刘潇诺也有点动摇了，但很快刘潇诺又否定了自己的想法，还是毫不犹豫地向总经理办公室走去。见到总经理后，刘潇诺将事情的来龙去脉又讲述了一遍。总经理听完之后，看着刘潇诺满是汗水的脸，微微一笑，问：“你从事这项工作多长时间了?”

得知刘潇诺刚刚参加工作，总经理被刘潇诺认真负责的态度感动了，说：“我们只有一张机动票了，本来是准备留下来给其他重要客人的。但是，你的敬业精神和对客人负责的态度让我非常感动。这样吧，票就给你了。”

当刘潇诺把机票送到乔治·巴克杜克手上时，乔治·巴克杜克简直是喜出望外。连声称赞刘潇诺，后来乔治·巴克杜克还特意给酒店的总经理写了一封表扬刘潇诺的信。总经理知道这件事后，当着所有员工的面对刘潇诺进行了表扬。不久，刘潇诺被破格提拔为主管。

事实上，世界500强企业非常看重员工时刻能维护公司的形象，在热爱公司的问题上，一个优秀的员工不仅应时刻秉持维护公司形象的观点，更要落实到行动上。

如果员工仅仅把公司当做谋生的场所而缺少这种荣誉感甚至厌恶自己所工作的企业，那么让他离开也许是最好的选择。在这种心态的支配下，可以断定这样的员工不会作出什么成绩。因此，维护公司形象首先要求员工在与外界交往时不要随意贬损公司，尽管有时你的评价是客观的和正确的。

一个随意贬损公司或老板的员工肯定是一个既不聪明，也没有多少才能的员工。这样做尽管直接伤害的是公司，实际上也是在伤害员工自己。

没有人喜欢这样的员工，当然包括老板。如果公司形象确实存在某种欠缺，从维护公司利益的角度出发，员工应该向上级或相关领导提出自己的改进意见，这才是真正负责的做法，而不是牢骚满腹甚至毫无顾忌地任意宣扬。因此，企业形象的好坏不仅仅看企业自身产品或服务的优劣，良好的企业形象是一种财富，具有巨大的吸引力，许多名牌企业、名牌商品的无形资产是难以估价的，它远远超过了其本身的价值，在社会生活和生产竞争中占有明显的优势。你一旦加入了公司，你和公司的命运就紧紧地拧在一起，公司的兴衰荣辱就是你的兴衰荣辱，公司给外界的形象是它的产品或服务，而你为公司树立的形象是你的一言一行。那么怎样做企业的形象代言人呢？对此，业内专家撰文指出，做企业的形象代言人具体要注意以下两点。

第一，做企业形象的代言人，就要落实到行动上。通过不懈的努力，精心维护企业的良好形象。企业就像自己的名片一样，与个人的职业理想、价值观和社会地位有密不可分的关系。每个员工都应该像爱护自己的家庭、珍惜自己的名誉一样维护企业的声誉，企业有了良好的社会信誉，才能在激烈的市场竞争中得到生存和发展，个人的价值才能得到体现。一位成功的职场人士，在日常工作和生活中，总是自觉维护公司的声誉，在与外界交往时，不说不做有损公司形象的言论和行为。要知道，在他人面前贬低自己的公司或老板是愚蠢之举，因为如果企业的声誉受到损害，个人的价值也同样会受到损害。

第二，当企业面临危险时，要极力挽回公司的形象，减少公司的损失。企业在发展过程中经常会遇到不利的甚至是负面事情的影响，比如顾客投诉等。在这种情况下，每名员工更应该从维护公司利益的大局出发，贯彻企业的经营理念，认真细致地解决问题，正确化解各种矛盾，积极消除不利影响，而不是无谓地传播甚至夸大这些不利影响，散布不利于企业的言论。只有全体员工都一心向上，为共同目标前进，企业才会不断向前发展。企业成功了，员工的自身价值也会随之提高。所以，每个员工在日常工作中要多做对维护企业声誉有利的事，不做有损企业利益和名誉的事。

第十三章

在工作遇到困难时，你为成功想办法了吗

一、上帝每制造一个困难，就会同时制造三个解决它的方法

在英文里有句话，是说上帝每制造一个困难，就会同时制造三个解决它的方法。所以，世上只要有困难，就会有解决的方法，而且“方法总比困难多”，只是你暂时没有找到合适的方法而已。

在工作中，我们都曾遇到过这样或那样的困难和问题，面对困难和问题，此时常常有这样两种人：一种是碰见困难避而远之的人；另一种是迎难而上，主动去寻求方法解决问题的人。

可以说主动去寻找方法解决问题的人，是职场中的稀有资源，更是任何一家企业都急需的珍宝。于是，前者成为了成功者，后者沦落为失败者。

同样，在很多场合下，笔者也经常对其学员和客户说：成功必有方法，失败必有原因。近年来，关于“成功”的书籍数不胜数，形形色色。然而，一个人要真正地取得成功，仅靠立志成功是不够的，还必须有实际有效的方法才行。可以说，那些最成功的人、获得最终胜利的人就是那些主动寻找方法解决问题的人，而纵观他们的奋斗成功史，其实就是一段不断用方法来改变困境、获得成功的历史。

同样的问题摆在众人的面前，主动寻找方法、积极解决问题是成功者的“特征”，而失败者只知一味地蛮干，遇到问题就临阵脱逃、推卸责任、自我设限，永远都在逃避责任。因此，凡事找方法解决者，一定是成功者；凡事都避而远之者，一定是失败者！正所谓：世上无难事，只怕有心人。只要你努力地去想办法，相信问题就一定能有其解决之道。对此，国内一家非常著名的企业的一把手，在接受某电视台采访时讲了这样一个故事，他说他企业中的每一个员工都听他讲过。

如今，日本的索尼电器在中国非常有名，其实，在20世纪70年代，索尼电器在日本国内就已经很有名、很畅销了。然而，当时打进美国市场的第一种产品也是唯一一种产品——索尼彩电，在美国市场的销售却相当惨淡。

原来在那个时候，在美国人看来，日本货就是劣质产品的代名词。因此，被索尼公司派到美国的负责人，都一个个铩羽而归。这些人不但灰溜溜地回来了，还为自己的失败找出了一大堆借口，以此来为自己的失败开脱。

日本人是不甘心失败的，索尼公司也绝不会放弃美国市场。于是，公司任命卯木肇为索尼海外部部长。上任伊始，他便被委派到了芝加哥。

风尘仆仆的卯木肇一到达芝加哥市，就发现了一个让他吃惊不已的事实——在当地的寄卖商店里，索尼彩电蒙尘垢面，无人问津。为什么在日本国内十分畅销的优质产品，在美国会无人理睬呢？他决心要找出问题的症结所在。

经过一番调查，卯木肇知道问题出在哪里了。原来，以前派来的负责人在面对惨淡的市场时，非但没有想出好办法来改进，还在糟蹋着索尼公司的形象。他们曾多次在当地的媒体上发布减价销售索尼彩电的广告，使得索尼这个牌子在当地消费者心目中进一步形成了低贱、次品的糟糕印象，索尼彩电的销售由此越发地受到严重的打击。

在这样糟糕的现实面前，卯木肇完全可以找借口推掉这份工作，然后回国的，因为这样的借口合情合理：我没法干了，前任们把市场都破坏了，这不是我的责任！但他首先想到的是如何挽救局面。如今，他必须解决的首要问题是：怎么样才能改变索尼彩电在美国人心中既成的糟糕印象？如何去改变彩电销售的糟糕现状？

经过数天苦苦的思索，“带头牛效应”启发了卯木肇，他决定找一家实力雄厚的电器零售商作为销售突破口，彻底打开索尼彩电的销售局面。卯木肇最先想到的是马歇尔公司——芝加哥市最大的电器零售商。第二天一大早，卯木肇就前去求见马歇尔公司的总经理，但他递进去的名片很快就被退了回来，原因是总经理不在。第三天，他特意选了一个估计总经理比较清闲的时间去求见，这次得到的回答是“总经理外出了”。第四天，当他又一次登门时，总经理终于同意接见他，但拒绝售卖索尼的产品。总经理认为，索尼的产品降价拍卖，形象太差。卯木肇非常恭敬地倾听着总经理的意见，并一再地表示要立即着手改变产品的形象。

一回到办公室，卯木肇就立刻让人从寄卖店里取回了货品，并取消了减价销售，还在当地报纸上重新刊登了大面积的广告，重塑索尼形象。

做完了这一切后，卯木肇再次叩响了马歇尔公司总经理的门。这次，卯木肇听到的拒绝理由是“索尼的售后服务太差，无法销售”。于是，卯木肇迅速成立了索尼特约维修部，全面负责产品的售后服务工作；同时在报刊上重新刊登广告，附上特约维修部的电话和地址，承诺24小时为顾客服务。

尽管卯木肇做出了种种努力和承诺，但马歇尔公司还是不愿意销售索尼的商品。虽屡遭拒绝，卯木肇依然痴心不改。他规定他的每个员工每天拨五次电话，向马歇尔公司求购索尼彩电。马歇尔公司被接二连三的求购电话搞得晕头转向，以致员工误将索尼彩电列入“待交货名单”。这令总经理大为恼火，这一次他主动召见了卯木肇，一见面就大骂卯木肇扰乱了他们公司的正常工作秩序。卯木肇只是微笑着听总经理的责骂，等他发完火之后，他才晓之以理、动之以情地对总经理说："我几次求见您，一方面是为本公司的利益，但同时也是为了贵公司的利益。在日本国内最畅销的索尼彩电，一定会成为马歇尔公司的摇钱树的。"在卯木肇的"攻势"下，这位经理终于同意试销两台，不过，条件是如果一周之内卖不出去，立马搬走。

卯木肇满口答应了。为了开个好头，他亲自挑选了两名得力干将，把百万美金订货的重任交给了他们，并要求他们破釜沉舟，如果一周之内这两台彩电卖不出去，就不要再回公司了……

两人果然不负众望，当天下午四点钟，他们就送来了好消息。接着，马歇尔公司又追加了两台，也在当天卖出。就这样，索尼彩电终于挤进了芝加哥的"带头牛"商店。随后，进入家电的销售旺季，短短一个月内竟卖出了 700 多台。索尼和马歇尔从中获得了双赢。

有了马歇尔这只"带头牛"开路，芝加哥市的一百多家商店都对索尼彩电群起而销之，不到三年，索尼彩电占据了芝加哥市电器市场份额的 30%。

这位老总说，他经常给企业员工讲这个故事，目的是要让企业里的所有员工都明白：只有像卯木肇这样遇到任何困难和糟糕处境都能想尽办法去解决的员工，才是企业和组织真正需要的人才。因此，不管是在古代还是现代、国内还是国外，主动寻求方法解决问题的人都会像金子一样光芒四射。哪怕他没有刻意去追求机会，机会也会主动找上门来。

在工作和生活中，所谓的"一帆风顺"只不过是一句美好的祝愿而已，坎坷和崎岖总是会有一些的。但是我们也绝不能因为怕遇到难题就不敢去做任何事情，就阻碍了我们前进的步伐。因为我们相信困难再多总能找到解决它们的办法，一千个困难必会有一千零一个解决的方法，方法总会比困难多！

詹妮芙·帕克小姐是美国鼎鼎大名的女律师。然而她却曾经被自己的同行——一位老资格的律师马格雷先生愚弄过一次，而恰恰是因为这次愚弄使得詹妮芙小姐名扬全美国。事情是这样的：

一位名叫妮可的小姐被美国一家著名汽车公司制造的一辆卡车撞倒，尽管当时司机踩了刹车，但不知怎么回事，卡车却把妮可小姐卷入车下，导致妮可小姐被迫截去了四肢，骨盆也被碾碎。但是在警察调查此案时，妮可小姐却说不清楚到底是自己在冰上滑倒掉入车下的，还是被卡车卷入车下的，因为当时她自己也不是很清醒。而马格雷先生则巧妙地利用了各种证据，推翻了当时几名目击者的证词，使得妮可小姐因此败诉。

最后，绝望的妮可小姐向詹妮芙·帕克小姐求援，而詹妮芙则通过调查掌握了该汽车公司的产品近5年来的15次车祸——原因完全相同，最后她终于弄清楚其中的真正原因，原来该汽车的制动系统有问题，急刹车时，车子后部会打转，把受害者卷入车底。

于是詹妮芙对马格雷说：“卡车制动装置有问题，你隐瞒了它。我希望汽车公司拿出200万美元来给那位可怜的姑娘，否则，我们将会提出控告。”

而老奸巨猾的马格雷回答道：“好吧，不过，我明天要去伦敦，一个星期后回来，届时我们研究一下，再做出适当的安排。”然而一个星期后，马格雷却没有露面。这时詹妮芙仿佛感到自己是上当了，但又不知道为什么上当，而当她的目光扫到了日历上时——詹妮芙恍然大悟，原来诉讼时效已经到期了。詹妮芙怒冲冲地给马格雷打了电话，马格雷在电话中得意扬扬地放声大笑：“小姐，诉讼时效今天过期了，谁也不能控告我了！希望你下一次变得聪明些！”

詹妮芙几乎要给气疯了，她问秘书：“准备好这份案卷要多少时间？”

秘书回答：“需要三四个小时。现在是下午一点钟，即使我们用最快的速度草拟好文件，再找到一家律师事务所，由他们草拟出一份新文件，交到法院，那也来不及了。”

“时间！时间！该死的时间！”詹妮芙小姐在屋中团团转，突然，一道灵光在她的脑海中闪现，这家汽车公司在美国各地都有分公司，我们为什么不把起诉地点往西移呢？因为隔一个时区就差一个小时啊！

而位于太平洋上的夏威夷在西十区，与纽约时差整整5个小时！对，就在夏威夷起诉！

就这样詹妮芙赢得了至关重要的几个小时，最后她以雄辩的事实，催人泪下的语言，使陪审团的男女成员们大为感动。陪审团一致裁决：妮可小姐胜诉，汽车公司赔偿妮可小姐各种费用总计500万美元！

这个故事告诉我们：尽管寻找解决问题的方法很困难，但是只要我们积极努力地去想办法，方法总是会有的。同样，工作中也是这样，遇到困难，只要我们去积极思考，总会有方法解决它们。所以当我们遇到了难题时，首先应该坚定这样的信念：方法总比困难要多！

比尔·盖茨曾说：“一个出色的员工，应该懂得：要想让客户再度选择你的商品，就应该去寻找一个让客户再度接受你的理由，任何产品遇到了你善于思索的大脑，都肯定能有办法让它和微软的Windows一样行销天下的。”

二、只要努力想办法，一定能有好方法

在很多时候，我们常听到很多员工在说：“这个客户的投诉让我确实是没办法！”“真的是一点儿办法也没有！”这样的倾诉，相信任何一个企业的员工都非常熟悉，因为在你们的同事中也经常诉说，所以经常听到这样的话语也就不足为奇了。

事实上，对于任何一个员工来说，“确实是没办法”、“真的是一点儿办法也没有”这样的语句是没有资格说的，因为遇到问题最佳的办法是找出方法，而不是向主管经理或者老板说“确实是没办法”、“真的是一点儿办法也没有”！

在这里，笔者建议那些常说“确实是没办法”、“真的是一点儿办法也没有”的员工不妨换位思考一下，如果当你向老板提出某种要求时，要是

老板也这样回答说："确实是没办法！""真的是一点儿办法也没有！"相信你肯定会对老板无比的失望！同样，如果你的主管经理或者老板给你下达某个任务，或者你的同事、顾客向你提出某个要求时，你这样回答，我想你同样能够体会到他们对你的失望，甚至会超过你此刻的心情！

在很多时候，一句"确实是没办法"、"真的是一点儿办法也没有"，就已经为自己找到了完不成某项工作的退路了。事实上，也正是这一句"确实是没办法"，让员工失去了晋升的机会，从而阻碍了很多员工发展的前进步伐。

面对困难和问题，难道是"真的没办法了"、"真的是一点儿办法也没有"吗？还是我们根本没有全力以赴去好好地想办法解决问题呢？经过我们在对大量的员工调查后发现，在很多时候，不是"真的没办法了"、"真的是一点儿办法也没有"，而是这部分员工根本就没有想把工作干好。其实工作不在于你怎么做，而在于你想怎么做。一个善于和勤于思考的人，总是能找到完成工作的最好办法。这样的人，必将成为生活的强者和企业的重要力量。

现代心理学的研究表明，在困难面前积极想办法的态度会激发我们的潜在智慧。因此，一些成功的企业家在遇到困难的时候，非常注意营造一种动脑筋、想办法的氛围，他们相信天无绝人之路，而无路可走的人总是那些不下工夫找路的人。我们来看看王永庆卖米的故事，相信能给中国企业员工诸多启示。

号称"经营之神"的王永庆，16 岁开始创业时，面临的经营环境是非常恶劣的。由于家庭贫困，家中没有过多的钱来进入资金密集型行业，只能进入一些所需资金不多的竞争性行业。当时王永庆根据自己的资金状况以及自己本身对于米店经营较为了解这一实际情况，在台湾嘉义开了一家小米店，开始了他的创业之路。

注重长期效率定会失去一些短期利益。就像王永庆经营米店那样，为了赢得客户，他改变了传统的观念。当时，在嘉义有很多米店，而且这些米店都有自己固定的客户群。作为米店的新进入者，王永庆面临极大的挑战。为了生存，王永庆必须开拓市场，开始时他挨家挨户地推销自己的大米，很不容易地争取到了几个客户。王永庆在推销大米的过程中，他注意到在大米经营中存在很多需要改进的地方，他想自己要在市场上生存，仅仅推出一般的产品或者比一般的产品还差的产品是很难在市场上生存的。要生存、要发展，只有推出差异化产品，通过产品差异化，提供给客户更多的附加价值，才能提高自身企业的市场竞争力，也只有这样，企业才能在市场上得以生存和发展。

赢得客户当然得从经营理念上着手。在这一思想引导下，王永庆在产品差异化上下大工夫。当时由于农民种出的大米都是收割后铺在马路上晒，所以当稻谷碾成米后，一般米堆里都有许多沙粒、小石块等杂物，由于人们认为这是很正常的，所以米店出售的大米一般都有一些沙粒、小石块。王永庆认为，这正是他的米店进行差异化营销的切入点，他想别人的大米都有沙粒、小石块，如果我的大米没有这些杂物，必然会受到消费者的青睐。于是，在出售大米之前，他一般都是把那些沙粒、小石块一个一个地挑出来，拣干净后才出售给消费者。

长期利益的取得不是一个短暂的过程，有时要几个月，有时要几年，甚至几十年。在服务方面，当时顾客买米一般都要到大街上去买，而且还要背回去，不仅很累，而且很不方便，特别是有时做饭时才发现米不够了，匆匆忙忙去买米更是十分麻烦。看到这一情况后，王永庆又积极提高服务质量，变被动营销为主动营销，在客户上门买米时，他就主动提出把米送到客户家中去，并且与客户进行多方面沟通，了解消费者家庭的基本情况、大米消费的状况等资料，并根据这些收集的资料，计算出客户每月的消费量以及这次送米能够使用的大约天数。在顾客即将吃完大米的前两三天，主动把大米送到客户家中。

除此之外，王永庆在售米过程中还提供一些额外的服务，比如送米的时候将旧米淘出来，将米缸清洗一遍，然后将新米放在下层，旧米放在上层。由于王永庆经营米店在产品质量、服务上高人一筹，从而大受消费者的欢迎，大家都说他服务周到，大米质量好。于是一传十、十传百，生意越做越好。

解决企业中出现的问题，不仅是企业的生命线，更是企业生存和发展的根本命脉。事实上，王永庆卖米创造了一个商业时代的神话。故事虽然简单，但其蕴涵的哲理却在告诉人们，尤其是刚从校门走向社会的学子，成就伟大的事业需要用心创造，如果仅仅只是梦想着霸业，可能是空中楼阁或是空欢喜一场。

貌似十分简单的卖米，却让王永庆做出了大文章。在街坊中卖米，确实没有多少技术含量，但王永庆就在这个行当里奠定了自己的霸业基础，成为台湾工商产业界的巨子，在全球华人富豪中被誉为“塑胶大王”、台湾的“经营之神”。反观世界500强企业的优秀员工，其核心的素质是：当他们在遇到问题和困难时，总是能够主动去找方法解决。

福特汽车公司是美国创立最早、最大的汽车公司之一。1956年，该公司推出了一款新车。尽管这款汽车式样、功能都很好，价钱也不贵，但却销路平平，和当初设想的情况完全相反。

公司的管理人员急得就像热锅上的蚂蚁，但绞尽脑汁也找不到让产品畅销的方法。

这时，在福特汽车公司里，有一位刚刚毕业的大学生，对这个问题产生了浓厚的兴趣，他就是艾柯卡。

当时艾柯卡是福特汽车公司的一位见习工程师，本来与汽车的销售毫无关系。但是，公司老总因为这款新车滞销而着急的神情，却深深地印在他的脑海里。

他开始不停地琢磨：我能不能想办法让这款汽车畅销起来呢？终于有一天，他灵光一闪，于是径直来到总经理办公室，向总经理提出了一个自己想出的方法，他说：“我们应该在报上登广告，内容为：花56元买一辆56型福特。”

而这个创意的具体做法是：谁想买一辆1956年生产的福特汽车，只需先付20%的货款，余下部分可按每月付56美元的办法逐步付清。

他的建议得到了采纳。结果，这一办法十分灵验，“花56元买一辆56型福特”的广告引起了人们极大的兴趣。

因为“花56元买一辆56型福特”的这种宣传，不但打消了很多人对车价的顾虑，还给人留下了“每个月才花56元就可以买辆车，实在是太合算了”的印象。

奇迹就在这样一句简单的广告词中产生了：短短的3个月，该款汽车在费城地区的销售量，从原来的末位一跃成为冠军。

而这位年轻的工程师也很快受到了公司赏识，总部将他调到华盛顿，并委任他为地区经理。

后来，艾柯卡不断地根据公司的发展趋势，推出了一系列富有创意的方法，最终脱颖而出，坐上了福特公司总裁的宝座。

从艾柯卡身上我们能够看出：在工作中主动去想办法解决问题的人最容易脱颖而出，也最容易得到公司的认可！

三、现实中的困难远比不上想象中的那么可怕

在很多时候，困难比想象的多，成就比想象的大。在这里，西点军校就非常强调解决方法的重要性，在西点军校的《校训》中写道：“现实中的恐怖，远比不上想象中的恐怖那么可怕。”

从西点军校《校训》中这句话可以看出，困难是任何一个组织的员工都会遇到的，尤其是那些直接面对客户打交道的员工所遇到的困难尤其更多。对此，新东方集团董事长俞敏洪谈困难时就强调：“人遇到困境时，采取的态度决定了他是否能反败为胜。困境通常不能一下子摆脱，所以采取的第一态度是耐心等待，困境就像开车前后被堵，再着急也没法扛着车出去；其次是要淡化困境并从中受益，就像周文王被囚羑里著《易经》；

最后是永存希望，寻找机遇。曼德拉27年监狱生涯从没放弃黑人平等的事业终获全胜。”

从俞敏洪的话中可以得知，面对困难，必须迎难而上，只有选择全力以赴地解决困难，才能成为成功之人，相反，如果选择畏缩逃避，那么无一例外会成为失败者。

众所周知，成功者之所以能够成功，是因为他们面对困难和问题无一例外地选择竭尽全力地解决问题，对困难和问题从不回避，他们深知，逃避只能是懦夫的表现。事实上，对于任何一个组织的员工们来说，一旦面对困难，一味的逃避并不能有效地解决任何问题，相反会让问题变得更加难以应对，甚至为其付出惨重的代价。

在一些场合，常常听到有人说：“只要努力了，结果如何并不重要。”然而，在一切讲究效率的今天，这一句话已经明显不适用了。有些员工拼尽全力做某件事，自然是希望获得成功，不然也不必白费力气了。不过，努力并不等于成功，只有找对方法才能拿到成功的金钥匙，只有选对方法才能事半功倍，比别人提前一步到达终点。

彼得·尤伯罗斯（Peter V. Ueberroth），1984年洛杉矶奥组委主席，一个象征了“资本主义在奥运会的胜利”的时代周刊风云人物。

在他创造性地推动下，1984年奥运会留给洛杉矶一个炫目的光环——“一个成功的资本主义奥运会的典范”。洛杉矶人由此获得的自豪和成就感，促使他们对申请2012年奥运会跃跃欲试。洛杉矶申奥会声称，如果不是雅典参加竞争2004年的奥运会，他们原计划要参加当年的申请。

奥运会给洛杉矶市带来的经济利益有多大？据加利福尼亚州立大学洛杉矶分校的教授格列格·安德罗诺维奇统计，洛杉矶因奥运会获得了96亿美元的旅游收入，其中大约有1.4亿美元收归当地政府和加州州政府。奥运会结束后，其2.2亿美元的利润中，有9000万美元流入洛杉矶地区的青少年体育基金组织。20年后，南加州的青少年体育运动仍然从这笔资金中获益匪浅。

而实现这一切的前提，仅仅是由私人资金兴建的4座新体育场馆和一座位于UCLA校园内的办公楼，外加一个200人的组委会团队。

1984年洛杉矶奥运会直到今天，更值得咀嚼的无疑是其所取得的商业上的巨大成功。遥想当年，多少人围坐在14英寸的电视机前，对着开幕式的盛况瞠目结舌。从那一天起，我们的记忆中有了五环上的巨大火炬和装束如宇航员的空中飞人……当然，我们也对一种叫可口可乐的碳酸饮料，一种名为柯达的胶卷，或是一个叫耐克的体育用品有了第一印象。

1896年，皮埃尔·顾拜旦创办了现代奥运会。他的目标是恢复古代奥运会最重要的传统：来自世界各地的业余运动员汇集到一起，为了对体育的热爱和参与精神而竞争。至于收支平衡的维持，依靠的是个人捐献和会场的门票收入。

在1984年洛杉矶奥运会之前，主办奥运会是一个国家巨大的荣誉之一，但在短短17天后，其留下的巨额账单却让主办国吃尽了苦头。1976年蒙特利尔奥运会主办国加拿大至今仍在偿还当年的亏损。而当尤伯罗斯加入洛杉矶1984年奥运会的筹委会时，筹委会正处在破产边缘。

但最后的事实却是，洛杉矶不仅办成第一届没有赤字的奥运会，还留下了难以想象的2.2亿美元赢利。

这一切，都是因为可口可乐、柯达、耐克，还有更多“招摇”在奥运赛场上空的名字。

如果顾拜旦被称为现代奥运之父，那么，给尤伯罗斯冠以“奥运会企业赞助之父”的头衔，一点儿也不为过。

借助企业赞助，尤伯罗斯把财政赤字变成了巨额收入，把奥运会变成了一个巨大的商场。43家企业被授予“销售奥运指定产品”的特权，9家企业获得了“指定赞助者”的称号，并共同赞助了1亿美元。

为了表达对尤伯罗斯在谈判桌上绞尽脑汁、劳苦功高的感激之情，美国时代周刊把他评为1984年的风云人物。

从此之后，企业赞助奥运会的规模飞速增长。1992年巴赛罗纳奥运会，企业赞助1.5亿美元；1996年亚特兰大奥运会，赞助费增至3亿~4

亿美元。尽管赞助费用达到了天文数字，各家公司还是心甘情愿地付出这笔市场花销。因为他们知道，由其带来的经济收益是不可估量的。

而到今天，各届奥运会得到的来自企业赞助的费用超过了96亿美元。

目前，奥运会的收益主要集中在现场直播、企业赞助、门票销售以及发行纪念册和邮票等。其中，现场直播和企业赞助提供了绝大多数资金，而后者更是变成了驱动奥林匹克运动的主要动力。

赞助费被用来支付奥运会筹委会的支出，或者通过国际体育联合会来发展世界体育运动。除此之外，这笔收入还被主办国的国家组织委员会用来保障各国运动员前往主办国参赛。

虽然有很多人表示，企业赞助磨灭了“重在参与”的精神，但人人都清楚地意识到，没有赞助，奥运会的规模将大打折扣。国际奥委会的市场总监迈克尔·佩恩（Michael Payne）也直言：“没有企业赞助，全球只有不到30个国家能够负担得起前往奥运会的费用。”（本案例来源：北京青年报，作者：杨鑫）

可以说这次奥运会给尤伯罗斯带来了空前的声誉。然而回首成功，他非常感慨地说：“世上的任何事情，只要你去想办法就会有突破点，就一定会有解决的方法。”

是的，想办法就一定会有好方法！假如畏难，又怎么可能创造出这样辉煌的业绩呢？

法国数学家、哲学家彭加勒曾经说过：“出人意料的灵感，只有经过了一些日子，通过有意识的努力后才产生。没有努力，机器不会开动，也不会产生出任何东西来。”

我们平时喜欢讲一句话：“眉头一皱，计上心来。”其实也是因为有丰富的知识与经验的积淀才实现的。

在职场上，要想成为一名出色的职员，在对待工作中的问题时，就要尽一切可能去寻找各式各样的解决方法。

四、遇到问题就自己主动寻找解决的方法

事实上，成大事者和平庸之流的根本区别之一，就在于他们是否在遇到困难时理智对待，主动寻找解决的方法。对此，宝洁前 CEO 兼总裁艾伦·雷富礼（Alan G. Lafley）在接受媒体采访时就强调“只为成功找方法”的重要性，他说：“遇到问题就自己想办法去解决，找方法提高工作效率。在企业里，没有任何一件事情能够比一个员工处理和解决问题，更能表现出他的责任感、主动性和独当一面的能力。”

从艾伦·雷富礼的话中不难看出，一个人只有敢于去挑战，并在困局中突围而出，才能奏出激越雄浑的生命乐章，最大化地彰显人性的光辉。对此，法国思想家、文学家、批判现实主义作家、音乐评论家和社会活动家罗曼·罗兰在《约翰·克利斯朵夫》一书的开篇就写到：“真正的光明绝不是永没有黑暗的时间，只是永不被黑暗所掩蔽罢了……所以在你要战胜外来的敌人之前，先得战胜你内在的敌人……”

在此，可以肯定地说，成功的人并非就没有遭遇过困难，只不过他们没有被困难所征服罢了。因此，只有主动寻求方法去解决好工作中遭遇的每一个问题和困难，才能领略到心灵释放和智慧碰撞所带来的酣畅淋漓。

李嘉诚，华人首富，他的名字可谓家喻户晓。他之所以能够做得那么成功，是有一定原因的。

从打工的时候开始，他就是一个通过找方法去解决问题的高手。他先是在茶楼做跑堂的伙计，后来应聘到一家企业当推销员。

做推销员首先要能跑路，这一点难不倒他，以前在茶楼成天跑前跑后，早就练就了一副好脚板儿，可最重要的，还是怎样千方百计地把产品推销出去。

有一次，李嘉诚去写字楼推销一种塑料洒水器，一连走了好几家都无人问津。一上午过去了，一点成绩都没有，如果下午还是毫无进展，将要

饿肚子。尽管推销颇为艰难，他还是不停地给自己打气，精神抖擞地走进了另一栋办公楼。他看到楼道上的灰尘很多，突然灵机一动，没有直接去推销产品，而是去洗手间，往洒水器里装了一些水，将水洒在楼道里。十分神奇，经他这样一洒，原来脏兮兮的楼道，一下变得干净了许多。这一来，立即引起了主管办公楼的有关人员的兴趣，就这样，一下午他就卖掉了十多台洒水器。

李嘉诚这次推销为什么能获得成功呢？原因在于他把握了一个非常有效的推销方法：要让客户动心，就必须掌握他们如何才能受到影响的规律："听别人说好，不如自己看到的好；看到的好，不如使用起来好。"总讲自己的产品好，哪能比得上亲自示范、让大家看到使用后的效果呢？在做推销员的整个过程中，李嘉诚十分重视分析问题和总结方法。在干了一段时期的推销员之后，公司的老板发现：李嘉诚跑的地方比别的推销员都多，成绩也是全公司最好的。

他是怎么做得这么成功的呢？原来，他将香港分成几大片区，对各片的人员结构进行分析，了解哪一片的潜在客户最多，就有的放矢地去跑，重点推销，再加上他的勤奋，这样一来，获得的收益自然要比别人多。

其实，外界的困难，不如意的条件，一个接着一个的压力与挑战等，无法吓倒一个真正优秀的人。从李嘉诚的成功可以看出，公司的员工们尽管面临各种各样的困难和各自棘手的问题，只要处处留心，注意找到解决困难和问题的方法，就能被老板欣赏，以至于被提拔。

在美国，年轻的铁路邮务生佛尔，曾经和许多其他的邮务生一样，都用陈旧的方法分发信件，而这样做的结果是往往使许多信件被耽误几天或更长的时间。

佛尔却不满意这种现状，而是去想尽办法改变。很快，他发明了一种把信件集合寄递的方法，极大地提高了信件的投递速度。

5 年后，他成了邮务局帮办，接着当上了总办，最后升任为美国电话电报公司的总经理。

是的，当谁都认为工作只需要按部就班做下去的时候，偏偏有一些人会去主动寻找更好更有效的方法，将问题解决得更好！同时也正因为他们善于主动地去寻找方法，所以他们也常常最容易得到认可，最容易获得成功！我们再来看一个更精彩的故事：

1793 年，守卫土伦城的法国军队叛乱。叛军在英国军队的援助下，将土伦城围得像铜墙铁壁。土伦城四面环水，且有三面是深水区。英国军舰就在水面上巡弋着，只要前来攻城的法军一靠近就猛烈开火。法军的军舰远远不如英军的军舰，根本无计可施，法军指挥官急得团团转。以致前来平息这次叛乱的法国军队怎么也攻不下。

就在这时，在平息叛乱的队伍中，一位年仅 24 岁的炮兵上尉灵机一动，当即用笔写下一张纸条，交给指挥官："将军阁下：请急调 100 艘巨型木舰，装上陆战用的火炮代替舰炮，拦腰轰击英国军舰，以劣胜优！"

指挥官一看，连连称妙，赶快照办。

果然，这种"新式武器"一调来，英国舰艇无法阻挡。仅仅两天时间，原来把土伦城围得严严实实的英军舰艇被轰得七零八落，不得不狼狈逃走。叛军见状，很快也缴械投降。

经历这一事件后，这位年轻的上尉被提升为炮兵准将。

你知道这位上尉是谁吗？他就是后来威震世界的军事天才拿破仑！

一个有办事能力的员工，必然是一个智慧型的员工。处处运用你的智慧，时时运用你的智慧，这样，你才能超越平庸，成为不可或缺的人才。

作为一个企业，肯定会有各种各样的员工，他们来自五湖四海，能力、性格等方面也是千差万别，通常我们将员工分成三类：

第一，机械型员工。有一做一，完全按领导的具体指示一步步做事。可以说面对这样的员工，就像面对一个机器人，你要将工作步骤像写程序一样布置给他，否则他什么也不能完成。

第二，智能型员工。这类员工可以将自己的专业知识、专业技能主动地应用于工作，以此弥补领导在专业方面的不足，同时还可以为领导提供某些专业方面的合理性建议，就像领导的智囊团。

第三，智慧型员工。这样的员工能够系统化地思考问题，将各方面的知识和道理融会贯通起来用于工作。可以说这样的员工是用头脑工作的员工，而且也是每个企业在发展过程中最需要的员工。

因此，我们提倡做一个智慧型员工，因为只有这样的员工，才能在瞬息万变的职场中经受住市场的洗礼，成为公司发展的顶梁柱、老板的左右手，同时自己也才能有一个更好的发展前景。我们看看下面的两个人在工作中的不同表现：

杰克和布若几乎同时受雇于一家超级市场，开始时大家都一样，从底层干起。可不久杰克受到总经理的青睐，一再被提升，从领班直到部门经理。而布若却像被人遗忘了似的，还在最底层辛苦地工作着。终于有一天布若忍无可忍，向总经理提出辞呈，并痛斥总经理的不公平，辛勤工作的人不提拔，倒提拔那些吹牛拍马的人。

总经理耐心地听着，他十分了解这个小伙子，工作肯吃苦也很勤劳，但似乎缺了点什么，缺什么呢？三言两语说不清楚，说清楚了他也不服，看来……他忽然有了个主意。

“布若先生，”总经理说，“你马上到集市上去，看看今天有什么卖的。”

布若很快从集市上回来说，集市上只有一个农民拉了一车土豆在卖。

“一车大约有多少袋？”总经理问。

布若又跑去，回来后说有40袋。

“价格是多少？”布若准备再次往集上跑。

总经理望着跑得气喘吁吁的他说：“请休息一会儿吧，看看杰克是怎么做的。”说完叫来杰克对他说：“杰克先生，你马上到集市上去，看看今天有什么卖的。”

杰克很快从集市上回来了，汇报说到现在为止只有一个农民在卖土豆，有40袋，价格适中，质量很好，他还带回几个样品让总经理看。这个农民过一会儿还将弄几箱西红柿上市，据他看价格还公道，可以进一些货。想到这种价格的西红柿，总经理可能会要，所以他不仅带回了几个西红柿做样品，而且把那个农民也带来了，他现在正在外面等回话呢。

总经理看一眼红了脸的布若，说：“布若先生，你还有意见吗？你已看到了吧：杰克是带着智慧去工作的，而你仅仅是带着指令去工作的。”布若恍然大悟，心服口服。

在平常的工作岗位上，难免会遇到或多或少的问题。当你遇见问题时，能否主动运用你的脑子去想办法解决，是一个员工是否有智慧的表现。好员工总是带着智慧去工作的，他会先分析工作的具体情况，然后看该怎么做，而且在工作中不管有多大的困难，他们总是能够想方设法解决。

小郑刚到公司不久，就接到一个“讨债”的艰巨任务。一家客户在一年前买了 300 万元的设备，却一直没有将余款结清，到现在还差 30 多万元。

小郑心里有数：这债能不能讨回来，将决定他今后在公司的地位和发展！于是暗下决心，一定要将这笔钱要回来！

一番较量过后，小郑发现，对方公司的严总真的不好对付，无论他怎么软磨硬泡，人家就是不给钱。

眼看三个月的试用期就快到了，可是钱还没有着落。而唯一的效果是门口传达室的王师傅和他成了“熟人”。小郑在总结自己的工作后，决定从王师傅这里寻找突破口。

于是，时不时的，小郑就提些酒菜，到王师傅那里喝两盅，在与王师傅的谈话中，得到了不少有价值的信息，比如严总是个很爱面子的人、严总平时只有下半周在公司等。一来二去，将对方的情况摸了个清。

一天，小郑又提着酒到传达室找王师傅。一见面，王师傅就笑着说：“你这次又要白跑了，严总开会去了……”

小郑忙问怎么回事。原来，严总今天到工商局去参加一个表彰大会，大会的主题就是“重合同、守信用”。在会上，作为这方面的模范公司，严经理要做发言，而且还有本市媒体会做现场报道。

了解这些信息后，小郑突然意识到：这是一个千载难逢的机会。于是立刻向王师傅借了纸笔，快速地写了几行字，就直奔工商局去了。

到会场的时候，严总的发言刚刚到最精彩的部分，市内几家著名媒体的摄像机、闪光灯都对向他，讲台上的严总神采飞扬。

突然，严总看到了小郑，不禁有点发慌：怎么在这个时候见到他？

严总从讲台上下来的时候，已经出了一身的汗。小郑悄悄移到他身边，轻轻说道：“严总，您的发言真是太精彩了，在本市的老总中您绝对是最守信用的一个。您看我们公司那笔余款是不是……”

严总立刻道：“你放心，回公司就办这件事。”

“哎，我就知道严总是言出必行的大老总！”小郑不动声色地说。

像很多成功的人一样，可以说拿破仑的成功，就在于他遇到问题时主动去想办法，抓住解决问题的关键，最终走上了人生巅峰！而正是有了这样的新起点，才会有更大的舞台，才能吸引更多的人向自己看齐，才有更多的资源向自己汇集，才能迈向更大的成功。因此，优秀的员工，是最擅长解决问题的员工。只有勇敢面对问题，才能发现我们潜藏的力量，唤醒我们麻痹的问题解决智慧。面对问题的最好办法就是：对问题负责，勇敢地面对问题，开动脑筋解决问题。

第十四章 你在何时何地都坚持公司利益至上了吗

一、何时何地都要坚持企业利益高于一切

我敢断言，当我们进入组织的那一刻，相信老板不止一次地告诉自己的每一个员工：“时刻把公司利益放在第一位，只有做好这一点，你们才有可能升任高阶的主管职位。”

的确，时刻把公司利益放在第一位，是老板培训每一个职场人士的标志性语句。然而，遗憾的是，在很多场合下，老板当初语重心长的初衷并没有达到培训的目的，一些职场人士把老板这句经典的语句抛在脑后，结果当然是可想而知的。不是被老板辞退，就是在原地踏步，变相地被老板雪藏。因此，要想在职场中走得顺当，时刻把公司利益放在第一位就尤为重要，因为它是职场人士晋升的一个重要考察指标。在这里，我们来看看一个真实的案例。

美国硅谷一家有500名员工的中型程序设计公司董事长亨利·路易斯·盖茨，在接受《纽约时报》记者采访时谈到了他是如何挑选继承人的。

几年前，我的财务部门聘用了一个叫比尔·蓝道尔的年轻人。

虽然比尔·蓝道尔对程序设计毫无经验，但是比尔·蓝道尔是一位好会计。

比尔·蓝道尔就职一年半后，我任命比尔·蓝道尔为公司的总经理。

比尔·蓝道尔拥有出类拔萃的品质，工作积极主动，待人真诚，经常义不容辞地帮助同事们，而不仅仅只是签签支票、记记账而已。

比尔·蓝道尔刚来公司的时候，公司人员流失严重。于是，比尔·蓝道尔提出了一个特殊的计划，最大限度地利用现有的人力资源，这个计划非常奏效。

比尔·蓝道尔对整个公司都充满责任感，而不仅仅关心自己的部门。

比尔·蓝道尔还为生产部做了一份详尽的资金预算，说明投资3000美元购买新机器将得到如何的回报。尽管公司的业务一度陷入低谷，但是比尔·蓝道尔找到业务经理，说："我对业务不太熟悉，但是我想试着帮个忙。"

比尔·蓝道尔确实做到了。

比尔·蓝道尔提出了许多构想，帮我们完成了几笔大业务。

每一位新雇员加入后，比尔·蓝道尔都会帮助他熟悉环境、建立信心。

比尔·蓝道尔对整个公司的运作兴趣盎然。

的确，把公司利益放到第一位，这是很多公司老板对员工讲得比较多的话。在本案例中，比尔·蓝道尔被老板提拔为该公司的总经理，主要还是源于其把公司利益放在第一位，真正践行了这句话的真实含义。

在这个世界上，像比尔·蓝道尔这样的人真是凤毛麟角。但恰恰是这极少数把公司的利益当成了自己的利益的人，最后被委以重任、获得高薪，因为他们为公司创造了更多的附加值。时刻把公司利益放在第一位并不是口头上的，而是要用努力工作的实际行动来体现。

在上述案例中，比尔·蓝道尔从始至终就没有把自己仅仅当成一名普通会计，而是把自己当成最优秀的员工，与团队荣辱与共，在各方面竭尽所能为团队作贡献，即使没有直接的回报。与此相反，那种“画地为牢”的工作态度，遇到职责范围之外的问题就加以回避，推诿塞责，故步自封，吊儿郎当，老是想“跟我没关系，让他们去操心吧”，这样的人很难被提拔到领导岗位上来。

一个优秀的员工首先应该是视公司利益为第一的人。任何时候，他绝不会以公司的名义去牟取私利；任何时候，他都保守公司的商业秘密，绝不出卖公司的利益。他不会为了工资的高低而对工作敷衍了事，也不会对工作任务沉重而有任何怨言。

作为企业的一员，我们不仅要用心工作，更应事事从企业利益出发，不做损害企业利益的事。维护企业的形象和利益是每一名员工的职责。

企业利益高于一切！这句话也许不甚完美，也许很多人认为它和“以人为本”维护职工根本利益的理念发生了冲突。我们不是要职工唯命是从，而是要职工树立大局观念，控制个人情绪或者是利益的驱动，时刻想到“我是企业的主人，我的言行代表企业的形象”。不管我们处于何种地位环境，持有何种不同观点，企业利益和个人利益永远息息相关、一脉相连。对此，《湘财十条》的第二条是“公司利益至上”，寥寥不多的六个字，但其含义却十分深远，每个字都重千斤。下面结合在境外工作经历中的几个点滴小事，以小见大，说明“公司利益至上”在境外证券研究领域是如何体现的。

对于董凡凡来说，《湘财十条》就像人的十根手指，都非常重要，绝对不能厚此薄彼。比如“公司利益至上”这一条，在很多场合，许多HR管理者并不认为是合时的，还有很多人认为这么去宣传是错误的，因为按照“以人为本”的角度，应该是员工第一，公司第二，但在湘财就是要旗帜鲜明地提出“公司利益至上”的准则。

怎么理解“公司利益至上”呢？董凡凡说，比如老员工从创业期间开始进入公司，属于元老级的人物，但是随着公司的发展，知识结构和年龄远远不能达到公司发展的要求，这时候就要引进新的人才。从1999年开始，湘财扩张的步伐不断加快，随之而来的就是引进大量“空降兵”，负责人力资源的董凡凡就属于空降兵之一，直接向董事长汇报，另外空降而来的还有首席经济学家、首席运营官、财务总监、办公室主任、研发总监等，这些人的到来一下子就产生了怎样跟创业元老磨合的问题。对于新人的工作，元老是配合还是不配合，能不能跟这些新人一起好好工作，都表现出这些元老是否遵守“公司利益至上”的准则。如果这些元老级员工认为江山是自己打下的，看到新人一来就坐很高的位置心里不平衡，甚至做出一些伤害公司利益的行为，那么就是将自己的利益凌驾于公司利益之上，根据《湘财十条》这种情况是绝对不被允许的。

只是片面要求元老级员工遵从公司制度和文化，而没有有效的方式来让他们心服口服，这对于公司的发展也没什么好处。这时候，董凡凡主导下的培训产生了很好的效果。因为在培训场合，大家基本上都淡化了职位高低、年龄大小以及资历的概念，通过培训来破冰，最终使得新老员工在很短时间内得到了融合。接下来，通过培训宣传，使老员工意识到新人的加入会带来一些新的进步和新的方法，对公司发展有利自然也就对自己有利。同时，湘财董事长对元老级员工也更加关心和照顾，这也提醒新人不能忽略老员工的感受，更不能暴露出自以为是的态度。除了领导层的关心和人力资源部开展的培训活动，公司还组织了老干部活动团，安排元老级员工到企业的各个点参观和联欢，让他们看到企业的新发展。

随着大家对“公司利益至上”的理解和认同，在湘财“政治斗争”的问题很少发生，湘财不允许有拉帮结派的现象出现，无论是谁，都不允许在背后说三道四，如果有意见或埋怨，都要在会上公开说。

2007年，董凡凡的一项重要任务是协助和推动组织进行变革，对于湘财证券来说，这时的HR已经不单单是支持和服务的角色，而是企业发展的战略合作伙伴。在董凡凡看来，在董事长制定好了大的战略和方向后，

HR就有义务帮助落实这些细节，然后推动每一项措施的执行。所以，董凡凡现在所做的就是考虑如何由上而下搭建队伍，如何有效落实和推进公司的战略，如何从真正意义上帮助企业有一个本质的进步。如果这些问题得不到很好的解决，董凡凡认为，人力资源管理将是一句空话。

企业利益受到伤害，我们生存的平台就会遭到破坏。这里所讲的“企业利益高于一切”，就是要明确阐释一个合格员工的责任意识和正确思想出发点的问题。

一个优秀的企业员工，良好的工作态度、过硬的劳动技能只是衡量其素质的一个方面。在重大问题上分辨是非，正确对待妥善处理的能力，权衡利弊的敏锐思维，更是一个员工高素质的体现。企业健全的规章制度是有章可循的，越是突发事件越要遵循章法办事，这样可以有效遏制事件的蔓延，把损失降到最低限度。媒体不是事故的救援队，而企业是家，作为家庭一员的职工，企业才是你最安全最有保障的依靠。

二、像维护自己的利益一样时刻维护公司的利益

众所周知，维护企业的利益是每名员工的职责，也是每名员工必须践行的义务。因为企业利益是员工的生存之本、发展之源，企业的发展壮大离不开全体员工的真诚热爱和无私奉献，世界500强企业所取得的成绩，也给其员工带来了丰厚的回报和实惠，因而世界500强企业的前途和命运与每名员工唇齿相依，休戚与共。

当然，要想赢得老板的认可，获得提拔，就必须维护企业的利益，我敢断定，没有一个老板喜欢不维护企业利益的人。

其实，员工的发展与企业的发展是一致的。俗话说得好：“皮之不存，毛将焉附。”如果企业都倒闭了，那么员工的提拔也没有什么用处。每名员工应该意识到自己与企业的利益是一致的，企业的利益和形象的维护是每名员工应尽的职责，员工要以企业利益为重，坚决维护利益，时刻把企

业利益放在第一位，任何时候，员工都不能做有损企业利益和形象的事情，任何时候都不要为了个人的私利而对工作敷衍了事，也不要对工作任务的繁重而讲条件、发牢骚，如果员工不同心协力维护企业的利益，甚至为了眼前的点滴私利而去破坏企业的整体利益和长远发展，到头来遭罪的还是员工自己。

事实证明，那些得到提拔的员工常常是维护企业利益的员工。因此，员工要像维护自己的利益一样时刻维护企业的利益，像爱护自己的眼睛一样爱护企业的声誉和形象，坚决地与一切损害企业利益行为的人和事作斗争。相反，这样的员工早晚被老板辞退，米勒公司的元老级员工郑文勤就是这样被辞退的。

郑文勤是米勒公司“元老级”员工，负责对外跑业务，一直深得老板的器重。

郑文勤在一次出差中，由于车祸后遗症，他的一只脚有点轻微的跛。如果不仔细看，是根本看不出来的。实际上这根本不影响郑文勤的形象，也不影响他的工作。

一次，郑文勤的一笔业务让竞争对手捷足先登抢走了，给公司造成了一定的损失。

事后，郑文勤合情合理地解释了失去这笔业务的原因是因为他的腿伤发作，比竞争对手迟到了半小时。

以后，每当公司要郑文勤出去联系比较棘手的业务时，他总是以脚不方便、不能胜任这项工作等诸多理由而推诿。

每一次，老板都没有难为他。就这样，郑文勤把大部分的时间和精力都花在如何寻找更合理的推脱上。择易避难，就近避远，碰到难办的业务能推就推，好办的差事能争就争。

时间久了，郑文勤的业务成绩直线下滑，只要没有完成任务，他就推脱是自己的腿不争气。最后，郑文勤甚至习惯于因为脚的问题迟到、早退，甚至工作餐时喝酒，因为郑文勤总是对别人说喝点酒可以让他的腿舒服些。

两年后，老板忍无可忍，只好辞退了郑文勤。

其实，上述案例中的郑文勤本来是老板提拔的对象，却因为自己忽视企业利益，最终被辞退。郑文勤被辞退警示我们每一个员工，维护企业，热爱企业，发展企业不能只停在口号上，不能做自欺欺人的表面文章，必须要落实到实践中，体现在扎扎实实的行动上，发挥主人翁作用，爱岗敬业，提高自身素质，增加团队协作能力，立足本职，争当模范，干一流工作，创一流业绩，立场坚定，爱憎分明，坚决同破坏企业利益的行为和现象做斗争，严格要求，洁身自爱，不做有损企业利益的事。企业的发展离不开全体员工的辛勤工作和不懈努力，只要全体员工上下同心协力，心往一处想，劲往一处使，员工就没有克服不了的困难，就没有办不成的事情。维护公司利益和荣誉，是衡量一个人是否具有良好职业道德的前提。

2004 年 4 月 27 日这样一个普通的日子，对于吴巧仙来说却是一个好日子。这天，吴巧仙将以杭州市劳动模范的身份出席“2004 年杭州市劳动模范、模范集体表彰大会”并上台接受市领导的颁奖。

吴巧仙，1987 年 7 月毕业于浙江大学热物理系低温工程专业，毕业后一直在杭氧从事空气分离技术的研究开发、空分设备的设计、推广和销售工作。17 年过去了，她先后参加并完成了“七五”、“八五”、“九五”国家重大技术装备研制项目——大型煤化工成套设备 3 万 m^3/h 等级空分设备研制课题中关键部机的攻关工作，为三万以上空分设备实现国产化奠定了坚实的基础。

1999 年，空分行业步入低谷，同行业之间的竞争越来越激烈，杭氧也在痛苦挣扎之中。为了加强销售和新技术推广工作，组织上将技术全面又具有良好沟通能力的她调入销售中心担任销售中心副总经理职务。她的工作原则是：既要最大限度地承接合同，又要以诚信和优质服务赢得客户的高度信赖，保持并发展客户的忠诚度，树立杭氧的品牌形象，提高杭氧在用户心中的地位。

莱芜钢铁集团公司是吴巧仙近几年开发的一个大客户，莱钢集团是山东省冶金工业的重点企业，2001 年她带领销售团队参加莱钢第 5 号空分设备的投标工作时，由于竞争对手报出超低价格的投标方案，杭氧未能如愿中标。但当 5 号空分设备安装调试出现问题向杭氧的吴巧仙求援时，她却真诚、耐心地予以解答。杭氧诚信经营、一切为用户着想的作风已深刻地留在了用户心中。

当 2002 年 6 月莱芜钢铁集团进行第 6 号空分设备的投标时，该公司向杭氧发出诚挚的邀请，希望杭氧参加。最终莱钢把第 6 号空分设备合同交给了杭氧。在空分装置调试过程中，吴巧仙一方面积极组织技术服务部、设计院和活塞压缩机公司努力提出实施方案，另一方面努力协调用户关系把工作做得尽善尽美。最后终使设备一次开车成功，笑意写在了用户的脸上。在 2003 年 6 月，第 6 号空分设备的投产剪彩仪式上，莱芜钢铁集团公司老总隆重地宣布：杭氧的产品是一流的，杭氧的服务是一流的，莱钢将与杭氧结成长期的合作伙伴关系。2003 年 4 月，莱钢和杭氧签订了 2 套二万二空分设备的供货合同。同年 11 月，又订购了 2 套二万二空分设备。在吴巧仙同志的努力下，莱芜钢铁集团公司在短短的两年内连续向杭氧订购了 5 套大型空分设备。为感谢杭氧对莱钢的支持，同年 12 月，莱钢总经理李名岷一行亲自来杭氧举行了“最佳供货单位”授匾仪式。

吴巧仙以自己高效率的工作，踏实、敬业的工作态度和工作作风赢得了用户的信任和好评，凭着强烈的责任感和事业心，以对客户的诚信和优质服务创造了良好的客户价值，并为企业创造了良好的经济效益。

2003 年的杭氧股份有限公司的订货合同额达到了 24.74 亿元，创造了历史最好水平；由她辖管的销售各部承接的空分设备订货额累计达到 11.25 亿元人民币，占了公司全年订货额的 45.47%。在这辉煌业绩的后面，不知凝结着她和销售团队的多少心血和汗水！

独立成套、设计、制造五万等级以上的特大型空分设备，是我国空分行业几代人的梦想，也是她孜孜以求的理想。

四年多来，她在五万等级的特大型空分的推广应用中投入了大量的心血和热情。为此，她走访了柳化集团；十多次深入山东华鲁恒升化工有限公司进行四万空分的推广和跟踪；努力做好云南沾化五万空分的前期技术交流和报价跟踪工作；为主组织设计院和销售部门参与了中石化壳牌股份有限公司的洞氮五万等级空分设备的国际招投标工作，与项目团队一起十多次赴安庆、湖北、兰州走访用户、参加技术洽谈和澄清会、身体力行和设计人员一起拟制了高质量的投标书，不畏艰难与德国林德公司、法液空等国际著名空分制造商同台竞争，进一步显示了杭氧作为国内空分行业龙头企业的实力，为杭氧承接中石化湖北、安庆2套四万八空分设备作好了前期准备，并奠定了良好的基础。

为了实现杭氧自主成套设计制造五万等级空分设备的崇高目标，吴巧仙一人承担着技术和商务双重角色，前往中石化安庆分公司进行四万八空分设备的项目跟踪和交流。由于用户已和德国林德公司、法国液空公司进行多次技术交流，国外供货商故意设置了许多疑难问题，目的只有一个：让用户感到国内企业不具备条件，难以满足工艺要求，因此用户手中就有了两大页问题要国内制造商做出说明和解释。第二天的介绍和技术澄清直接关系到用户对杭氧的定位，为了充分显示杭氧的实力，她精益求精地准备介绍资料，并针对性地对每个问题做出回答，一直工作到凌晨五点。稍作休息后，吴巧仙满怀信心地面对安庆分公司的五十多个领导和技术人员，从杭氧承接特大型空分设备具备的条件、内压缩流程的特点和安庆分公司五万等级的流程方案设计。她一个人整整介绍了一天，流利并巧妙地回答了用户的提问，消除了用户对采用国产杭氧设备将带来安全问题和可靠性不能保证的疑虑。五万等级空分设备国产化道路充满艰辛，吴巧仙毫不畏惧、克服了重重困难勇敢向前。为了准备洽谈会和专家认证会的资料，为了将技术标书和商务标书制作得更完善，她又度过了多少个不眠之夜，她奉献了自己的所有节假日和休息时间。

吴巧仙在工作实践中注重自己的知识更新和积累，利用业余时间学习现代企业的管理知识。2002年6月，攻读浙江大学管理学院企业管理专业在职研究生，在自己平凡的工作岗位上不断地丰富和完善自己，努力提高工作质量和工作效率，为企业的发展奉献自己的智慧和赤诚。

毫无疑问，一个企业更倾向于选择抱持“组织利益第一，团队荣誉至上”职业观的员工，哪怕其能力在某些方面稍微欠缺一些。一个员工固然需要精明能干，但再有能力的员工，不以公司利益为重仍然不能算一个合格的员工。

三、把公司利益至上作为一切工作的出发点和落脚点

在一些专家看来，“维护公司利益”从细处讲就是要求员工尽职尽责，热爱本职工作，有强烈的责任感，不做任何与履行职责相悖的事，不做有损于公司形象和信誉的事。那些不能很好地履行工作职能、自由散漫、随便许诺的语言和行为，都不符合员工的工作规范。

从某种程度上来说，不能维护公司利益的员工是相当可怕的，特别是那些身居要职而又居心不良的“精明能干者”。这种人参与公司的决策、了解公司的秘密，他们的某些行为甚至可能直接影响公司的生存和发展。因此，一个公司所器重、所信赖的职员，往往都是那些维护公司利益的人。

一个名叫基泰丝的美国记者，第一次来到日本东京，在奥达克余百货公司的电器部，一位售货员彬彬有礼地接待了她，并按她的要求挑选了一台尚未启封的“索尼”牌电唱机，准备送给住在东京的婆婆作为见面礼。

然而，当基泰丝回到住处，拆开包装试用时，却发现机子没装内件，根本无法使用。基泰丝火冒三丈，决定第二天一早去百货公司交涉，并迅速写了一篇新闻稿——《笑脸背后的真面目。》

为了表示歉意，奥达克余百货公司一大早便给还未起床的基泰丝打了一个万分歉意的电话。几十分钟后，奥达克余百货公司的副经理和提着新

唱机皮箱的公关人员赶到了基泰丝的住处。

两人进了客厅，见到基泰丝连连深深鞠躬致歉。他们除了送来一台新的合格的“索尼”唱机外，又加送著名唱片一张、蛋糕一盒和毛巾一条。接着副总经理便打开记事簿，宣读了他们从发现问题到找到电话号码并及时纠正这一失误的全过程记录。

基泰丝走后，售货员在清理货物的时候发现，刚才错将一个空心唱机样品卖给了她，于是赶紧向公司汇报。警卫四处寻找那位女顾客，但不见踪影。经理接到报告后觉得此事非同小可，是关系到顾客利益和公司信誉的大问题。

于是经理马上召集有关人员研究寻找的办法。当时他们只知道基泰丝是一位美国记者，还有基泰丝留下的一张“美国快递公司”的名片。据此仅有的线索，奥达克余百货公司公关部连夜开始了一连串近乎大海探针的寻找。

先是打电话，向东京各大旅馆查询，毫无结果。后来，又向美国打紧急长途，向纽约的“美国快递公司”总部查询。

美国方面也展开了“紧急调查”，近凌晨奥达克余百货公司才接到美国方面的电话，在得知基泰丝父母在美国家里的电话号码后，他们马上将国际长途打到基泰丝的父母家。老人以为女儿出了什么大事，刚开始很紧张，听完日方善意的“调查”后，很感动，愉快地将女儿在东京的住址和电话号码透露给了他们。

几个人整整忙了一夜，国际国内总共打了35个紧急电话。

没想到，奥达克余百货公司及时纠正失误如同救火，为了一台唱机，花费了这么多的精力。奥达克余百货公司这些做法，使基泰丝深为敬佩，她当面撕掉了批评稿。待他们走后，她马上重新写了一篇题为《35次紧急电话》的特写稿。

《35次紧急电话》稿件见报后，反响强烈，奥达克余百货公司因为忠诚为顾客而声名鹊起，门庭若市。后来，这个故事被美国公共关系协会推荐为作为世界性的公共关系的典范案例。

奥达克余公司全体人员用自己强烈的“维护企业利益”的意识和竭尽全力的挽救，及时解决了问题，不但挽回了公司的信誉，还提高了公司的知名度和美誉度，作为一名优秀的员工更是如此。

一个能力非常强的员工，如果和公司不在一条船上，“身在曹营心在汉”，那将是搬起石头砸自己的脚。对公司不诚心具体表现在经常请假、上班时工作散漫、处理私人事情、在外兼职等。

一家公司的老板出差了，这一去就是半个月。于是，办公室里发生了细微变化，老板走后所有的人似乎都松了一口气。第一天有人开始到处走动，有人开始不时地聊天，过了几天，大家的话题越来越丰富了，休息室里有人把喝茶喝咖啡的时间从以前端一杯就走变成了坐着慢慢品尝。似乎大多数人都为自己找到了“不用着急”的理由。

又过了几天，办公室里开始出现一些混乱，因为工作毕竟需要集体的合作，没有了老板的督促，没有了统一的进度，工作进展就变得十分缓慢。渐渐地，有人叹息：要是老板在就好了……

作为员工，在工作中必须搞明白你是在为谁工作，你的不负责的行为或许没有给公司造成很大损失，但是它使你的“自我提升”速度减慢，工作不专心，业绩不能突出。所以说，做好工作不只是在打工交差，而是在提升自己、证明自己。因此，管理学家德鲁克认为，一个企业是追求短期成效，还是着眼于长期成效，同样是个价值观问题。牢固树立企业利益至上的价值观成为世界500强企业每一个员工共同的价值追求和行为准则，具有较强的导向作用。一是在具体工作岗位和实际行动中，全体员工都要努力集中到一个方向上来，把个人价值观融于行业的共同价值观之中，相互协调。二是领导在面临多种选择时，共同价值观具有指导决策作用。三是价值观共享，员工们知道什么行为有价值，什么行为无价值，因而便有了行动的自主权，并作为驱动力，给员工以充分施展的余地，使他们得以发挥主动性。

就中国企业而言，一个企业家从民族责任感和社会责任感考虑自己的事业，思考企业生存的价值，认识企业与社会的关系，其价值观是弥足珍贵的。松下公司创始人松下幸之助说过：“如果你犯了错误，公司将会原谅你，而你也应该将这种错误当做是一种磨炼。但是，如果你违反了公司的基本原则，那么你就将受到严厉的指责。”

从松下幸之助的话中我们可以受到一些启发，行业的每一个企业、每一位员工在做每一件事情，这仅仅维护了企业利益至上这一根本原则，把损害企业利益至上视为耻辱，始终把企业利益至上作为一切工作的出发点和落脚点，逐步把维护企业利益至上养成习惯，变为自觉的行为。

第十五章

在公司遇到困难时，你主动为老板排忧解难了吗

一、主动站出来为老板排忧解难

在“10 步提升员工责任心”培训课上，我曾问过企业老板员工的问题，在公司遇到困难时，他们最喜欢哪类员工？在场的数十个老板，异口同声地说：“主动站出来为老板排忧解难的员工。”

从这一些老板的话中不难看出，主动站出来为老板排忧解难不仅是老板最喜欢的，而且作为员工，主动站出来为老板排忧解难还是一个员工忠诚、服从、责任等多方面的体现。事实证明，责任心较强的员工往往在老板和公司最需要的关键时刻挺身而出，为老板排忧解难，帮老板解决问题。

就像中国人民解放军抗洪一样，在抗洪抢险中，当堤坝上出现缺口的时候，谁在附近谁就用身体堵上去，因为那是关键时刻，刻不容缓。同样，公司的经营和运转也像堤坝一样随时都会出现许多意外的事件，给公司和老板带来棘手的问题，有些迫在眉睫，必须马上解决，这时候你就要在知道自身能力的情况下挺身而出，帮老板解决所遇到的问题或困境。

事实证明，这样的员工才是合格的员工，这样的员工才是称职的员工，这样的员工才是忠诚的员工。在很多场合下，一些企业员工总是说："反正不是我的事，还有别人，我干吗出头，做吃力不讨好的事?"这些企业员工不要以为自己现在还处于公司底层就逃避责任，就不敢去做，犹豫徘徊。在不少企业里，很多老板常常不得不亲力亲为，去做下属做不好的事情，甚至还要给下属收拾烂摊子。这是身为老板的悲哀，是下属们的耻辱，更是企业的不幸。因此，要想得到老板的重用和青睐，就必须时刻主动站出来为老板排忧解难。

在很多场合，老板给了你一个位置，就是希望你能为他排忧解难，在需要你的时候能无条件地服从并助他一臂之力。这样的员工在老板的眼里是永远值得信任和器重的员工，就像通用公司的哈克·摩尔。

有着"世界经理人的经理人"之称的通用公司前总裁杰克·韦尔奇在掌管GE的漫长岁月里，许多人离开，许多人加入，也曾经有过大面积的裁员。

哈克·摩尔在工作的时间比杰克·韦尔奇更长，哈克·摩尔早来了三年，最开始哈克·摩尔的职位是一位副经理的第三秘书，但在杰克·韦尔奇即将卸任的时候，哈克·摩尔已经成为了杰克·韦尔奇最得力的助手和最知心的朋友。杰克·韦尔奇在自传中这样描述哈克·摩尔：

哈克·摩尔在通用工作的时间比我还要长，直到现在还没有退休。

在漫长的岁月中，哈克·摩尔在20多个岗位上工作过，并不是因为他不能胜任原来的工作而被调离，而是在某个职位出现空缺时，大家总是习惯性地想到他。哈克·摩尔总是很快就能胜任新的工作，让人觉得哈克·摩尔就是最适合那个职位的人。

后来，我把哈克·摩尔晋升为我的助手，从哈克·摩尔身上我看到了"适应性"的可怕，如果让哈克·摩尔坐我的位子，他不会比我逊色。哈克·摩尔总是能通过自己出色的学习能力，在很短的时间内胜任新的工作。

哈克·摩尔是所有通用员工的榜样，也是你的榜样。你在公司里也要如此时刻为老板排忧解难，哪里需要你就往哪里去。这样，你将会获得老板的信任、尊敬和器重！

从上述案例可以看出，哈克·摩尔给中国企业员工作出了一个不错的表率——时刻主动站出来为老板排忧解难。

在实际的工作中，对于任何一名合格员工来讲，不仅要服从老板的安排，尊重老板的决定，支持老板的工作，同时还要经常为老板着想，只要经常这样做，你就不难发现老板有不少难言的苦衷。因此，不管在工作上碰到什么样的困难，对老板不可过分依赖，避免与老板发生任何正面的冲突。

二、能替老板排忧解难的下属才是老板需要的

在很多场合下，许多老板认为，在21世纪的今天，能替老板排忧解难、勤勤恳恳、建功立业的企业员工是值得重用的，因为老板相信能替老板排忧解难的员工是值得培养和提拔的员工，也是企业未来的中流砥柱。

研究发现，作为多数企业老板，大都愿意提拔跟他们有良好的默契，能为他们分劳分忧，不会向上顶撞抗争，为他们少制造一些麻烦、多一些帮助的员工。因此，作为员工应该多替老板设想，在工作发生困难时，应主动站出来为老板排忧解难，这样你才能赢得比别人更多的晋升机会。

萨克斯顿在著名的传播机构贝尔·霍韦公司任职时，一名高级管理人员要对公司众多分支机构进行分析，拟订计划以协调它们的工作。萨克斯顿把注意力集中于维尔丁电影制作公司。虽然该公司一直在亏损，但是萨克斯顿知道它可以扭亏为盈。

为此，萨克斯顿提出了一个具体的市场开拓计划，建议维尔丁公司卖掉电影制片厂，将业务集中在咨询顾问及推销新产品上，老板对此大为赞赏，当即把萨克斯顿提拔为维尔丁公司副总裁，主管市场开拓。

不到一年工夫，萨克斯顿就使维尔丁公司开始赢利。萨克斯顿用实绩向公司管理层证明他的能力，从而为自己创造了一个更高的职位。

在本案例中，萨克斯顿被老板提拔，就是源于他替老板排忧解难，积极地提出建议。萨克斯顿的做法值得中国企业学习。在很多中国企业中，当老板被公司事务缠得焦头烂额的时候，作为老板的员工却无动于衷，在他们的意识中，公司不是他的，为什么替老板卖命。这样的做法非常典型。不过，这类员工应该想一想，如果自己是老板，希不希望自己的员工也是这样的工作态度。答案当然是否定的。

作为老板，经营一个企业，考虑的事情也就自然要比员工多得多，某些工作可以凭借自己的能力或以往的经验就能做好，而有些工作则需要下属的帮助才能解决。这时，如果下属干好本职工作之外，还能及时伸出援助之手，帮老板出谋划策，共同渡过难关，那对老板是一个多么大的鼓励，老板肯定会十分感动的，提拔也就成为一件情理之中的事情。

张莉莉是深圳一家房地产公司的打字员，长得并不好看，学历也不太高，张莉莉的打字室与老板的办公室之间只隔着一块大玻璃，老板的举止她只要愿意就可以看得清清楚楚，但她很少向老板那边多看一眼。张莉莉每天都有打不完的材料，张莉莉知道工作认真刻苦是她唯一可以和别人一争短长的资本。她处处为公司打算，打印纸不舍得浪费一张，如果不是要紧的文件，她会把一张打印纸两面用。

一年后，公司资金运转困难，员工工资开始告急，人们纷纷跳槽，最后总经理办公室的工作人员就剩下她一个。人少了，张莉莉的工作量也陡然加重，除了打字，还要做些接听电话、为老板整理文件的杂活儿。

有一天，张莉莉走进老板的办公室，直截了当地问老板：“您认为您的公司已经垮了吗？”老板很惊讶，说：“没有！”“既然没有，您就不应该这样消沉。现在的情况确实不好，可很多公司都面临着同样的问题，并非只是我们一家。而且虽然您的1.6亿元砸在了工程上，成了一笔死钱，可公司没有全死呀！我们不是还有一个公寓项目吗？只要好好做，这个项目就可以成为公司重振旗鼓的开始。”说完张莉莉拿出那个项目的策划文案。

隔了几天，张莉莉被派去搞那个项目。两个月后，那片位置不算好的公寓全部先期售出，张莉莉为公司拿到3亿元的银行存款，公司终于有了起色。

以后的4年，张莉莉作为公司的副总经理，帮着老板做了好几个大项目。又过了4年，公司改成股份制，老板当了董事长，张莉莉则成了新公司第一任总经理。

在本案例中，张莉莉的成功说明了一个道理，每个企业在发展的过程中，总会不可避免地遇到各种问题。企业遇到问题就像太阳日升夜落般正常。在此刻，老板们都迫切需要的是那种能勇于负责、为老板排忧解难的人，在本案例中，张莉莉就是这样一个为老板解决问题的人。

张莉莉被老板提拔警示职场人士，一个经常为老板排忧解难的员工，老板肯定会很器重。因为，像张莉莉一样的企业员工没有让问题延误，酿成大患；最重要的是，这样的员工能让老板省心省力，老板可以从容地把精力集中到更大的问题上。有了这样的员工，老板就少了很多后顾之忧。古代著名的谋士毛遂为我们树立了一个很好的榜样。

战国时期，一次秦国攻打赵国，把赵国的都城邯郸围困起来。在这危急关头，赵王决定派自己的弟弟平原君赵胜，代替自己到楚国去，请求楚国出兵抗秦，并和楚国签订联合抗秦的盟约。

到了楚国，平原君献上礼物，和楚王商谈出兵抗秦的事。可是谈了一天，楚王还是犹豫不决，没有答应。这时，站在台下的毛遂手按剑柄，快步登上会谈的大殿。毛遂对平原君说：“两国联合抗秦的事，道理是十分清楚的。为什么从日出谈到日落，还没有个结果呢?”

楚王听了毛遂的话很不高兴，就喝令他退下去。毛遂不但不害怕，反而勇敢地走近楚王，大声说：“你们楚国是个大国，理应称霸天下，可是在秦军面前，你们竟胆小如鼠。想从前，秦军的兵马曾攻占你们的都城，并且烧掉了你们的祖坟。这奇耻大辱，连我们赵国人都感到羞耻，难道大王您忘了吗？再说，楚国和赵国联合抗秦，也不只是为了赵国。我们赵国灭亡了，你们楚国还能长久吗？”

毛遂这一番话义正词严，使楚王点头称是，于是就签订了联合抗秦的盟约，并出兵解救了赵国。平原君回到赵国后，把毛遂尊为宾客，并且重用了他。

其实，不管是张莉莉，还是毛遂，都是为老板解决问题的员工。当然，他们得到提拔也是情理之中的事情。

因此，作为一名想被老板提拔、重用的员工，就必须为老板排忧解难，做到面对任何问题都能冷静地处理、妥善地解决。这样才能给老板留下深刻的印象。

三、员工应当在老板需要的时刻挺身而出

众所周知，主动为老板排忧解难，你会渐渐地得到老板的器重，晋升之路也就非常顺畅。正因为如此，很多企业老板都希望自己的员工聪明能干，能够替自己冲锋陷阵、排忧解难，因为老板不是万能的人，老板在决策方面也会有失误，老板在其他方面也会遇到困难和麻烦。因此，对于任何一个员工而言，要想得到老板的赏识，就应该主动替老板排忧解难。

当老板与其他员工发生矛盾时，你应该大胆地站出来主动为老板解释并做协调工作，这样做最终还是有益于员工利益的。

面对这样的情况，员工如果能协调好，那么作为老板，当最需要人支持的时候得到了支持，肯定会把支持他的人视为知己。

在很多时候，老板每天都要处理很多的工作和承担很多的责任，内心深处承受着巨大的压力。你不应该把一些道听途说和未经证实的信息以及谣言告诉你的老板，从而增加老板的负担，要知道老板采用了你传达的这些错误的信息很可能会让他在工作上作出错误的决定，后果不堪设想。因

此，主动为老板排忧解难就应该迎难而上，争挑重担，主动为老板排忧解难，特别是老板在经营和工作中遇到困难的时候，勇于站出来作表率作用，鼓舞士气，带动全体员工一起主动为老板排忧解难。

某公司业务部副经理小高发现自己的老板这几天满面愁容，无精打采，本来很开朗的一个人，现在变得意志消沉了。

原来很快就能处理完的公事，现在到下班时还要剩下很多，一连几天都是如此，公司工作目标也没能按时完成，客户对公司的表现已露出明显的不满。

小高看到这些，忧心如焚。对老板的表现，小高感到不可理解。他既不想看到公司遭受损失，也不愿看到本来很有才能的老板就这样失败。

于是，小高从侧面了解了一下情况。原来，老板的妻子得了重病，住进了医院，老板白天上班，晚上还要去陪伴妻子。由于休息不好，再加上时刻担心着病人，因而连日来已经是筋疲力尽，心力交瘁，白天上班自然没有精神，工作效率也明显降低了。

了解到这些情况，小高对老板的遭遇深表同情，小高找机会与老板谈话，请求暂且将老板的一部分工作交给他去做，好使老板能够腾出更多时间照顾病人。

接手工作后，小高一丝不苟，力求将每一项工作都做得圆满，遇到不明白或不熟悉的问题，小高主动向老板或同事们请教。

在小高的努力下，公司的工作有了明显的起色，客户满意了，老板也露出了满意的微笑，小高本人也在工作中得到了更多的锻炼。

后来，老板的妻子病愈出院，老板又开始安心工作了。每每谈起这一段经历，老板总是很感激地对小高说："那时多亏有你鼎力相助，不然的话，公司遭受的损失将不可估量。"

通过这件事，小高得到了公司上下的尊敬和赞誉，更是成了老板的好"搭档"，生活中的"密友"。是啊，像这样能在关键时刻主动替老板分忧、顾全大局的员工有哪个老板会不喜欢呢？（本案例来源：网易博客，作者：

佚名）

小高能得到老板的认可，是因为在老板需要的时刻能挺身而出。毋庸置疑，任何一个企业都不可能风平浪静，危急时刻在撞击企业这艘大船。因此，员工应当在老板需要的时刻挺身而出，该出手时就出手，为老板分担风险，这样必将赢得其他同事的尊敬，更能得到老板的信任和器重。而那些多一事不如少一事、逃避责任的员工，是永远都不会进入老板视野的，也永远成不了公司的骨干员工，成不了公司发展的核心力量。

在加州汽车底漆公司工作的爱德华·库伦，通过与客户的接触发现客户们更喜欢的汽车底漆颜色是浅灰色，而他们公司生产的汽车底漆是黄颜色的。

因此，爱德华·库伦就跟亨利·福特建议将本公司产品的颜色做一下调整，也许这样产品的销量会更好。

公司老板亨利·福特仔细研究了一下，拜访了一些客户，最后决定采用爱德华·库伦提出的方案。

果然，爱德华·库伦的建议是正确的，当年公司的产品销量上升了好几个百分点。

爱德华·库伦的做法值得效法。在很多时候，员工应当在老板需要的时刻挺身而出，这样不仅赢得老板的认可，还能提升自己的能力。

在老板最喜欢重用的十种员工中，能为老板排忧解难的员工榜上有名。事实上，老板也是人，总会遇到一些烦恼和困难，而且有些事情自己出面解决又不合适，这个时候总需要有人能帮老板排忧解难。因此，员工在老板需要的时刻挺身而出，不仅解决了老板棘手的问题，而且能加深老板对你的印象。

第十六章
你每天都比同事多做一点点了吗

一、优秀的员工总是坚持比别人多做一点点

世界上最伟大的推销员乔·吉拉德曾用一句话总结他的经验：“你要想比别人优秀，就必须坚持每天比别人多访问5个客户。”

吉尼斯世界纪录里最顶尖的业务人员，连续11年在吉尼斯世界纪录里被称为世界上最伟大的推销员，他叫乔·吉拉德。

当记者访问乔·吉拉德为什么能连续11年获得世界上最伟大推销员的头衔时，乔·吉拉德笑着说，其实业务工作非常简单，只要每天坚持比别人多努力一点点就可以了。

记者追问，那怎样才能比别人多努力一点点呢？乔·吉拉德说，方法很简单，就是每天比别人早一个小时出来做事情，每天比同事多打一个电话，每天比同事多拜访一位顾客。

的确，成功非常简单，没有窍门，每天早一个小时出门，每天多打一个电话，每天多拜访一位顾客，这就是乔·吉拉德获得成功的秘诀。

乔·吉拉德正是借助这句“你要想比别人优秀，就必须坚持每天比别人多访问5个客户”的经验成为世界上最伟大的推销员。在很多时候，我们的办公室门上都贴有“推销勿扰”，然而，乔·吉拉德却采用另外一套方法，使得他销售的汽车打破吉尼斯世界纪录，至今无人能破。

事实证明，“坚持比别人多做一点点”——这是无数成功者的秘诀。那么什么是“比别人多做一点”呢？比别人多做一点是指在工作中，要比别人“看得更远一点、做得更多一点、动力更足一点、速度更快一点、坚持的时间更久一点”。它体现的是一种勤奋、主动的精神，一种坚韧不拔、永不放弃的意志，一种行动迅速、做事准确的能力。在现代社会中，我们需要的正是这种人：他们不仅能很好地完成分内的事，还会想尽办法比别人多做一点！事实上要想在竞争中胜出，在工作中仅仅做到全心全意、尽职尽责是不足以使你脱颖而出的，你还应该比自己分内的工作多做一点，比别人期待的更多一点，多为你的老板、你的客户着想，如此才可以吸引更多的注意，给自我的提升创造更多的机会。成功的人永远比一般人做得更多更彻底。大多数人不明白“多付出一些”的道理，他们认为只要把自己的本职工作做好就可以了，对老板安排的额外的工作不是抱怨就是不主动去做。这样的员工，搞不好饭碗都难保住，更不要说获得升职加薪的机会了。

当然，对一名普通员工来说，“每天多做一点点”就能使你从竞争中脱颖而出。你的老板、委托人和顾客会关注你、信赖你，从而给你更多的机会。或许，我们在工作或生活中总是渴望成功。可是，在竞争激烈的今天，别人不比我们傻，我们也未必比别人聪明，那么我们凭什么成功？答案是：“比别人多做一点！”

“比别人多做一点”是无数卓越人士和组织极力秉承的理念和价值观，被许多著名企业奉为圭臬。“比别人多做一点”，这几乎是事业成功者高于平庸者的秘诀。有时，你甚至不必比别人多做许多，只需一点，就可以从众人中脱颖而出。我们从一个真实的故事谈起。

考克斯从西点军校毕业后，到空军服役，成为了一名飞行员。那是一次冬季飞行，考克斯突然感到飞机上比自己想象的要热一些。

考克斯开的飞机上的除冻器是将空气从热的发动机带出来——这和汽车上刚好相反。这些空气通过一个弯曲的加热管道然后以很高的温度喷向座舱，尽管其中混杂了周围的空气，但它还是使座舱越来越热，远超过你能忍受的程度，所以你不能让除冻器运行时间超过你想要的时间。

不久，考克斯注意到座舱越来越热，他伸手过去想关掉开关，但是考克斯发现它已经是关闭状态。系统出故障了，无论考克斯怎样做，都有越来越多的热空气奔向驾驶舱，没有办法控制温度。那时，他们正飞行在恶劣的冬日风雪中——暴风、大雪、冰雹等，外面情况险恶，里面还有一个更大的问题，热浪在座舱中肆虐，考克斯却毫无办法。

考克斯发信号给控制台，解释自己的处境，考克斯决定不飞原定的目的地密歇根，而是尽快返回他们起飞的地方。考克斯找到一个安全的区域，在控制台的允许下做低空飞行。那样他就可以尽快用掉燃料而返航（飞机带着满满的燃料在结冰的跑道上降落是很危险的，因为冰上的高速降落会将飞机超重的部分抛出去。那时还有大约4吨燃料没用完）。那时所有的热气涌入座舱，热得考克斯几乎无法进行思考。

降到低空后，考克斯做了个270°大旋转，并做了一些技巧动作来加快耗掉燃料。点燃后燃器，而后将它关掉，同时又将油门推回到后燃器位置，这样燃烧器不会再点燃，但多余的燃料会从尾管中源源不断地排出去。这可能是“最差”的卸掉燃料的方法了。

突然座舱充满了烟雾，考克斯的双眼开始流泪。除冻器也受不了高温，开始燃烧。考克斯快要脱水了！那时考克斯真想将驾驶舱顶篷“弹”掉来逃离热气，但恶劣的天气仍会使无顶篷的着陆危险不堪，因而座舱的炼狱继续着。

飞机的燃料耗得差不多了，考克斯和要着陆的机场联系，想直接飞回机场。人人都知道这很危险，因而考克斯征求地面控制台的意见。

地面控制台告诉考克斯，由于机场风雨突然反向，着陆必须和平常的方向相反。他们正匆忙计算一些数据，当时还无法给考克斯一些降落的信息。考克斯的眼睛开始刺痛，眼泪已让考克斯无法看清东西了，幸运的是呼吸还没有问题，因为有氧气罩。

最后，地面控制台开始指引考克斯降落。考克斯什么也看不见，云雾几乎笼罩着地面，他们让考克斯从最小倾斜度降落，那样如果低空没有云层的话，可以再兜一圈重试。考克斯冲出了云层，但前方却没有跑道。跑道在他左边300米处，一切危险都到齐了，本不应该发生的都在今天来了。考克斯把操纵杆向前推，飞机上升，又飞回了云层。

“让我们告诉你如何做”，地面控制台说道，“我们来告诉你同时转向及转多少度角，以及何时离开。”考克斯仔细按照他们的指引去做。考克斯在风雪中如瞎子般盲目飞翔着，祈祷来自地面的声音能让自己从云层中钻出来，出来时一个长而美的跑道能够正好展现在自己的面前。

第二次，恰好考克斯飞到一个云层开裂处，考克斯能看见了——否则只好重来——穿过云层，考克斯能分辨出自己所处的位置，很好，这次考克斯只是偏右了50米，考克斯立即向左转了个70°的大弯……

好了，这次正对着跑道。但是此时，考克斯已经快到了跑道的尽头了，如果考克斯试着降落的话，到跑道尽头处飞机肯定还会有很高的速度——这不是个太好的主意。

这时，考克斯想起了自己在西点军校学到的这样一句话：“如果你没有选择的话，那么就勇敢地迎上去。”除了将飞机拉起来盘旋一圈后再来一次，考克斯别无选择。再试一次是很危险的，因为有很多细小的东西要校对，那一刻，考克斯毫无遗漏地按照控制台发给自己的指引去做。现在有个好现象，就是座舱开始变凉快了，因为除冻器已经报销了。但此时，考克斯又陷入燃料耗尽的困境中，考克斯开始后悔放掉了那么多燃料，考克斯只剩下再来一次的燃料。

考克斯呼叫：“如果此次我还不成功的话，给我指定一个人烟稀少的区域，我将跳伞。”

考克斯又来了一次，这次，当考克斯还在云层中时，控制台就告诉考克斯太靠左了，于是，考克斯又向右转了一些。但是控制台又重复道：“考克斯，你太靠左了，立即向右转！”考克斯还是看不到跑道。但基于两次右转尝试，考克斯想：“我可能已经到了正确位置，凭感觉我不想再改变位置了。”

考克斯飞快地做了选择。一旦做完选择，考克斯就会面临三个结果：5 秒钟内，他可能在跑道上，可能在降落伞上，还可能死去。考克斯当然选择降落在跑道上。毫无疑问，他根本就不想跳伞。

当考克斯冲出云层时，跑道正好在他面前。飞机着陆了，就在考克斯将飞机停下来时，发动机自动熄火了，燃料已用尽了。

回过头来看看，如果这期间考克斯沉浸在浪费时间和精力来抱怨该死的情况的话，他会毁了自己和飞机。幸运的是，考克斯没有抱怨，而是泰然处之。此后，每当困难和低沉时，考克斯总是对自己说：“是的，这难道比那次空中遇险还要糟吗？当然不！我想如果那时我能挺过来，什么事我都会挺住的。”

考克斯之所以能够成功迫降，是因为考克斯比别的人多做了一点点。这不仅是作为一名合格军人的职责，更多是军人的荣誉。因此，每天多做一点点不仅可以赢得自己的长远职业规划和工作经验，而且还能够快速提升自己在公司中的地位。

事实上，能够做到考克斯这一点的员工并不多。领导成功的原因就是一步步积累，从不满足。如果员工想比领导更出色，就应该时刻警告自己不要躺在安逸床上睡懒觉，让自己每天都站在别人无法企及的位置上，这样机会很快会垂青。如果只盯着理想和现实的差距，只会觉得遥不可及；而坚持比别人多做一点，差距就会慢慢缩小。

有一位美国大企业的美籍华人常务副总裁，出国前所学的专业是企业管理，可到美国的第一份工作，只是一个仓库保管员。

就是这份常人看来难有作为的工作，被他做得有声有色，因为他坚持认为，自己即使是看仓库，也要做出企业管理的水准。

他以货物的流通为切入口，通过各种货物的流通速度评判公司各项业务，找出周转缓慢需要调整的业务，并不断上交分析报告。他这么做完全出于主动，他把公司的问题当做自己的问题，所以10年间，他从管理员做到了副总裁，掌握着100亿美元的资金。他虽然没有学过MBA，但是时常被大学邀请去做MBA讲座。

从上述案例可以看出，要想比同事做得更好，就必须养成"每天多做一点点"的好习惯。养成"每天多做一点点"的好习惯不仅能赢得老板的重视，而且还能比别人晋升得更快。其中以下两个原因是最主要的。

（1）在建立了"每天多做一点点"的好习惯之后，与四周那些尚未养成这种习惯的人相比，你已经具有了优势。这种习惯使你无论从事什么行业，都会有更多的人指名道姓地要求你提供服务。

（2）如果你希望将自己的右臂锻炼得更强壮，唯一的途径就是利用它来做最艰苦的工作；相反，如果长期不使用你的右臂，让它养尊处优，其结果就是使它变得更虚弱甚至萎缩。身处困境而拼搏能够产生巨大的力量，这是人生永恒不变的法则。如果你能比分内的工作多做一点点，那么，不仅能彰显自己勤奋的美德，而且能发展一种超凡的技巧与能力，使自己具有更强大的生存力量，从而摆脱困境。

如果只盯着理想和现实的差距，只会觉得遥不可及，似乎永远都无法实现。而只要坚持比别人多做一点，差距就在慢慢缩小，理想就在慢慢靠拢，成功也就水到渠成了。如果你是一名货运管理员，也许可以在发货清单上发现一个与自己的职责无关的未被发现的错误；如果你是一个过磅员，也许可以质疑并纠正磅秤的刻度错误，以免公司遭受损失；如果你是一名邮差，除了保证信件能及时准确到达，也许可以做一些超出职责范围的事情……这些工作也许是专业技术人员的职责，但是如果你做了，就等于播下了成功的种子。

二、成功往往就在于你比别人多做了一点点

事实证明，中外古今的商界大佬都有一个共同的特点，那就是真正的成功是一个过程，是将勤奋和努力融入每天的生活中的过程。有时，你不需要比别人多做许多，只需一点点，就可以从众人中脱颖而出。

在中国，海尔可以称得上是一个出色的企业，其产品合格率之所以能达到100%，其秘诀就是运用了“多做一点点”定律。电冰箱对当时的消费者来说是家庭中的大件电器，许多家庭买来之后，都放在房间的显著位置。基于此，海尔对冰箱的各项技术指标的要求均高于国家标准，其中主要的七项指标实测值均优于发达国家水平，得到广大用户的一致肯定和长久信赖。

在所有的领域，那些最知名者、最出类拔萃者与其他人的区别在哪里呢？答案就是多勤奋、多努力那么一点点。我们来看看乔治·赫伯特的故事。

2001年5月20日，美国一位名叫乔治·赫伯特的推销员，成功地把一把斧子推销给了乔治·布什总统。布鲁金斯学会得知这一消息，把刻有“最伟大推销员”的一只金靴子赠予了他。这是自1975年以来，该学会的一名学员成功地把一台微型录音机卖给尼克松后，又一学员登上如此高的门槛。

布鲁金斯学会创建于1927年，以培养世界上最杰出的推销员著称于世。它有一个传统，在每期学员毕业时，设计一道最能体现推销员能力的实习题，让学生去完成。克林顿当政期间，他们出了这么一个题目：请把一条三角裤推销给现任总统。八年间，有无数个学员为此绞尽脑汁，可是，最后都无功而返。克林顿谢任后，布鲁金斯学会把题目换成：请把一把斧子推销给小布什总统。

鉴于前八年的失败与教训，许多学员知难而退，个别学员甚至认为，

这道毕业实习题会和克林顿当政期间一样毫无结果，因为现在的总统什么都不缺少，再说即使缺少，也用不着他们亲自购买；再退一步说，即使他们亲自购买，也不一定正赶上你去推销的时候。

然而，乔治·赫伯特却做到了，并且没有花多少工夫。一位记者在采访他的时候，他是这样说的："我认为，把一把斧子推销给小布什总统是完全可能的，因为布什总统在得克萨斯州有一农场，里面长着许多树。于是我给他写了一封信，说：有一次，我有幸参观您的农场，发现里面长着许多矢菊树，有些已经死掉，木质已变得松软。我想，您一定需要一把小斧头，但是从您现在的体质来看，这种小斧头显然太轻，因此您仍然需要一把不甚锋利的老斧头。现在我这儿正好有一把这样的斧头，它是我祖父留给我的，很适合砍伐枯树。假若您有兴趣的话，请按这封信所留的信箱，给予回复……最后他就给我汇来了15美元。"

事实证明，谁能使自己多加一盎司，谁就能取得最终的胜利。乔治·赫伯特的成功警示中国企业的每一个员工，多加一盎司，工作可能就大不一样。保质保量完成自己工作的员工，是好的员工。但如果在自己的工作中再"多加一盎司"，你就可能成为优秀的员工。主动在工作中"多加一盎司"的人，每天都在向人们证明自己更值得信赖，而且自己还具有更大的价值。

事实上，在21世纪的今天，很多公司的工作内容相对比较固定，所以，当一个人已经完成了绝大部分的工作，付出了99%的努力后，再"多加一盎司"其实并不难。可是，我们往往缺少的却是"多加一盎司"所需要的那一点点责任心、一点点敬业的态度和自动自发的精神。在工作中，获得成功的秘密就在于坚持比别人多做一点点，不遗余力地加上那一盎司，从而让自己在职场上不断升值。

里根之所以成为西点学员的楷模，并不仅仅是因为他最终成为了美国总统，而是他在此之前的经历就值得学习。

里根生在一个极其普通的家庭，全家四口人只靠父亲一人当售货员的工资维持生活，因而当里根逐渐长大后，不可避免地面临家庭经济的困境。在里根上小学时，父亲又被解雇，全家人真的快到了山穷水尽的地步。这种家庭环境培养了里根的独立意识。他和哥哥帮着母亲在大学足球场卖爆米花，他们一边卖爆米花，一边看球。他们是足球场的常客，与球员们混得很熟。

球员们很同情这兄弟俩。兄弟俩知道家里艰难，从不向父母要这要那，身上穿的、用的，都是母亲的双手缝制的。到了上中学的时候，里根的学费更成了问题。为了继续上学，积攒学费，13 岁的里根每周六下午和周日都去附近的建筑工地当临时工，在那儿搬砖、推土、运水泥，星期日干 10 小时才挣 35 美分。他饿了啃面包，渴了喝自来水。别的同学在看电影、旅游，而他却在工地上流汗。他曾做过公园里的业余救生员，在一个暑假中挣够一年的学费还有剩余，此外他还在学校食堂里刷碗、洗盘子、扫地。

在中学和大学期间，他完全是靠半工半读走过来的。

生活的艰辛磨炼了里根的意志，培养了他的信心，也使他产生了出人头地的强烈愿望。

1932 年，里根大学毕业后，决定试试在电台找份工作，然后再设法去做一名体育播音员。

里根搭便车去了芝加哥，敲开了每一家电台的门——但每次都碰了一鼻子灰。在一个播音室里，一位很和气的女士告诉他，大电台是不会冒险雇用一名毫无经验的新手的。再去试试，找家小电台，那里可能会有机会。里根又搭便车回到了伊利诺斯州的迪克逊。虽然迪克逊没有电台，但里根的父亲说，蒙哥马利·沃德公司开了一家商店，需要一名当地的运动员去经营它的体育专柜。

由于里根在迪克逊中学打过橄榄球，于是他提出了申请。那工作听起来正适合自己，但他没能如愿。

“最好的总会到来。”母亲提醒里根说。父亲借车给他，于是他驾车行驶了70英里来到了特莱城。里根试了试爱荷华州达文波特的WOC电台。节目部主任是位很不错的苏格兰人，名叫彼特·麦克阿瑟，他告诉里根说他们已经雇用了一名播音员。

当里根离开他的办公室时，受挫的郁闷心情一下子发作了。他大声地问道："要是不能在电台工作，又怎么能当上一名体育播音员呢？"

里根正在那里等电梯，突然听到了麦克阿瑟的叫声："你刚才说体育什么来着？你懂橄榄球吗？"接着他让里根站在一架麦克风前，凭想象播一场比赛。

由于里根的出色表现，他被录用了。

在回家的路上，里根想到了母亲的话："如果你坚持下去，总有一天你会交上好运。并且你会认识到，要是没有从前的失望，那是不会发生的。"

这次求职成了里根人生旅途的新起点。它使里根懂得，一个人只要有信心，能把握自己该干什么，那么就应该走出去敲那一扇扇机会之门。

里根的成功之路，不仅是敬业，在更大程度上取决于比别人多做一点点。其实，成功人士之所以成功，不仅仅是因为他们比别人聪明，更重要的是他们比别人多做了一点。在职场上，常常会有这样的情况发生，你和别人一样按部就班的工作，该做的工作你也都做了，可却总是默默无闻不被重视，被升职加薪的好事也久久不来光临，为什么会这样？那些很快在工作中脱颖而出的人，是因为他们运气特别好，还是因为他们善于左右逢源？我们首先来看一个例子，它很能说明问题：

在柯金斯担任福特汽车公司总经理时，有一天晚上，公司里因有十分紧急的事，要发通告信给所有的营业处，所以需要全体员工协助。

不料，当柯金斯安排一个做书记员的下属去帮忙套信封时，那个年轻的职员傲慢地说："这不是我的工作，我不干！我到公司里来不是做套信封工作的。"

听了这话，柯金斯一下就愤怒了，但他仍平静地说："既然这件事不是你分内的事，那就请你另谋高就吧！"

上述案例告诉我们，无论你是管理者，还是普通职员，若能抱着"比别人多做一点"的工作态度，便可从竞争中脱颖而出。你的老板、同事和顾客会关注你、信赖你，你从而也会拥有更多的机会。

事实上，付出多少，得到多少，这是一个众所周知的因果法则。也许你的付出无法立刻得到相应的回报，但不要气馁，应该一如既往地坚持多付出一点，比别人多做一点，回报就会在不经意间出现在你的面前。

无论何时何地，只要创造就有收获；只要有自强不息的进取精神就会离成功更进一步，只要我们在平凡的岗位上坚持"每天多做一点"，你的人生之路必将越走越精彩。一个年轻人，要想纵横职场，取得成功，除了尽心尽力做好本职工作以外，还要多做一些分外的工作。在讲公开课时，一些企业的员工老是抱怨说自己的工作是如何如何的卖力，是如何如何的勤恳，但是单位的领导好像总是和这样的"优秀员工"为难，干什么都轮不上他，使得这些企业的员工牢骚满天飞。是呀，在现实生活中总有一些这样的人，他总在自己那个狭窄的小圈子里抱怨领导如何不仁不义，没有水平，大有伯乐不识"千里马"的那种味道。可是他又何曾想过自己为工作付出多少，为事业牺牲多少？我们每一个人都在为自己的生计四处奔波，只要你耐心付出努力，你的收获也会不小，关键是你是否自觉做到了"比别人多做一点"。

其实多做一点事，并不会有多苦多累，反而会使你从乏味的工作中感到一种精神上的愉悦，这样，可以让你时刻保持斗志，在工作中不断地锻炼自己，充实自己。当然，分外的工作也会让你拥有更多的表演舞台，让你把自己的才华适时地表现出来，引起别人的注意，得到老板的重视和认同，埋下日后成功的种子。

三、“每天多做一点”不仅仅是工作态度

在很多时候，中国诸多企业员工由于激情不足，导致了对工作都持有“只要称职就足够了”的态度，他们认为只要“差不多”就可以了，没有必要多做一点点，也没有必要做到最好。

中国诸多企业的许多员工正是因为持有这样的想法，所以他们永远也无法得到老板的重视和提拔，难以获得晋升的机会。但是反观另外一些企业员工，他们在自己平凡的岗位上作出了非凡的成绩。原因是他们比别人投入更多的精力，他们不满足于60分的状态，在他们的职场宝典中有重要的一条，那就是：比别人多做一点！

“比别人多做一点”不仅仅是企业员工的一种素养，更体现企业员工追求卓越、绝不安于现状的工作态度。

随着职场竞争的加剧，仅仅做一名“称职”的员工已经没有充足的竞争力，重要的职位、优厚的薪金只会给予那些超越“称职”且达到“优秀”的人。

有这么一个真实的故事：

张华和王明是同一天入职一家比较有名的企业，也是同时被分到一个部门。

张华每天上班除了完成自己本职的工作外就无所事事了，感到很空虚，闲时就沉浸在网络中不能自拔。

而王明和张华的做法完全相反，在珍惜工作的同时，每天都是第一个来到办公室，打扫完卫生，又把同事的杯子刷干净倒上水；垃圾总是抢着倒；工作也是抢着干，遇到加班时毫无怨言；尤其是春节，同事们总和他调班，他也欣然接受。

下班后总是把一天的工作总结整理完最后一个离开办公室。平时的工作也特别认真，精益求精。

一年后，王明顺利地坐上了部门经理的位置，张华和很多员工不服气。

老板只说了一句话："你们在空闲的时候，看看王明在干什么，如果想让领导关注你，就要比别人多做一点。"

"比别人多做一点"，不是语言上的自我表白，而是行动上的真正体现。如果你能够真正做到这些，你就会在工作中脱颖而出。这样的投入，让他取得了别人望尘莫及的成绩。

著名的投资专家约翰·坦普尔顿提出了一个很重要的"多一盎司定律"。他指出，那些取得突出成就的人与取得中等成就的人几乎做了同样多的工作，他们之所以能够成功，其实做出的努力差别很小，仅仅只是"多一盎司"而已。但正是这多投入的一点点，让他们取得了突出的成就。

事实上，"多一盎司定律"可以运用到人类努力的每一个领域中，这一盎司把赢家跟一些入围者区别开来。在朝气蓬勃的高中足球队中，你会发现，那些多做了一点努力、多练习了一点的小伙子成为了球星，在赢得比赛中起到了关键性的作用，得到了球迷的支持和教练的青睐。而所有这些只是因为他们比队友多做了那么一点努力。每天多做一点，初衷也许并非为了获得报酬，但往往获得的更多。有一种方法可以帮助我们记住生活中这条最艰辛的原则，那就是如果人家要你走一里路，那么你要自觉自愿地多走一里路。从古至今，能够做到这一点的人寥寥无几，但只有他们享受到了成功的殊荣。

李辉，飞宇门窗大足经销商，大足建材商圈的明星。李辉最常说的话是"比别人多做一点，成功更近一点"。两年来，李辉坚持每天"多做一点"，终于开创了属于自己的一片广阔天地。

两年前，李辉考察厨卫门品牌时，手里有大把的品牌可供选择，有外省的、有本地的，有高端的、有低档的，飞宇是这众多品牌中的一个。根据大足当时的实际消费能力，走高档品牌路线的飞宇对当地大多数经销商来说并不具备多大吸引力。

李辉并不这样想，他想得更多更远。市场低端品牌已太多，如果再选择低档次的品牌，就会陷入残酷的价格战中，而现在市场高档厨卫门还没形成气候，操作好了，市场的回报会很大。再加上飞宇作为川内知名品牌，在保证货源和控制成本上都具有明显优势。最终飞宇战胜了众多品牌成为李辉的战略合作伙伴。

想法总是美好的，能不能实现只有靠实干。李辉能成功地在大足树立飞宇的品牌形象，靠的就是每天比别人多做一点点。

微笑多一点，让客户的选择过程变成享受过程；服务周到一点，使客户买得更放心，用得更舒心。

比别人快一点，自从携手飞宇门窗那天起，开拓高端领域一直是李辉的工作重心，许多大工程在众多品牌同台竞争的情况下往往总是被飞宇拿下，原因正是由于李辉比别人快了一点。并不是说他的信息比别人更快，而是他能更快地分析自身优势并立即制订出最优方案。

不仅是比别的品牌经销商反应速度快，在飞宇门窗经销商队伍中，李辉的快速反应能力也是排在前列的。

2008 年，飞宇门窗推出了全新的 VI 标志，在大多数经销商还在观望时，李辉已经迅速行动起来，VI 改造前期进行了密集的广告轰炸，小区广告、墙体广告、工具箱贴纸……真正让飞宇的标识无处不在。

经过前期的密集宣传，VI 改造后的飞宇全新亮相时，在当地引起了很大反响，飞宇品牌的终端影响力得到了极大提升。

李辉的成功不仅因为他选择了飞宇，更因为他在品牌操作上多做了那么一点点。(本案例来源：《装饰商报》，作者：傲天)

李辉的成功，源自比别人多做一点点。要想取得成功，必须做得更多更好，尤其是对于那些刚刚踏入社会的年轻人来说更是如此。一开始也许从最基层的工作做起，但除了做好本职工作以外，还需要积极主动地做一些本不属于自己职责范畴的事情来培养自己的能力，引起他人的关注。在工作中，如果你能够经常比别人多走出一步，多投入一点，并渐渐把这种习惯应用于全部的生活，你就会得到超值的回报。

其实，做到这些并不难，比领导要求的上班时间早到一点，利用这点时间把一天的工作整理清楚，这样不至于让一天过得很混乱；主动对待工作，不要等着领导追问时才想到工作还没有做完；如果能迟一点回家，那么就利用下班时间把一天的工作整理一下，看看哪些还没完成，需不需要加班，今天哪些工作完成得比较漂亮，哪些做得还不够好，哪些需要改进，对工作做个小结，为明天的工作做好准备。

在工作中全心全意、尽职尽责是好的，但是要是能让自己多做一点分外的工作，比别人期待的更多一点，就可以更好更出色地完成我们的工作。比别人多付出一点，是我们必须培养的一种心态、一种精神。这是我们成就每一件事的必要因素。当你形成了“每天都要为公司多做点事的习惯时，无形中就比其他人具备了更大的优势，这样，不管在什么公司，都有许多员工乐于和你合作。使自己的能力得到提升的最好办法是多做一点。率先主动是一种极珍贵、备受看重的素养，它能使人变得更加敏捷、更加积极。

无论你是管理者，还是普通职员，“每天多做一点”的工作态度能使你从竞争中脱颖而出。每天多做一点工作也许会占用你的时间，但是，你的行为会使你赢得良好的声誉，并增加他人对你的需要。在做好分内事的同时，尽量为公司多做一点，这不但可以表现你勤奋的品德，还可以培养你的工作能力，增强你的生存能力。一开始我们也许从事秘书、会计和出纳之类的事务性工作，难道我们要在这样的职位上做一辈子吗？成功者除了做好本职工作以外，还需要做一些不同寻常的事情来培养自己的能力，引起人们的关注。要想杰出一定得先付出。斤斤计较的人，没有点奉献精神，是不可能创业的。要先用行动让别人知道，你有超过所得的价值，别人才会为你开出更高的价格。

参考文献

[1] 费拉尔·凯普．没有任何借口［M］．北京：机械工业出版社，2004.

[2] 普度．西点的10堂领导课（白金版）［M］．北京：中信出版社，2009.

[3] 富兰克林．西点统帅之道：统帅型企业家的10项修炼［M］．北京：中国青年出版社，2009.

[4] 赖特·杜尼嵩．西点法则：从成功到卓越的22条军规［M］．西安：陕西师范大学出版社，2007.

[5] 盘和林，宣炀．西点精英告诉你：为什么成功［M］．武汉：湖北人民出版社，2008.

[6] 青丘．西点军校经典法则大全集［M］．北京：中国华侨出版社，2011.

[7] 温学民．西点军校经典法则［M］．北京：中国城市出版社，2010.

[8] 吴天成．西点军校22条经典法则［M］．北京：中国华侨出版社，2011.

[9] 陈凯元．你在为谁工作［M］．北京：机械工业出版社，2005.

[10] 王晓联．优秀员工是这样工作的［M］．北京：中国言实出版社，2011.

[11] 王禹森．把职业当事业·把企业当家业［M］．北京：中国华侨出版社，2006.

[12] 姜汝祥．请给我结果［M］．北京：中信出版社，2009.

[13] 吴甘霖，邓小兰．做最好的执行者［M］．北京：北京大学出版社，2010.

[14] 王灿阳．忠诚　责任　执行力［M］．北京：北京理工大学出版社，2009.

[15] 余逸鹤．责任·荣誉·团队［M］．北京：工人出版社，2008.

[16] 魏涞．责任：优秀员工的第一行为准则（修订版）［M］．北京：石油工业出版社，2009.

[17] 杨宗华．责任胜于能力（白金版）［M］．北京：石油工业出版社，2009.

[18] 蓝雨．责任比能力更重要［M］．北京：中国商业出版社，2010.

[19] 陈凯元．责任重于能力［M］．北京：中国致公出版社，2009.

[20] 况志华，叶浩生．责任心理学［M］．上海：上海教育出版社，2008.

[21] 唐华山．责任比能力更重要［M］．北京：人民邮电出版社，2008.

[22] 杨宗华，宿春礼．责任胜于能力Ⅱ［M］．北京：石油工业出版社，2008.

[23] 黄德全．工作等于责任［M］．北京：中国华侨出版社，2009.

[24] 汪建民．责任比能力更重要［M］．珠海：珠海出版社，2009.
[25] 华敏，邵雨．责任心是管出来的［M］．北京：机械工业出版社，2008.
[26] 陈凯元．你在为谁工作［M］．北京：机械工业出版社，2007.
[27] 宿春礼，周韶梅．责任胜于能力［M］．北京：石油工业出版社，2006.
[28] 况志华，叶浩生．责任心理学［M］．上海：上海教育出版社，2008.
[29] 华敏，邵雨．责任心是管出来的［M］．北京：机械工业出版社，2008.
[30] 臧文滔．责任心是金：企业团队精神的核心［M］．北京：工人出版社，2007.
[31] 张海，李勇．工作马虎丢掉一只眼［N］．经理日报，2008－11－27.
[32] 杨鑫．尤伯罗斯：让奥运会成为赚钱机器［N］．北京青年报，2005－05－17.
[33] 傲天．成功就是比别人多做一点点：飞宇大足经销商李辉成功运作之道［J］．装饰商报，2008.
[34] 胡金．现在可以说了——中国第一颗原子弹爆炸幕后［N］．生活时报，2000－11－13.
[35] 张伟．塑造自身形象　维护企业荣光——我们都是辉达的流动广告牌［OL］．［2008－11－20］．辉达房产信息网．http：//www. huidahouse. cn/info_ display. php？id＝41.
[36] 佚名．为什么他10年没有涨工资［OL］．［2008－09－10］．化龙巷网．http：//bbs. hualongxiang. com/thread－4656499－1－1. html.
[37] 佚名．林丹满意比赛场馆　称环境并不是决定成绩唯一［OL］．［2007－10－10］．央视网．http：//news. cctv. com/sports/aoyun/other/20071010/111835. shtml.
[38] 佚名．做公司里最傻的员工［OL］．［2008－09－28］．网易博客．http：//blog. 163. com/xuzhidong8304@126/blog/static/6633561420088285464O979/.

后记

美国的历届总统就职演讲，都非常精彩，但是我还是更喜欢美国第35任总统约翰·肯尼迪就职典礼上的致辞，特别是那句“不要问你的国家能为你做些什么，而应该问你能为国家做些什么”的话，不仅是一个国家，同样也是商业、职业乃至生活中获得成就的基本准则。

在这里，我们不妨把它引申为“不要问公司能为你做些什么，而应该问你能为公司做些什么”。作为一名普通员工，我们在工作的时候是否应该更多的问问我到底能为公司做些什么，我为公司作了多少贡献，而不是一味地抱怨公司待遇不好，公司没有为我做什么事呢？面对这样的问题，你、我会作出怎样的回答呢？

一般地，答案无非是两种：其一，我为公司作出了很多的贡献，却没有得到应有的回报；其二，拿多少钱，办多少事，就给我那么一点点的工资，我凭什么要多做事。

在很多企业中，一些员工不是抱怨自己的薪水太少，就是抱怨老板没有提供舒适的工作环境；不是抱怨老板没有提供升迁的机会，就是抱怨老板为什么不允许找一点借口；不是抱怨为什么不可以把问题留给老板，就是抱怨公司为什么总是让他们加班……

在实际的工作中，很多公司的员工做起事来都显得心浮气躁，小事不愿做，大事做不了。他们经常抱怨自己的工作过于琐碎、抱怨工作乏味、抱怨公司的老板、抱怨工作时间过长、抱怨公司管理制度过严。在很多企业中，这样的情景相信大家都不会陌生：

（1）“瞧瞧，每月只有这么一点微薄的薪水，还不够生活费，怎么能提起精神来好好工作呢？”这种情形比较典型，在中国一些公司中，特别是一些中小企业中，一个值得关注的现象就是，一部分员工只关注老板每月付给自己多少薪水，其他的事情从来不管不问。

（2）“我们辛辛苦苦干了一个星期，想要休息都不行，还得加班，加班，再加班。这种情况下，我们怎么能心甘情愿地做好工作呢?”反观很多企业员工，他们不是抱怨公司经常让自己加班，就是抱怨加班费太少，而且这样的员工并不在少数，然而，如果你想获得企业的重用，受到老板的认可和提拔，就必须主动去寻求加班的机会，而不要一听到加班就躲开，更不要一到下班的时间就跑得没了影！因为下班了，你依然还是公司的员工。

(3)“别的公司的员工不但有高工资，而且还有相当高的福利。不但每月有礼物，年底还有长时间的休假和公费旅游，而我们呢？什么都没有。这怎么能调动起我们的积极性呢?”其实，这样的员工不明白，其他公司的高工资、高福利是建立在多为公司创造利益、多为公司创造价值的基础之上的。

(4)“既然老板这么吝啬，那么也休想得到我的慷慨付出。”在很多时候，老板的吝啬与员工的慷慨付出是没有什么必然的联系的。员工这样的抱怨无非就是给自己应付工作、敷衍了事工作及其为自己的不负责任开脱。这类员工的逻辑是，既然老板非常吝啬，那么员工也就吝啬。这类员工以为这样可以“报复”一下老板，殊不知，这种做法最终“报复”的正是他们自己。任何一个老板都不会提拔那些对工作敷衍了事的员工，不会给他们加薪，除非他们有优异的表现。如果这类员工业绩平庸又不思进取，而且还把时间和精力用在抱怨工作和“报复”公司上，那么这类员工永远都别想获得老板的垂青和良好的报酬，相反，这种行为和态度更有可能使这类员工职位不保。

在任何时候，员工都不要问公司给了你什么，而要问你为公司做了什么。如果你在工作上兢兢业业、恪尽职守、主动负责，并且取得了相当不错的成绩，老板一定会注意到你，并给予你想要的。但如果你敷衍了事，应付工作，逃避责任，老板也会给你应得的——低薪、低职，甚至一纸辞退信。因此，在抱怨自己“可怜”的收入之前，先想想自己究竟为公司做了什么。如果你确实把时间都浪费在找“合理的托词”逃避责任而不是解决问题上，那么就改变这种不负责任的消极工作方式，增强自己的责任感，主动负责，这样才能扭转事业困境，改善职业生涯。所以，不管在什么时候，不管在什么地方，只有问自己为公司做了什么，而不是问公司给了你什么。这样的员工才能得到老板的提拔和重用，这样的员工职场才会一路通畅。

在这里，感谢《财富商学院书系》、《火凤凰财经书系》的优秀人员，他们也参与了本书的前期策划、市场论证、资料收集、书稿校对、文字修改、图表制作。参与本书编写的人员有周锡冰、赵丽蓉、周斌、金易、何庆、李嘉燕、陈德生、丁芸芸、徐思、李艾丽、李言、黄坤山、李文强、陈放、赵晓棠、熊娜、周芝琴、周凤琴、苟斌、佘玮、欧阳春梅、文淑霞、占小红、史霞、陈德生、杨丹萍、沈娟、刘炳全、吴雨来、王建、庞志东、姚信誉、周晶晶、蔡跃、姜玲玲等。

任何一本书的写作，都是建立在许许多多人的研究成果基础之上的。在写作过程中，笔者参阅了相关资料，包括电视、图书、网络、报纸、杂志等资料，所参考的文献，凡属专门引述的，我们尽可能地注明了出处，其他情况则在书后的“参考文献”中列出，并在此向有关文献的作者表示衷心的谢意！如有疏漏之处还望原谅。在此，敬请有关文献作者海涵为盼，并请告知我们，以便在本书修订过程中及时改正。

本书在出版过程中得到了许多教授、企业总裁、职业经理人、媒体朋友、人力资源管理专家、企业培训师、业内人士以及出版社的编辑等的大力支持和热心帮助，在此表示衷心的谢意。由于时间仓促，书中纰漏在所难免，欢迎读者批评指正。（E-mail：zhouyusi@ sina. com. cn）

周锡冰

2011 年 9 月 8 日于紫竹苑